公路边坡病害预测与稳定性评价

范　文　熊　炜　邓龙胜　曹琰波　崔建恒　等　编著

人民交通出版社股份有限公司

北　京

内 容 提 要

公路边坡病害是指公路建设或运营过程中由于天然或人为开挖形成的坡体在重力作用下失稳破坏,形成崩塌、滑坡、坍塌等病害现象,危及公路工程建设、运营养护及行车安全。我国幅员辽阔,地形地貌复杂,地质构造千差万别,岩土体类型多样且性质复杂,如何能够正确预测边坡病害类型,并采用合理的评价方法是进行公路边坡病害治理的关键问题之一。本书详细介绍了公路边坡种类及可能形成的病害类型,阐述了边坡病害原理,通过分析计算,结合工程实践经验,提出了公路边坡病害预测及稳定性评价方法,并对不同类型的边坡病害加固防护措施进行了分析介绍,为公路边坡治理工程提供合理的理论依据及防治建议。

本书主要是针对公路边坡病害预测与稳定性评价问题开展的研究工作,相关成果可供公路交通行业中与其相关的道路工程、地质工程、岩土工程、防灾减灾工程、道路养护等专业的科研人员、工程技术人员、高校教师及大专院校学生参考。

图书在版编目(CIP)数据

公路边坡病害预测与稳定性评价 / 范文等编著. —北京 :人民交通出版社股份有限公司, 2020.6

ISBN 978-7-114-16443-9

Ⅰ.①公… Ⅱ.①范… Ⅲ.①公路路基—边坡—病害—预测—研究②公路路基—边坡稳定性—评价—研究 Ⅳ.①U418.5

中国版本图书馆 CIP 数据核字(2020)第 048403 号

Gonglu Bianpo Binghai Yuce yu Wendingxing Pingjia

书　　名: 公路边坡病害预测与稳定性评价
著 作 者: 范　文　熊　炜　邓龙胜　曹琰波　崔建恒　等
责任编辑: 李　瑞
责任校对: 孙国靖　魏佳宁
责任印制: 张　凯
出版发行: 人民交通出版社股份有限公司
地　　址: (100011)北京市朝阳区安定门外外馆斜街 3 号
网　　址: http://www.ccpress.com.cn
销售电话: (010)59757973
总 经 销: 人民交通出版社股份有限公司发行部
经　　销: 各地新华书店
印　　刷: 北京盛通印刷股份有限公司
开　　本: 787 × 1092　1/16
印　　张: 13.75
字　　数: 273 千
版　　次: 2020 年 6 月　第 1 版
印　　次: 2020 年 6 月　第 1 次印刷
书　　号: ISBN 978-7-114-16443-9
定　　价: 50.00 元

改革开放后，我国经济发展迅猛，也进入了公路建设高速发展的时期，截至2018年年底，全国公路通车总里程已达486万km。其中，有半数以上的公路位于山地和丘陵地带，建设时不可避免地需要采用高填深挖的工程措施，而我国幅员辽阔，地形地貌多变，地质构造千差万别，岩土体类型多样且性质复杂，如何采用安全、经济、有效的措施治理边坡病害成为公路建设与运营的关键问题之一。

在山区公路建设中，如何恰当地采用边坡加固与防护措施，需要从以下三个方面进行思考：一是清楚识别公路边坡的地质条件，才能将边坡准确分类，进而正确预测边坡的病害形式；二是掌握不同边坡病害的形成机理，才能选择合理的边坡稳定性评价方法进行评价；三是通过定性与定量、局部与整体相结合的多种评价，才能选择合理的加固防护措施，防止边坡加固防护过度或者不足。由此可见，边坡病害治理首要的任务是对边坡类型及其失稳破坏模式的准确判断，然后对其稳定性作出科学合理的评价，才能更加合理地选择边坡的加固与防护设计，因此，开展公路边坡病害预测及评价技术研究具有重要的工程意义。

本书运用工程地质学、岩上力学、数学与力学理论，参考前人的研究成果，通过分析计算，主要围绕公路边坡的类型划分、破坏模式判定及稳定性评价等基本问题展开研究，并结合实际工程经验，提出了合理可行的防治措施，形成一套可用于公路边坡类型分类、破坏模式判断、稳定性评价、治理措施选择的实用技术体系。

本书共分为八章：

第一章公路边坡病害研究概况，阐明公路边坡病害研究的重要性，介绍公路边坡病害的特点，分析国内外公路边坡病害的研究历史及现状，提出目前边坡病害防治中待解决的问题。

第二章公路边坡类型划分，通过对比以往公路边坡的分类方案，提出首先根据边坡岩体物质组成及地层结构将边坡分为均质土边坡、二元结构边坡、土石混合体边坡、岩质边坡四个大类，然后再根据岩土体结构进行亚类划分，以满足边坡稳定性分析和边坡病害预测的基本要求。

第三章公路边坡变形破坏的力学分析，分析边坡的受力状态和应力集中、应力重分布规律，揭示边坡病害形成的力学机制，根据不同影响因素对边坡应力的影响分析，提出边坡变形破坏的六种力学模式。

第四章公路边坡病害类型，归纳总结了目前常用的边坡病害分类，通过分析计算，揭示了不同类型公路边坡的病害机理，同时对季节性冻结滞水滑坡、高速远程滑坡以及滑坡诱发次生灾害等特殊病害进行了介绍。

第五章公路边坡病害预测，分析了不同类型公路边坡发生不同病害模式的特征及形成条件，对不同类型边坡可能形成的破坏模式分别进行了模拟计算分析预测，并提出相应的评判标准。

第六章公路边坡稳定性影响因素，重点研究了岩土体性质、岩土体结构、边坡临空条件等坡体内在因素对边坡稳定性的影响规律，建立了边坡稳定系数随因素变化的回归模型，绘制了均质土边坡稳定系数快速取值图，研究了降雨、地震、人类工程活动等外在因素对边坡稳定性的影响。

第七章公路边坡稳定性评价方法，主要阐述目前国内外边坡稳定性评价方法的概念和内容，重点对各评价方法的适用条件和计算过程进行介绍，在此基础上对各评价方法进行了实例对比验证，并由此提出了各评价方法的优缺点。最后，结合公路边坡不同的破坏模式，提出不同破坏类型宜采用的稳定性评价方法建议。

第八章公路边坡病害防治措施，通过调查国内外现有公路边坡防治措施的成功或失败案例，总结各种治理措施的适用条件及优缺点。

本书由范文、熊炜、邓龙胜、曹琰波、崔建恒、魏心声执笔，依托“西部交通建设科技项目”的研究成果，结合作者多年从事公路边坡防治的工程经验，对公路边坡病害研究工作进行了总结。除作者外，参与本书编撰的研究生主要有倪武杰、张永镜、柯学、苏艳军、李军、梁鑫、郭宪立、赵力行、孔清涛、金宜磊、赵华应、张世林等。在课题研究及本书编撰过程中，得到了长安大学、中交第一公路勘察设计研究院有限公司、信息产业部电子综合勘察研究院相关领导、专家的帮助与支持，在此表示感谢。

希望本书能为公路边坡病害防治研究及工程设计提供一定的参考，也能够为促进边坡地质灾害防治研究工作作出微薄贡献。受水平和时间限制，书中存在的疏漏与不足之处，恳请同行们不吝赐教。

编　者

2019 年 9 月

目 录

Contents

第一章　公路边坡病害研究概况 …… 001

第一节　公路边坡病害研究意义 …… 001
第二节　公路边坡病害的特点 …… 002
第三节　公路边坡病害研究历史及现状 …… 002
第四节　公路边坡病害防治工作中待解决的问题 …… 004

第二章　公路边坡类型划分 …… 005

第一节　公路边坡的分类原则 …… 005
第二节　公路边坡类型划分 …… 005
第三节　各类型公路边坡典型特征 …… 007
第四节　公路边坡的安全等级确定 …… 023

第三章　公路边坡变形破坏的力学分析 …… 024

第一节　公路边坡应力分布特征 …… 024
第二节　影响边坡应力分布的主要因素 …… 026
第三节　边坡变形破坏时的应力状态 …… 031
第四节　边坡变形破坏的力学模式 …… 037

第四章　公路边坡病害类型 …… 045

第一节　公路边坡病害分类 …… 045
第二节　公路边坡破坏机理 …… 050
第三节　特殊公路边坡病害 …… 056

第五章　公路边坡病害预测 …… 060

第一节　公路边坡病害初步预测 …… 060
第二节　公路边坡病害定量化预测 …… 066

第六章　公路边坡稳定性影响因素 …… 094

第一节　公路边坡稳定性影响因素分类 …… 094
第二节　内在因素对公路边坡稳定性的影响 …… 095

第三节　外在因素对公路边坡稳定性的影响……………………………… 119

第七章　公路边坡稳定性评价方法 ……………………………… 125

第一节　评价准则及方法……………………………… 125
第二节　定性评价方法……………………………… 130
第三节　极限平衡评价方法……………………………… 146
第四节　数值模拟评价方法……………………………… 176
第五节　非确定性评价方法……………………………… 181
第六节　针对各类破坏模式的稳定性评价方法……………………………… 187

第八章　公路边坡病害防治措施 ……………………………… 189

第一节　防治措施综述……………………………… 189
第二节　土质公路边坡病害的防治措施……………………………… 201
第三节　岩质公路边坡病害的防治措施……………………………… 207

参考文献……………………………… 210

第一章 公路边坡病害研究概况

第一节 公路边坡病害研究意义

公路作为陆上交通运输的重要方式，其特点是灵活机动、快捷便利以及能够提供“点对点”的运输服务，对国家经济建设起着不可替代的基础性和重要性作用。在公路建设及运营期，公路边坡病害防治始终是一项重要工作。公路边坡的研究工作大致经历了三个发展时期：①新中国成立初期，受经济、技术制约，新建公路等级低，山区公路走势基本顺着地形而变化，挖填方量较小，桥隧占比低，对公路边坡的研究投入也相对较少，导致边坡防护的发展缓慢，在此时期针对边坡工程的研究主要集中在铁路及水利水电工程中；②20世纪80年代，随着改革开放政策的实施，我国经济全面发展，公路等基础设施建设加快，高等级公路的需求越来越强烈，并由大城市逐渐向小城镇间的山地丘陵区延伸，建设中面临大量的公路边坡治理问题，为此，相关专家开展了一系列针对公路边坡病害的专题研究；③进入21世纪以后，高等级公路修建的数量越来越多，然而我国幅员辽阔，地形地貌多样，地质构造千差万别，岩土体类型及工程性质复杂，当公路穿越山区时，不可避免地需要采用高填深挖的工程措施，越来越多的边坡灾害问题制约着公路的建设及运营，如何采用安全、经济、高效的识别方法和措施来治理边坡成为公路建设及运营的关键问题之一。

通过实地调查发现，在山区公路中，约有20%的边坡使用了不太恰当的加固与防护措施。主要原因有三个：①对公路边坡、斜坡结构认识不清，不能将边坡准确归类，必然不能选择合适的边坡稳定性评价方法；②对边坡的病害形式判断不正确，导致使用了不恰当甚至错误的支护方式；③对边坡的稳定性判断不准确，导致边坡加固防护过度或者不足，前者造成了人力、物力的巨大浪费，后者则不能有效地保证边坡安全。可见，边坡病害治理的首要任务是对边坡类型及其失稳破坏模式做出准确判断,然后采用合理的分析评价方法对其稳定性作出科学评估,这是整个治理过程的基础,进而能够合理地选择边坡加固与防护设计方案。

然而,由于公路边坡分布广泛、类型众多、工程地质条件多样,很多针对边坡的破坏模式与稳定性的评判研究主要是针对某项具体工程开展的,尽管也得到了许多宝贵的研究成果,但对其借鉴使用显得不足。本书结合前人的研究成果,总结出一套相对完整的公路边坡病害评价体系,可根据地质条件快速预测边坡破坏模式、评价其稳定性、选择合理的治理措施,其成果可为相关科研工作者及工程人员服务。

第二节　公路边坡病害的特点

公路边坡病害与铁路、水利、矿山行业相比,具有以下几个特点:

(1)公路和铁路同为线性工程,同一条公路或铁路跨越多种地质地貌单元,导致边坡数量多、类型杂、范围广、连带影响大,不能像矿山或水利工程等小区域勘察那样投入大量精力对每个边坡逐一进行专门的详细勘察、治理及监测研究,而一旦某处边坡失稳破坏往往会导致大范围的交通瘫痪,影响范围大。

(2)公路选线与铁路相比,具有一定的灵活性,总体顺地势布线,并采用桥梁、隧道配合,所以公路边坡一般不会出现很大的挖填方量,公路上所涉及的大部分边坡病害规模以中小型为主,但其稳定性问题解决不好,同样也可能造成大面积的塌方、滑坡等地质灾害。

(3)既要重视坡体的整体稳定性问题,还要注意坡面浅表层破坏问题,浅表层破坏不但使水土流失,还会由表及里进一步加深破坏,诱发边坡的深层或整体破坏,同时也破坏了自然环境。

(4)公路边坡破坏可能带来一系列的社会问题,轻则中断交通,重则造成人员伤亡、财产损失。例如,汶川大地震时就由于很多边坡病害毁路,造成救援物资无法及时到达灾区,耽误了救援的宝贵时间。

(5)公路边坡直接影响到驾驶员与乘客的心情以及交通事故的发生率,所以对公路边坡的防护不仅仅停留在工程措施上,更要求与环境和谐。

因此,对公路边坡的研究显得极为重要,也迫切需要总结出一套易于预测边坡病害、评价其稳定性、制订合理治理方案的实用方法。

第三节　公路边坡病害研究历史及现状

对公路边坡病害的研究源于边坡地质灾害,国外对边坡地质灾害的研究起步较早,19

世纪中叶，西方国家就开始对滑坡进行研究，初期研究仅局限于对滑坡现象的观测，如美国曾对2处边坡分别观测了22年和23年；瑞士对一隧道边坡和一湖岸边坡分别观测了50年和55年。到20世纪20～50年代，由于实际工程中的边坡危害日趋严重，并且在工程地质学和土力学的形成和发展下，边坡稳定性问题已引起更多国家和研究人员的重视，瑞典和挪威分别成立国立土木研究所对实际工程中的边坡稳定问题进行研究，但当时的研究多集中于铁路和水运方面。20世纪50～60年代，处于第二次世界大战后各国经济大发展时期，在国土开发利用不断扩张的背景下，工程建设涉及更大区域，尤其是在开发山区和丘陵地带中遇到更多的斜坡失稳破坏产生的危害，从而促使对边坡进行系统而深入的研究，其中苏联研究边坡防治技术较早。20世纪70年代至今，由于人类工程活动越来越多，边坡造成的灾害也越发严重，边坡稳定性问题已成为世界范围的普遍问题，受到全球各个国家岩土界的重视。

国内对边(斜)坡灾害的研究始于新中国成立后，首先集中于铁道领域。到20世纪50年代中期，因为兴建水电站的需要，开展了大量对坝址、库区边坡的研究。50年代末至60年代初国内大量开采煤炭及金属矿，在煤炭和冶金部门中开展了许多对矿区采空边坡、露天采场高边坡及尾矿堆积坡等稳定性研究工作。而对公路边坡的研究真正始于20世纪70年代末，随着改革开放进程的加快，众多高等级公路的建设被提上议程，大量的公路边坡病害研究工作随即开展，取得了较为丰硕的研究成果。

边坡的稳定性监测一般采用现场监测、理论分析、物理模型试验、数值模拟分析四种方法。其中现场监测需耗费大量的人力、物力，监测周期长，且对于公路这种线性工程，需要监测的边坡数量较多，且边坡破坏的影响因素众多，难以做到准确、有效的监测。理论分析方法早期是根据传统力学进行分析计算，如极限平衡分析，或采用图表方法进行对比分析，如赤平投影、实体比例投影；但当边坡条件较复杂时，采用这种理论分析不但工作量大，而分析结果与实际情况也存在较大的差别，甚至不及专家评分法等半定量评价方法准确。物理模型试验能够得到相对真实准确的结果，但其耗时耗力，多集中在对特定的边坡问题的研究工作中。在现代工程中，高效快捷的电子信息化技术、大数据分析显得尤为重要，不仅可以通过计算机进行数据采集、分析，更可以用计算机仿真模拟实际工程边坡，从而提高工作效率，并且能够从结果直观看出边坡岩土体变形特征及破坏方式，得到边坡稳定性定量数据，为工程预测提供依据。

由于边坡体是一个复杂的开放系统，影响因素多，具有相当大的随机性、模糊性和宽阈值性，造成稳定性评价困难。近几年很多学者借鉴其他行业的新思想，结合计算机编程、统计分析，形成一大类新的非确定性评价方法，如边坡稳定的可靠性分析方法、随机过程方法、模糊数学方法、灰色系统预测滑坡失稳分析方法、人工智能计算法(神经网络、模糊逻辑、遗传算法)等，虽然其评价结果仍然需要用大量工程实践去证明、修正，但这充分体现了边坡评价方法已从传统的分析计算思路逐步迈向新的阶段。

第四节　公路边坡病害防治工作中待解决的问题

在我国高等级公路快速发展的四十多年历程中，通过不断地实践和研究，对公路边坡病害预测和稳定性评价及加固防治技术方面取得了很多可靠的研究成果，但是仍然存在不少问题，如：失稳的边坡研究多，未失稳的边坡研究少；边坡类型划分混乱，导致对边坡变形破坏形式的预测困难；在边坡稳定性评价方法上，尚未结合公路边坡量多面广、地质条件复杂多变、形成时间短等突出特点，建立起相对系统完善且容易使用的评价方法体系；边坡发展预测智能化水平与国外相比还存在一定差距，且应用也不够广泛；在边坡加固处治、边坡防护技术上，普适性不足，方法选用不够灵活，难以推广应用。此外，很多新技术尚不能适应更多复杂的边坡条件，需要进一步探索发展新技术。前人许多很好的科技成果，也没有认真总结并广泛推广使用，每遇到新的边坡问题又从头开始研究，造成人力、财力及时间的浪费，为此，急需综合分析现有的众多方法，总结出一套简单的边坡病害预测、边坡稳定性评价及加固治理措施选择的方法。

由于我国高等级公路起步较晚，相应对公路边坡的研究也相对滞后，为了加快发展，避免多走弯路，需要充分借鉴国内外已有的先进边坡稳定性评价技术和方法。本着简单易行、服务于工程建设为理念，总结现有边坡的研究成果，对边坡结构类型、病害模式、变形破坏预测及相应的稳定性评价方法和加固治理措施作出针对性分析研究。本书内容包括以下几个方面：

(1)充分借鉴前人研究成果，提出普遍适用于公路行业的边坡结构类型及其失稳破坏模式的分类体系。

(2)总结现有的适用于公路边坡的稳定性评价方法，并分析研究其适用条件。

(3)针对各种类型的边坡开展病害模式研究，提出各类边坡病害模式预测的判据和稳定性评价方法。

(4)形成一套用于公路边坡类型划分、破坏模式预判、稳定性评价的技术体系。

(5)归纳总结不同变形破坏模式可选取的加固治理措施，并对比其优缺点。

采用数值模拟方法对不同类型边坡的变形破坏模式和稳定性进行规律性总结评判，成果经野外实地调查、实际工程对比等多种方法验证，最终得出适用于公路边坡病害的预测及稳定性评价技术。

第二章 公路边坡类型划分

第一节　公路边坡的分类原则

现阶段边坡主要有以下几种分类方案：①按边坡物质组成划分，如堆填土边坡、黏性土边坡、砂性土边坡、碎石土边坡、岩土混合边坡、黄土边坡、软土边坡、膨胀土边坡、冻土边坡、沉积岩边坡、火成岩边坡、变质岩边坡等；②按照边坡岩土结构类型划分，如层状结构边坡、块状结构边坡、碎裂结构边坡、散体结构边坡等；③按边坡地层结构划分，如土质-软岩边坡、碎石土-基岩边坡、硬岩边坡、硬岩-软岩边坡等。

实际工程中，由于边坡地层形成过程经历的地质作用复杂，使得边坡的物质组成、岩土结构类型和边坡结构各异，因此，许多边坡在类型划分上并不能像理论上那么清晰明确，而且边坡分类通常建立在某一研究目的上，所以有必要针对公路边坡开展综合分类研究。

为了更加合理地对公路边坡加固防护，首先应综合考虑各种因素对边坡的影响，按照让技术人员易懂易用、可操作性强的分类原则对公路边坡类型进行划分，进而更加准确地判断不同类型公路边坡变形破坏模式，选定合理可行的加固措施，更好地为公路边坡工程服务。

第二节　公路边坡类型划分

通过对比现有公路边坡结构类型，结合各种分类的优缺点，首先根据边坡岩土物质组成及地层结构将公路边坡分为均质土边坡、二元结构边坡、土石混合体边坡和岩质边坡四个大类，再根据各类边坡岩土结构特征进行亚类划分：将均质土边坡分为完全均质或类均质土边坡、层状均质土边坡；将二元结构边坡分为土-土二元结构边坡、土-岩二元结构边坡及软弱基座边坡；将土石混合体边坡分为碎石土边坡、散体结构边坡及碎裂结构边坡；将岩质边坡分为块状结构边坡与层状结构边坡等。根据不同目的需要，还可以对亚类进行更详细的划分，以满足不同的科学研究或工程建设的需要。

根据边坡物质组成、地层结构及岩土结构，对公路边坡综合分类、岩土结构特征及主要稳定性影响因素总结见表2-1。

公路边坡类型综合分类 表2-1

综合分类		岩土体结构特征	主要稳定性影响因素
均质土边坡	完全均质或类均质土边坡	整个坡体由均质土构成，不含有明显的原生沉积面，物质组成单一	土体强度和坡形
	层状均质土边坡	坡体由不同时期或类型的土层构成，层内相同，层间相似，强度主要由多层土体强度控制，沉积层面起到有限的作用，破坏时穿层破坏	土体强度、坡形、沉积层面产状与坡面的组合关系
二元结构边坡	土-土二元结构边坡	坡体由上软下硬差别较大的厚土层构成的边坡，一般是上部沿接触面滑移或由于下部基座破坏产生的连带破坏	土体强度、坡形、二元结构层面产状与坡面的组合关系
	土-岩二元结构边坡	坡体由岩层及其上覆的堆积层构成，稳定性受岩土接触面影响较大	土体强度、坡形、二元结构接触面产状与坡面的组合关系
	软弱基座边坡	坡体由上覆坚硬岩土层及下伏软弱岩土层（或全风化岩体）构成的边坡	下伏软弱岩土的强度及水对软弱岩土的软化作用
土石混合体边坡	碎石土边坡	砂质或砾质土中夹有大小不等的坚硬岩石碎块。粒径2mm以上的颗粒质量占比为50%～65%，强度取决于粗细颗粒的强度和比例	土体强度、坡形、碎石土的颗粒级配及分布特征
	散体结构边坡	由大小不规则的碎岩块夹泥质填充物组成，较难分出优势结构面，没有明显的各向异性特征。粒径2mm以上的颗粒质量占比为65%～80%，强度更多取决于粗粒骨架的强度	整个岩土体的宏观抗剪强度，与风化深度也有一定关系
	碎裂结构边坡	坡体大部分由破碎程度很高的岩石构成，呈碎裂状结构，部分残积碎裂结构继承了原岩结构。粒径2mm以上的颗粒质量占比大于80%，强度基本取决于粗粒骨架的强度	岩块间的镶嵌情况和岩块间的“咬合力”
岩质边坡	块状结构边坡	岩体呈块状、厚层状，结构面不发育，多为非完全贯通的刚性结构面，易形成大规模崩塌	结构面抗剪强度和结构面的组合关系、岩石强度
	层状结构边坡	岩体结构面发育，岩体宏观的工程力学特性取决于由优势层状结构面造成的各向异性，可能形成规模较大的滑移破坏	优势结构面抗剪强度、产状和坡面的组合关系、岩石强度

第三节 各类型公路边坡典型特征

一、均质土边坡

均质土边坡是指整个坡体由土性相对均匀的土颗粒组成，即物质组成以小于 2mm 的砂粒及细粒的质量占比大于 50%，且不均匀系数 $C_u \leq 5$ 的土颗粒为主。其中，黏性土边坡破坏面位于土层内，往往呈圆弧状或对数螺旋状；无黏性土边坡破坏面为近平面状。均质土边坡按主体内是否含有差异明显的原生沉积面可分为完全均质或类均质土边坡、层状均质土边坡。

1. 完全均质或类均质土边坡

完全均质或类均质土边坡是指与工程相关的坡体由土性相对均匀的土颗粒组成，完全均质土是小于 2mm 的砂粒及细粒的质量占比达 80% 以上，类均质土边坡是小于 2mm 的颗粒质量占比 50% ~80%，不含有明显的原生沉积面的边坡。根据土性质的不同，完全均质和类均质土边坡可包括砂性土边坡、黄土（粉土）边坡、一般黏性土边坡、软土边坡和全风化膨胀土边坡。

1）砂性土边坡

砂性土边坡以粒径为 0.075 ~2mm 的砂粒为主，结构较疏松，黏聚力低，透水性较大，主要分布于我国北方的干旱沙漠地带。砂性土边坡一般较缓，土体颗粒成分及均匀程度、密实程度、边坡含水状况等对边坡稳定性有密切的影响。饱和砂性土边坡在振动作用下还可产生液化滑坡，也易因外界环境的影响产生坍塌破坏等。

2）黄土（粉土）边坡

黄土是在地质时代中的第四系期间，以风力搬运的黄色粉土沉积物，以粒径为 0.005 ~0.075mm 的粉粒为主。它是原生的，呈厚层连续分布，掩覆在洼地、山坡、丘陵等具有一定地形变化的原始地层上，常与基岩不整合接触，无层理，常含有古土壤层及钙质结核层，垂直节理发育，在水流冲刷、人类活动等影响下常形成陡坡地貌。

中国黄土分布的北界大致在小兴安岭的南麓、内蒙古诸沙漠的南缘，沿中蒙边界呈弧形转向西北，可达到北纬 48°附近；南界大致由长白山的西麓经辽东半岛东沿、山东半岛到秦岭、祁连山和昆仑山北麓，达到北纬 34°。分布区是东以松辽平原的黄土为东北翼，西以新疆的黄土为西北翼，中以黄土高原为主体向南突出的一个弧形。但实际黄土分布的面积还要广，长江流域的黄土可以分布到北纬 29.5°一带，到长江中游九江、黄冈、武汉一带仍有零星黄土分布，在四川西部、西藏东部和南部也都有零星黄土分布。

黄土垂直节理发育，具有较强的结构性，胶结物质形成的黏聚力是其强度的主要组成部分。受干旱影响,黄土天然含水率普遍较低,强度较高,黄土沟谷、塬边地形陡峭,多形成大于30°的边坡,沟谷下切深度常在数十米,高陡的黄土边坡十分普遍。由于黄土颗粒间的胶结物质耐水性差,加之部分新黄土具有较强的湿陷性,当边坡坡脚土体受水流侵蚀或含水率增大时就会使黄土的强度降低,造成黄土边坡的失稳破坏。

黄土岩性及地形地貌的这些性质决定了黄土边坡具有以下特点:人工开挖边坡高陡,植被条件较差,易受雨水冲刷,坡肩受雨水入渗影响;受地表径流冲刷,黄土边坡多有冲沟、陷穴等。土层中节理裂隙发育,使黄土边坡的整体强度差,随自然条件的变化,黄土边坡易发生剥落破坏。黄土边坡发生破坏形成滑坡时变形急剧,滑动速度快、发生频率高、分布较集中。黄土滑坡既可能发生表部掉块、塌落,还可能发生深层的大规模滑坡,动能大、破坏力强。

3)一般黏性土边坡

黏性土包括粉质黏土和黏土(表2-2),粉质黏土中粒径小于0.005mm的黏粒质量占比30%~50%,黏土的黏粒质量占比大于50%,均质的黏性土主要是经风或水流分选后堆积形成的,成分中含有较多亲水矿物,遇水易软化,失水后胶结成块,强度较高,但透水性差,在土层中形成相对隔水层。

黏性土的野外鉴别 表2-2

鉴别方法	按塑性指数分类	
	黏土	粉质黏土
	$I_p>17$	$10<I_p\leq17$
湿润时用刀切	切面非常光滑,刀刃有黏腻的阻力	稍有光滑面,切面规则
用手捻摸时的感觉	湿土用于捻摸有滑腻感,当水分较大时极易黏手,感觉不到有颗粒的存在	仔细捻摸感觉有少量细颗粒,稍有滑腻感,有黏滞感
黏着程度	湿土极易黏着物体(包括金属与玻璃),干燥后不易剥去,用水反复洗才能去掉	能黏着物体,干燥后较易剥掉
湿土搓条情况	能搓成小于0.5mm的土条(长度不短于手掌),手持一端不易断裂	能搓成0.5~2mm的土条
干土的性质	坚硬,类似陶器碎片,用锤击方可打碎,不易击成粉末	用锤易击碎,但用手难捏碎

注:引自《工程地质手册》(第五版)。

黏性土一般形成于炎热湿润环境,在我国南方分布较广。受红土化作用红黏土最为常见,尤以云南、贵州、广西的红黏土最为典型,四川盆地南缘和东部,鄂西、湘西、湘南、粤北、皖南和浙西等地也有分布。西部地区一般形成于较低的夷平面及岩溶洼地、谷地;中部地区主要分布在峰林谷地、孤峰准平原及丘陵洼地；东部地区主要分布在高阶地以上的丘陵区。北方仅出现于陕北、甘肃、山西地区的黄土地层中夹有的多层古土壤层，成分以粉质黏土为主。此外，在河湖相堆积区边缘存在不同厚度的黏土层。

由于黏性土在有水和无水状态下性质差异大，造成黏性土边坡稳定的水敏特性非常高，这也是南方黏性土边坡易滑的主要原因。

4）软土边坡

软土一般是指天然含水率大、压缩性高、承载力低和抗剪强度很低的呈软塑-流塑状态的黏性土。软土是一类土状态的总称，并非指某一种特定土。工程上常将软土细分为软黏性土、淤泥质土、淤泥、泥炭质土和泥炭等。

软土多在我国沿海地区广泛分布，如东海、黄海、渤海、南海等沿海地区；内陆平原以及一些山间洼地亦有。我国软土的主要分布区域见表2-3。

我国软土主要分布区域 表2-3

主要成因类型	主要分布区域
滨海沉积软土	天津塘沽、连云港、上海、舟山、杭州、宁波、温州、福州、厦门、泉州、漳州、广州
湖泊沉积软土	洞庭湖、洪泽湖、太湖、鄱阳湖四周、古云梦泽地区
河滩沉积软土	长江中下游、珠江下游、淮河平原、松辽平原
沼泽沉积软土	昆明滇池周边、贵州水城、盘县

注：引自《工程地质手册》（第五版）。

软土具有天然含水率高、天然孔隙比大、压缩性高、抗剪强度低、固结系数小、固结时间长、灵敏度高、扰动性大、透水性差、土层层状分布复杂、各层之间物理力学性质相差较大等特点。软土的工程性质如下：

（1）软土具有触变特征，当土受到振动以后，破坏了结构连接，降低了土的强度或很快使土变成稀释状态。

（2）软土除排水固结引起变形外，在剪应力作用下，土体还会发生缓慢而长期的流变剪切变形。

（3）软土是属于高压缩性的土，压缩系数大。

（4）软土强度很低，其不排水抗剪强度一般均在20kPa以下。

（5）软土透水性能弱，一般垂直向渗透系数在10^{-8}～10^{-6}cm/s之间。

（6）由于沉积环境的变化，黏性土层中常局部夹有厚薄不等的粉土，使水平和垂直分布上有所差异，呈现出不均匀性。

不同区域的软土还可按照沉积来源进行细分，对每一类沉积的特征描述见表2-4。

软土地区的类型与特征　　表 2-4

类　型	亚　类	厚　度	特　征
海洋沿岸沉积	潟湖相沉积	一般为 2～25m，最大可达 60m	颗粒细，孔隙比大，强度低，常夹有薄层泥炭
	溺谷相沉积	厚度不定	孔隙大，结构疏松，含水率高，分布范围窄
	滨海相沉积	一般大于 60m，最大可达 200m	面积广，厚度大，夹有粉砂薄透镜体，孔隙大
	三角洲相沉积	一般为 5～60m	分选性差，结构不稳定，粉砂薄层多，有交错层理，不规则尖灭层及透镜体夹层，结构疏松
内陆湖盆地沉积	湖相沉积	一般小于 20m	粉土颗粒成分高，呈放射状分布，层理均匀清晰，表层多具有硬壳
	丘陵谷地相沉积	一般为 7～10m	呈片状、带状分布，靠山边浅，谷中心具有较大的横向坡，颗粒由山前到谷中心逐渐变细
河滩沉积	河漫滩相沉积	一般小于 20m	成层情况不均一，以淤泥与软黏土为主，含中细砂交错层，呈透镜体分布
	牛轭湖相沉积		

注：引自《工程地质手册》（第五版）。

根据《软土地区岩土工程勘察规程》（JGJ 83—2011），按工程性质结合自然地理、地质环境，我国的软土可划分为三个地区，即沿秦岭走向向东至连云港以北的海边一线，作为Ⅰ、Ⅱ地区的界线；沿苗岭、南岭走向向东至莆田的海边一线，作为Ⅱ、Ⅲ地区的界线。其工程地质区划特征见表 2-5。

由于软土土体结构和物理力学性质的复杂性，使软土边坡的破坏形态较为复杂。一般土体的破坏模式可简化为圆弧破坏，如图 2-1 所示。但由于软土的基本特征及变形破坏特性不同于一般土体，因此，圆弧破坏模式并不能准确描述软土边坡的破坏形态。试验研究和工程实践均证明软土边坡的破坏模式一般为流鼓破坏，如图 2-2 所示。

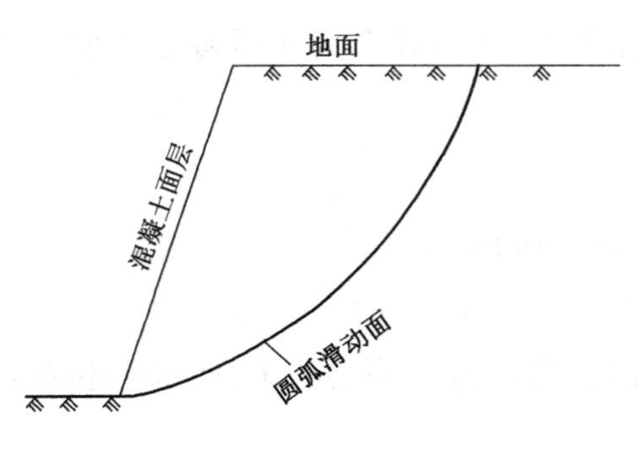

图 2-1　一般土体圆弧破坏形态

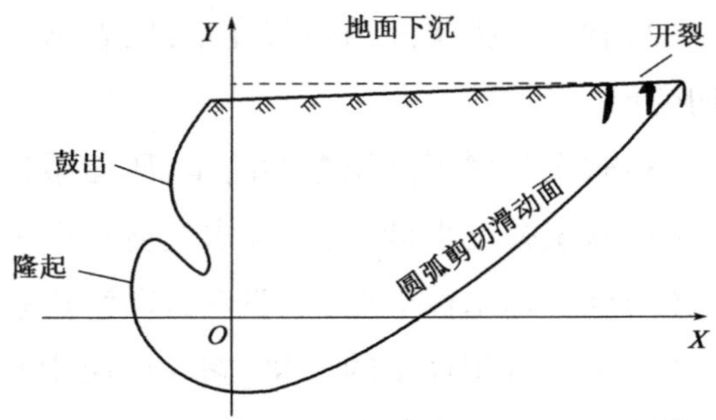

图 2-2　软土边坡流鼓破坏形态

中国软土主要分布地区工程地质区划特征 表 2-5

区别	海陆别	沉积相	土层埋深	物理力学指标(平均值)													
				天然含水率(w)	重度(γ)	孔隙北(e)	饱和度(S_r)	液限(w_L)	塑限(w_P)	塑性指数(I_P)	液性指数(I_L)	有机质含量	压缩系数(a)(0.1~0.2)	渗透系数垂直方向(k)	抗剪强度(固快) 内摩擦角(φ)	抗剪强度(固快) 黏聚力(c)	无侧限抗压强度(q_u)
			m	%	kN/m^3	—	%	%	%	—	—	%	MPa^{-1}	cm/s	度	kPa	kPa
Ⅰ 北方地区	沿海	滨海	2~24	43	17.8	1.21	98	44	25	19.2	1.22	5.0	0.88	5.0×10^{-6}	10	11	40
		三角洲	5~29	40	17.9	1.11	97	35	19	16	1.35	—	0.67	—	—	—	—
Ⅱ 中部地区	沿海	滨海	2~30	52	17.0	1.42	98	42	21	21	—	2.3	1.06	4.0×10^{-8}	11	4	50
		潟湖	1~30	50	16.8	1.56	98	47	25	22	1.34	6	1.30	7.0×10^{-8}	13	6	45
		溺谷	2~30	58	16.3	1.67	97	52	31	26	1.90	8	1.55	3×10^{-7}	15	8	26
		三角洲	2~19	43	17.6	1.24	98	40	23	17	1.11	—	1.00	1.5×10^{-6}	17	6	40
	内陆	高原湖泊	—	77	15.6	1.93	—	70	—	28	1.28	18.4	1.60	—	6	12	—
		平原湖泊	—	47	17.4	1.31	—	43	23	19	—	9.9	—	2×10^{-7}	—	—	—
		河漫滩	—	47	17.5	1.22	—	39	—	17	1.44	—	—	—	—	—	—
Ⅲ 南方地区	沿海	滨海	1~20	88.2	15.0	2.35	100	55.9	34.4	21.5	2.56	6.8	2.04	3.59×10^{-7}	2.1	6	4.8
		三角洲	1~19	50.8	17.0	1.45	100	33.0	18.8	14.2	1.79	2.75	1.32	7.3×10^{-7}	5.2	11.6	13.8

5)全风化膨胀土边坡

我国是世界上膨胀土分布面积最广的国家之一,在北京—西安—成都一线东南的广大区域内,膨胀土分布最普遍。从流域地理位置来看,主要集中分布在长江、珠江、黄河中下游及淮河、海河流域的广大平原、盆地、河谷阶地、河间地块以及平缓丘陵地带。

我国的膨胀土原岩(土)多为第三系至第四系更新统的地层,矿物成分多含有蒙脱石、伊利石及高岭石,成因以冲积、洪积、湖积和残积为主,多呈坚硬-硬塑状态,结构致密,呈棱形土块者常具有膨胀性,棱形土块越小,膨胀性越强。土内分布有裂隙,斜交剪切裂隙越发育,胀缩性越严重。多分布在二级及二级以上的河谷阶地、山前丘陵和盆地边缘,个别分布在一级阶地上,呈垄岗-丘陵和浅而宽的沟谷,地形坡度平缓,一般坡度小于12°,无明显的自然陡坎。

膨胀土的工程特征如下:

(1)膨胀的原岩(土)形成时间较早,大部分处于超固结状态,随着上部岩土的开挖,超固结膨胀土会发生卸荷膨胀,使土体内的能量逐渐释放出来,这种卸荷膨胀要持续较长的时间,而且是不可逆的。

(2)膨胀土遇水膨胀软化,失水干缩开裂,这种胀缩效应非常灵敏,胀缩量的大小取决于土的黏粒含量、矿物成分和特殊的结构等。不同的微结构形态不仅影响胀缩量的大小,而且还会造成土的各向异性,所以,膨胀土的垂直、水平向膨胀量往往是不相同的。

(3)常见的裂隙有垂直、斜交和水平三种,其中以垂直和水平裂隙较发育。裂隙面一般有蜡状光泽,多见铁锰胶膜附着,较光滑,有擦痕。膨胀土一般都发育有2~3组的裂隙。

(4)膨胀土具有较高的液限和较大的塑性指数,但是塑限含水率与一般黏性土相比无明显差别。当膨胀土的天然含水率接近塑限时,膨胀土浸水更易软化,且易沿裂隙崩解。

(5)膨胀土表层因受气温、水分频繁变化的影响,反复的胀缩作用加剧土体裂隙的发育,并形成一层明显的风化破碎层,厚度一般为1.0~1.5m,随深度的增加,风化程度逐渐减轻。

(6)膨胀土的抗剪强度离散性较强,且通常室内常规剪切试验的抗剪强度都高于现场土体的抗剪强度,在有条件的情况下尽量通过现场大剪试验测取膨胀土的抗剪强度参数。膨胀土的残剪试验反映出具有峰值强度远高于残余强度的特性。

综上所述,膨胀土的特征见表2-6。

根据工程地质条件和膨胀土边坡的复杂程度,膨胀土边坡可以划分为表2-7所列的复杂边坡、较复杂边坡和简单边坡三类。

膨胀土的特征　　表2-6

项目	特征	项目	特征
地层	以第四系更新统为主，少量为第四系全新统及第三系	结构	结构致密，土块破碎后呈菱块状，更细小的碎屑呈鳞片状
地貌	有明显的垄岗式地貌，山前丘陵区及盆地边缘的岗顶多呈浑圆状，无明显的天然陡坎，自然坡度平缓	裂隙	裂隙发育，至少有2～3组以上的裂隙，裂面光滑，或有擦痕，或为铁锰胶膜附着，裂隙常有灰白、灰绿色黏土填充
颜色	以褐黄、棕黄、棕红、灰白、灰绿色为主，其中灰白、灰绿色的土体工程性质更差	崩解性	含水率低于硬塑状态的土块浸水，会很快沿裂隙崩解
含有物	含有较多的钙质结核（砂姜石），有时富集成层，并有豆状铁锰质结核	胀缩性	晴天新挖的坑壁，裂隙迅速张开，土块易崩落。雨后表层裂隙很快闭合，坑壁土体易沿裂隙坍塌
黏性	土质细腻，手触摸有滑感		

膨胀土边坡分类　　表2-7

边坡类型		工程地质条件				边坡状况	
		膨胀土类别	土层	地形地貌	水文地质	高度(m)	稳定性评价
Ⅰ类	复杂边坡	强膨胀土	多层土，有软弱夹层	斜坡高陡，岗间负地形	汇水面积长大，地下水活动频繁	>15	极不稳定
Ⅱ类	较复杂边坡	中等膨胀土	多层土，无软弱夹层	斜坡短缓，岗侧缓坡	汇水面积短小，偶有地下水出露	6～15	不稳定
Ⅲ类	简单边坡	弱膨胀土	土层单一，较均质	平坦，岗脊正地形	无地表水汇集，无地下水活动	<6	较稳定

膨胀土具有特殊的物理力学性质，因富含易膨胀亲水矿物，边坡土体内摩擦角很小，干湿效应明显。边坡稳定性与土质、土体裂隙、水的作用及外界环境的干湿变化有着极为密切的关系。膨胀土边坡开挖后，易因自然条件的变化，表层膨胀、干缩、崩解而引起连续的表层滑动或坍塌，较少出现大规模崩塌破坏。

2. *层状均质土边坡*

层状均质土由不同类型或不同成因的多层均质土体堆积构成，层厚接近，其原生沉积面既可以是间断堆积形成，也可以是由侵蚀、剥蚀面形成，层面胶结难剥离，层内土相同，层间土相似，整体仍可认为是均质土。常见的层状均质土边坡多分布于河道漫滩、低阶地，冲沟前缘的冲洪积扇以及陡坡前缘堆积扇。由于层与层之间物质组成不完全相同，造成坡体结构、孔隙性、透水性都有一定差异。常见的层状均质土往往经历了多期次的堆积，坡体在整个变形滑移过程中，主要发生切层破坏，亦可能沿某一沉积面发生滑移破坏，其破坏形式与成层组分、结构及外界环境有关。层状均质土边坡稳定性应首先查明各层土的工程性质，重点考察其中的层面或软弱夹层附近对整体稳定性的影响。

膨胀土具有干缩湿胀的特性，旱季土中裂缝的深度达到大气影响深度；雨季初期的降水沿裂缝下渗，在大气影响深度内形成地下水富集带，使上下土体具有性质差异较大的两种性质。因此，一定条件下的膨胀土边坡也可认为是一种特殊的层状均质土边坡。

二、二元结构边坡

二元结构边坡是自然界中最为常见的一类边坡，通常在山区、丘陵地区，在构造隆升和风化侵蚀的共同作用下，形成具有一定规律的软硬接触的地层，而顺坡向的接触弱面往往是坡体变形破坏的主要部位。

二元结构边坡具有典型的层内相似、层间相异的特征，包括土-土二元结构边坡、土-岩二元结构边坡和软弱基座边坡。

1. 土-土二元结构边坡

土-土二元结构边坡一般是指形成于第四系，由于成生时代、成因等不同，而形成的由上软下硬差别较大的两层土构成的边坡，稳定性多取决于弱层或沉积间断面，其破坏面也处于弱层中，常见的如软土地区、河流阶地区，以及黄土地区的土-土二元结构边坡。

黄土地区土-土二元结构由于新、老黄土之间，原生、次生黄土之间，以及黄土与厚层古土壤之间的结构、强度、透水性等性质的差异较大，在长期地表、地下水的作用下，黄土二元结构边坡中的这些接触面处容易形成软弱带。因此，黄土二元结构边坡在雨水、地震以及人工作用的影响下，容易产生滑动破坏。

2. 土-岩二元结构边坡

土-岩二元结构边坡主要指由上覆的松散堆积层及其下伏坚硬岩层构成的边坡。根据上覆土层物质的不同，又可分为黄土-基岩二元结构边坡、红黏土-基岩二元结构边坡、堆积层-红层软岩二元结构边坡，以及普通堆积层二元结构边坡和人工堆填土二元结构边坡。

1）黄土-基岩二元结构边坡

黄土-基岩二元结构边坡（图2-3）主要是指由黄土覆盖层和下伏基岩组成的边坡，其破坏的主要方式为巨厚而直立的风积黄土或冲洪积黄土覆盖在倾斜的老剥蚀面或基岩顶面之上，常在开挖后，使下伏层顶面附近的剪出口出露于临空面，在下伏老剥蚀面或基岩顶面附近产生滑动。目前研究认为，当黄土完整时，雨水极难在短时间内下渗至黄土和基岩的接触面，但黄土中的垂直裂隙和黄土陷穴可以成为水的良好通道，当水到达基岩顶并蓄积后，浸湿黄土层底，则容易产生黄土滑动性破坏。若层倾向和坡向一致，由于滑体和滑床性质差异较大，滑带土一旦发生位移，抗剪强度将快速衰减，边坡迅速发生整体剪切破坏，故此类型边坡发生的滑坡比一般黄土滑坡出现得更突然、更急剧。

图 2-3 黄土-基岩二元结构边坡

2)红黏土-基岩二元结构边坡

红黏土是红土的一个亚类,是一些碳酸盐类岩石与非碳酸盐类岩石的混合风化物,在炎热湿润气候条件下进行红土化作用形成的。我国红黏土主要分布在南方,以贵州、云南和广西最为典型和广泛;此外,在四川盆地南缘和东部、鄂西、湘西、粤北、皖南和浙西等地也有分布。红黏土出露总面积约 $4.6\times10^5km^2$,占国土面积的近5%。在我国西部,红黏土主要分布在较低的溶蚀夷平面及岩溶洼地、谷地;在中部,主要分布在峰林谷地、孤峰准平原及丘陵洼地;在东部,主要分布在高阶地以上的丘陵区。我国北方红黏土零星分布在一些较温湿的岩溶盆地,如陕南、鲁南和辽东等地,多为受到后期营力侵蚀和其他沉积物覆盖的早期红黏土。

红黏土-基岩二元结构边坡是指由原生和次生红黏土与下伏基岩组成的边坡。由于红黏土是在经历了红土化作用后形成的,无论外观、成分还是岩土结构都发生了明显不同于母岩的质变,除少数泥灰岩分布地段外,红黏土与下伏基岩均属于岩溶不整合接触,它们之间的接触关系是以突变间断为主。

3)堆积层-红层软岩二元结构边坡

红层软岩泛指侏罗系、白垩系与第三系红色砂岩、泥岩、页岩及砂泥岩与页岩互层等软硬相间的层状结构岩体。由于红层软岩岩体强度低、工程地质性质较差,具有透水性弱、亲水性强,浸水后岩体软化,失水后易崩解等特征,极易形成大量风化堆积物,上覆于红层软岩之上,构成一种特殊的二元结构边坡。

该类边坡的上部堆积层多为红层风化所形成的坡积物、崩积物、古滑坡堆积物等,常为黏性土夹碎块石的红色松散堆积物,厚度一般为 3 ~ 15m。红层岩体的下部主要为河、湖相砂岩、泥岩、粉砂岩等互层,这类边坡最危险的属堆积层与原岩的接触面倾向临空面。由于红层软岩抗风化能力弱、水敏感性强,遇水岩体软化或破碎,强度大幅度下降,因此,当该类边坡受到降水、地表水、地下水、温度及各种外环境作用的影响时,岩体完整性被破坏,岩层层面结构强度降低,易形成堆积层顺红层软岩的滑动。

红层软岩滑坡具有分布范围广、突发性强、灾害严重等特点，据统计，中国西部地区红层软岩滑坡约占各种类型滑坡总数的1/4，其中顺层滑坡约占红层堆积滑坡总数的2/3。

4）普通堆积层二元结构边坡

普通堆积层二元结构边坡是以各种残积、坡积、洪积和崩滑积物等成因为主的覆盖层与下伏基岩组成的边坡，一般滑体以粗颗粒的土石混合堆积体为主，常分布在山区的河流两岸及山体边缘地带。当坡体后缘有岩石陡壁或沿坡倾向有凸起的岩石岗脊时，重力崩塌物也掺杂到堆积体中，组成了山区堆积层二元结构边坡。该种类型的边坡在山区分布最为广泛，是公路工程建设及运营过程中最常见的边坡类型。

一般情况下，这些山区堆积层底部的基岩顶面和堆积层内部的层面均与斜坡具有相同倾向，这极易使堆积体沿基岩顶面或堆积层内部层面产生滑动，形成堆积层滑坡。堆积层滑坡受控于接触面的埋深，多数为浅层、中层滑坡。堆积层很厚的地区由于开挖也会形成深厚的大型滑坡，其分布范围很广泛，特别是我国的铁路和公路建设沿线存在大量的这类滑坡。堆积层滑坡主要是由于降雨下渗，一方面增加滑体整体质量，更重要的是雨水起到润滑作用，大幅度降低堆积层底部和基岩接触面的抗剪强度；此外，后缘陡坎不断风化剥落是堆积体源源不断的物质来源。

5）人工堆填土二元结构边坡

公路修建中经常遇到人工堆填土边坡，这些人工弃土常和下伏的原地层或者基岩一起，构成二元结构边坡。这些堆积于自然沟洼、斜坡上的弃土，在降雨作用下，常常在填土与原地面间形成渗流通道，细颗粒被带走，大幅度降低了岩土体抗剪强度中的黏聚力，因此，容易形成沿原始地面的顺层滑动。

3. 软弱基座边坡

软弱基座边坡主要由上覆较硬岩土层及下伏软弱岩土层或易风化岩层组成，经由多层叠置形成特殊的二元结构边坡（图2-4）。边坡下伏软弱岩体多由泥岩、页岩等强度较低的岩体组成，在上覆岩土层自重压力及地下水共同作用下，易产生塑性流动并向临空方向

图2-4　软弱基座边坡

挤出,导致上覆较坚硬的岩土层拉裂、解体和不均匀沉陷,从而使坡体产生失稳破坏。这类边坡的稳定性主要取决于软弱层的完整性及强度,以及边坡和层面的结构特征。

三、土石混合体边坡

土石混合体边坡指组成物质主要是残积、坡积、冲洪积或人工堆积形成的中厚层边坡,物质组成以大于2mm的砾粒及巨粒的质量占比大于50%,且不均匀系数$C_u>5$的岩土颗粒为主。边坡物质破碎,颗粒无分选性,级配相对较好,残积层节理极其发育、完全贯通,但破碎物本身仍可能继承原岩一定结构性,边坡破坏微观上仍是沿着块石、砾石边缘或结构面,但宏观上与土质边坡破坏面类似,呈近圆弧状。坡体中不同位置岩土的物理力学性质会有较大差异,分析评价时要结合土体和岩体的评价方法对坡体进行分段评价。其力学性质在条件允许的情况下需要通过现场原位试验测取。这类边坡根据节理的切割程度由强到弱分为碎石土边坡、散体结构边坡和碎裂结构边坡。

1.碎石土边坡

碎石土边坡是指由砂土颗粒或砾质土夹坚硬岩石碎块组成的边坡,成因一般为冲积、洪积、坡积、崩塌堆积等。

碎石土成分复杂多变,各种粒径组分及级配含量相差悬殊,故其性质变化很大。碎石土的性质主要决定于土中粗、细颗粒含量的比例,粗颗粒的大小及其相互接触关系和细粒土的状态。宏观上碎石土边坡的材料性质接近于土质,粗颗粒对抗压和抗剪强度的贡献不超过30%,通过室内土工试验可以获得近似的物理力学参数。碎石土边坡稳定性还受边坡黏土颗粒的含量及分布特征与坡体含水情况影响,在施工过程中容易产生局部的坍塌破坏,也可能产生滑面位于碎石土内部的滑坡破坏。

2.散体结构边坡

散体结构边坡组成岩体一般为未胶结的断层破碎带、强风化及全风化带、松动岩体,主要由岩块、岩屑和泥质物组成,结构体呈碎屑状。散体结构与以下碎裂结构的区别在于散体结构边坡的物质组成更复杂、级配更好,完全不能够区分优势结构面,物质成因除残积、坡积,还有可能是冲洪积、人工堆积等。

散体结构边坡岩体内裂面发育,岩层产状紊乱,岩块之间已完全脱离关系,或已风化成碎石、砂或土状,或受大的断裂挤压成角砾或泥质等,岩体完整性系数$K_v<0.15$[$K_v=(v_{p岩体}/v_{p岩石})^2$,其中$v_{p岩体}$、$v_{p岩石}$分别为岩体和岩石的压缩波速度(m/s)],稳定性很差。构造及风化裂隙密集,结构面错综复杂,无序发育,结合程度很差,并多填充黏性土,形成无序小块和碎屑。完整性遭极大破坏,稳定性极差,岩体性质接近松散介质。其物理力学性质一般通过现场试验或室内大尺寸试验获取,粗颗粒对抗压和抗剪强度的贡献为30%~70%。

散体结构边坡常分布于褶皱强烈、断层发育的褶皱带构造单元，常是断层带上、下盘构造破碎岩石形成凸形山坡，或是强烈挤压的褶曲顶部破碎岩石形成凸形山坡。散体结构边坡稳定性主要受岩土体整体抗剪强度的影响，一般发生近圆弧形的滑动破坏。

3. 碎裂结构边坡

碎裂结构边坡指被强烈发育的不规则节理裂隙切割的各类岩体组成的残积边坡，在曾发生过构造挤压活动，岩性较差、岩石易风化的碳酸盐岩和花岗岩地区较为常见。由于边坡上节理裂隙密集、方向零乱，虽难以划分出岩体的次生优势结构面，但整体仍保留了一定原生结构面的性质。边坡岩体多呈相互镶嵌的碎块，整体强度高于一般土体，却很难取到完整试样，边坡形态主要决定于节理裂隙的切割密度和组合形态。

碎裂结构岩体内一般断裂交叉发育，裂隙张开或充填夹泥，岩石破碎成碎块或板块状，间有夹泥，局部夹有大块或条块状岩石结构体。同时，岩体结构面发育，多短小无规则的分布，岩块间存在咬合力。在碎裂结构的岩体中，结构面复杂多样，Ⅱ～Ⅴ级结构面均由岩石碎块、岩屑、岩粉和泥质物组成，尽管它们的成因各不相同，但其软弱破碎的特性基本一致。Ⅱ、Ⅲ级结构面之间的Ⅳ、Ⅴ级结构面极为发育，这是碎裂结构岩体的主要特点。此外，碎裂结构岩体局部夹泥多呈塑性状，岩体受夹泥控制，强度大幅下降。其物理力学性质应尽量通过现场试验获取。

碎裂结构的岩体完整性较差，完整性系数$K_v<0.35$，结构面密度大（间距<0.5m），方位也无规则。结构面大多由碎屑泥质物质组成，构成软弱破碎带，结构面的抗剪强度低，摩擦系数一般只有0.2～0.6。岩体强度低，常具塑性。

碎裂边坡可分为镶嵌结构和破碎结构两类。

（1）镶嵌结构。侵入岩、正变质岩等岩体被节理、断层切割成菱形、锥形结构体所组成的岩体结构类型。

（2）破碎结构。岩体中节理、断层及断层破碎带交叉、构造破碎较强烈、岩石呈碎块状的岩体结构类型。

碎裂结构边坡岩土体按结构类型分类见表2-8。

碎裂结构边坡岩土体按结构类型划分 表2-8

结构分类	岩体结构特征	边坡稳定性特征	常见破坏模式
镶嵌结构	一般发育于脆硬岩层中的压碎岩带，节理、劈理组数多、密度大，岩体完整性差，岩块镶嵌紧密，结构面发育，间距一般为0.1～0.5m。结构面延展性差，面粗糙，闭合，或夹少量碎屑，结构面$\tan\varphi$一般为0.40～0.60，完整性系数$K_v<0.35$	岩体破碎，整体强度低，受软弱夹层影响较大，基本不具有岩石强度特征，稳定性很差	以崩塌、落石及表面破坏为主
破碎结构	岩性复杂、构造变动剧烈，断裂发育，亦包括弱风化带。岩体破碎，结构面很发育，间距一般小于0.1m。结构面间多被泥夹碎屑、泥膜或矿物薄膜所填充，面光滑程度不一，形态各异，有的破碎带中黏土矿物甚多，结构面$\tan\varphi$一般为0.20～0.40，完整性系数$K_v<0.30$		以滑动、崩塌、落石及表面破坏为主

此类边坡的稳定性较差,坡角取决于岩块间的镶嵌情况和岩块间的咬合力。碎裂结构边坡,常常会产生追踪破坏、局部滑移或掉块,对这类岩质边坡尤其要注意其长期蠕变的特性。

四、岩质边坡

岩质边坡是指由于人工开挖出露的中风化~未风化各类岩石所构成的边坡,岩体基本完整,保持原岩的结构特征,其稳定程度受构造活动影响较大,取决于结构面的发育状态,局部可形成小规模崩塌和落石。破坏时多由结构面控制,取决于结构面的抗剪强度。构成岩质边坡的岩体根据其完整程度等可将其划分为四类,并用表2-9进行初步评价。

岩质边坡稳定性的定性分类评价表 表2-9

<table>
<tr><th rowspan="2">类型划分</th><th colspan="4">判定条件</th></tr>
<tr><th>岩体完整程度</th><th>结构面结合程度</th><th>结构面产状</th><th>直立边坡自稳能力</th></tr>
<tr><td>Ⅰ</td><td>完整</td><td>结构面结合好</td><td>外倾结构面或不同结构面的组合线外倾,倾角大于75°或小于25°</td><td>30m以内高边坡长期稳定,偶有掉块</td></tr>
<tr><td rowspan="3">Ⅱ</td><td>完整</td><td>结构面结合良好或一般</td><td>外倾结构面或不同结构面的组合线外倾,倾角为25°~75°</td><td rowspan="2">15m以内的边坡稳定,15~30m高的边坡欠稳定</td></tr>
<tr><td>完整</td><td>结构面结合差</td><td>外倾结构面或不同结构面的组合线外倾,倾角大于75°或小于25°</td></tr>
<tr><td>较完整</td><td>结构面结合良好~差</td><td>外倾结构面或不同结构面的组合线外倾,倾角小于25°,有内倾结构面</td><td>边坡可能出现局部塌落</td></tr>
<tr><td rowspan="4">Ⅲ</td><td>完整</td><td>结构面结合差</td><td>外倾结构面或不同结构面的组合线外倾,倾角为25°~75°</td><td rowspan="4">8m高的边坡稳定,8~15m高的边坡欠稳定</td></tr>
<tr><td>较完整</td><td>结构面结合良好或一般</td><td>外倾结构面或不同结构面的组合线外倾,倾角为25°~75°</td></tr>
<tr><td>较完整</td><td>结构面结合差</td><td>外倾结构面或不同结构面的组合线外倾,倾角小于25°</td></tr>
<tr><td>碎裂镶嵌</td><td>结构面结合良好或一般</td><td>结构面无明显规律</td></tr>
<tr><td rowspan="2">Ⅳ</td><td>较完整</td><td>结构面结合差或很差</td><td>外倾结构面以层面为主,倾角多为25°~75°</td><td rowspan="2">8m高的边坡不稳定</td></tr>
<tr><td>散体、碎裂</td><td>碎块间结合很差</td><td>破碎、松散,结构面很难辨认</td></tr>
</table>

注:1. 本表适用于地质条件简单情况下的初步定性评价,若地质条件复杂,不适用本表评价。
2. 岩体为软岩、较软岩时,应降低一级。
3. 当地下水发育时,Ⅱ、Ⅲ类岩体可视具体情况降低一级。
4. 强风化岩和极软岩可划为Ⅳ类岩体。
5. 表中外倾结构面指倾向与坡向夹角小于30°的结构面。

岩质边坡按其节理的切割程度可分为块状结构边坡和层状结构边坡。

1. 块状结构边坡

块状结构岩石边坡一般是指由三组或三组以上不同产状的结构面组合而成的厚层状(结构面间距大于0.5m)沉积岩、块状岩浆岩或变质岩边坡,变形体以块状破坏为主。具有块状结构的岩体主要由以下各类岩石组成:侵入岩岩类中的花岗岩、闪长岩及辉绿岩类;喷出岩岩类中的流纹岩、安山岩及玄武岩类;化学沉积岩岩类中碳酸盐岩组的巨厚层到中厚层灰岩、白云岩及其过渡岩类;砂砾沉积岩岩类中的巨厚层至中厚层砂岩、砾岩及其过渡岩类;变质岩岩类中的混合岩、片麻岩、大理岩及石英岩类等。

块状结构边坡根据节理对岩石的分割程度分为整体块状结构和破碎块状结构,见表2-10。

块状结构边坡按岩体结构类型划分 表2-10

结构分类	岩体结构特征	边坡稳定性特征	常见破坏模式
整体块状结构	岩体坚硬,呈整体状或巨块状,构造变形轻微,以层面和原生、构造节理为主。结构面一般为2~3组,间距大于1.5m。结构面不发育,延展性较差,多闭合、面粗糙,无充填或夹少量碎屑,内摩擦角一般不小于30°。地下水作用不明显,岩块可视为均质各向同性体	边坡整体稳定性较好,易形成高陡边坡,易出现松弛张裂变形,失稳形态多沿某一结构面滑动或复合结构面滑动。边坡稳定性受节理的不利组合及结构面抗剪强度、岩石抗剪断强度控制。裂隙水及风化作用的影响也相当大	①沿优势结构面顺层滑动,滑面为平面或者楔形; ②局部不稳定,可形成中~大规模的崩塌或落石
破碎块状结构	岩体较坚硬,呈块状、柱状,构造变形轻微~中等,结构面较发育,有贯穿性节理裂隙,一般为2~3组,间距为0.5~1.5m,结构面粗糙,有一定的黏结力,夹碎屑或附薄膜,内摩擦角一般为20°~30°。裂隙水微弱,斜面可出现渗水、滴水现象,主要表现为对软弱夹层的软化		①沿优势结构面顺层滑动,滑面为平面、阶梯状或者楔形; ②局部不稳定,易形成小规模崩塌或落石

1)块状岩体的主要特征

(1)岩体主要由单一的或强度相近的硬岩(饱和抗压强度大于60MPa)构成。因此,就其物质组成而言,岩块可视为相对均质体。

(2)块状岩体一般位于区域性断裂(Ⅰ级结构面)或贯穿工程区的大断层(Ⅱ级结构面)之间相对完整的岩层,Ⅰ、Ⅱ级结构面使岩体破碎成带,不易形成较完整的大块状结构。

(3)岩体可被长几百米至一千米左右,宽几十厘米至两三米的断层(Ⅲ级结构面)切割,岩体中普遍发育的是长几十米及几百米,宽几十厘米的小断层(Ⅳ级结构面)和各类节理(Ⅴ级结构面)。

(4)岩体完整性好,主要节理组的节理间距一般大于0.5m,据岩体的完整程度可划分为整体块状和破碎块状。

2)块状结构边坡的主要特征

(1)由于岩体强度高,边坡失稳主要沿贯穿性结构面(Ⅲ、Ⅳ级结构面)发生,或者大部分沿贯穿性结构面,局部剪断节理岩体,后部形成张拉节理。

(2)失稳边坡滑体的边界由贯穿性结构面与地形临空面组合而成,或由贯穿性结构面、节理岩体与地形临空面组合而成。

(3)由沉积碳酸盐岩构成的块状结构边坡,因其受溶蚀作用的影响,常形成张开的岩溶裂隙或填泥裂隙,而层间胶结相对紧密,所以往往是贯通的溶蚀裂隙决定了边坡的稳定性。由沉积砂砾岩、岩浆侵入岩、喷出岩及变质岩等构成的边坡,浅表部位常发育有强风化带、弱风化带及卸荷带,岩石强度降低,结构面性状较差,节理密度增大,节理贯通度增加。故浅表部位(深度十余米内)的稳定性远低于边坡深处,边坡失稳多发生在浅表部位,形成不同规模的崩塌和落石病害。

2. 层状结构边坡

层状结构边坡是指构成边坡的岩体主要由一组相互平行的优势结构面切割,形成长、宽大于3倍厚度的层状结构。根据层厚可分为薄层状($h \leqslant 0.1$m)、中厚层状($0.1 < h \leqslant 0.5$m)、厚层状($0.5 < h \leqslant 1.0$m)、巨厚层状($h > 1.0$m),同条件下层厚越薄,边坡性质越差,越容易出现局部破坏。

层状结构边坡一般由硬度较大的岩石(坚硬岩、较硬岩)组成,根据层理与边坡结构关系将层状边坡分为以下四个亚类,各类结构的稳定特征及常见破坏模式见表2-11。

岩质层状边坡分类表 表2-11

结构分类		岩体结构特征		边坡稳定特征	常见破坏模式
同向结构	缓倾	坡面与层面同向,倾向夹角小于30°,坡角大于岩层倾角,岩层层面被坡面切断	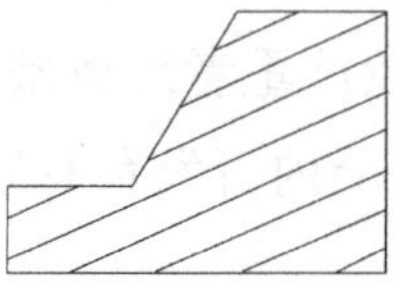	稳定性受坡角与岩层倾角组合、岩层厚度、顺坡向软弱结构面的发育程度、层面抗减强度、填充物情况、裂隙水及震动荷载所控制	①沿层理面顺层滑动,滑面为直线型或者折线型; ②局部不稳定岩块形成崩塌或落石
	陡倾	坡面与层面同向,倾向夹角小于30°,坡角小于岩层倾角	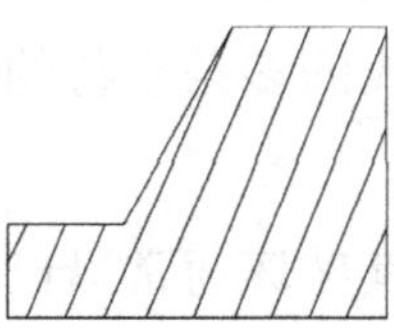	与节理裂隙发育特征特别是缓倾角节理发育情况及充填物情况,以及裂隙水和震动荷载有关	①在次生中缓倾节理影响下顺层滑动; ②局部不稳定岩块形成崩塌或落石

续上表

结构分类	岩体结构特征		边坡稳定特征	常见破坏模式
反向结构	边坡与层面反向，倾向夹角大于150°，岩体多成互层和层间错动带，常为贯穿型软弱结构面		稳定性受坡角与岩层倾角组合、岩层厚度、层间结合能力、次生节理面发育情况及裂隙水和震动荷载所控制	①岩层倾角较陡时易折断，形成倾倒崩塌；②节理或节理组易形成楔形体滑动
斜向结构	边坡与层面斜交或垂直，倾向夹角为30°～150°，岩体多成互层和层间错动带，常为贯穿型软弱结构面		稳定性受坡角与岩层倾角组合、岩层厚度、结构面的发育程度、抗减强度及裂隙水和震动荷载所控制	①岩层倾角较陡时在临空面可能形成倾倒崩塌；②节理或节理组易形成楔形体滑动

层状结构边坡按其成因类型通常划分为两类：一类是以沉积岩为代表的、主要为与原生构造有关的原生层状结构；另一类是以副变质岩为代表的、主要为与后期构造成因有关的板裂层状结构。火成岩除多次喷出成岩可能形成层状结构外，极少能见到层状结构。两种结构类型岩体的工程性质随结构面产状的不同差异极大，主要特征如下。

1）原生层状结构

原生层状结构，其组成岩层以复理式碎屑沉积岩或碎屑生物、化学沉积岩为主。一般具有软弱层相间的互层状结构，例如，砂岩页岩互层、砂岩泥岩互层、灰岩泥灰岩互层等。大部分受较轻微的构造运动影响，有较平缓的产状。其中软弱岩层内或软硬岩层之间受构造作用影响常有层面或层间错动现象，较严重者形成破碎夹层或泥化夹层，成为控制岩质边坡滑动失稳的软弱面。在较坚硬的岩层内可发育有原生节理或构造节理。

2）板裂层状结构

板裂层状结构，其组成岩层以变质的板岩、千枚岩和片岩为主。岩层经受强烈的构造运动，产状较陡；常形成大范围的平行发育的劈理、片理、层间错动带，形成板裂层状结构岩体；同时，还有其他方向、力学特性各异的断裂结构面与层间错动带组合。块状构造的岩浆岩，当其中有一组受大主应力作用形成的多条平行的断裂结构面时，也可以形成板裂结构。

层状结构边坡的岩石强度相对较高，其破坏通常沿已有的贯通结构面发生，局部未完全贯通结构面在重力及卸荷作用下也会因张拉、剪切而破坏，失稳边坡滑体的边界由贯穿性结构面与地形临空面组合而成，或由贯穿性结构面、节理岩体与地形临空面组合而成，所以只要对岩体结构面勘查清楚,则其破坏面位置就较为明确。

作为公路工程边坡,岩质边坡是稳定性条件相对较好的。对于岩质边坡的研究,归根结底是对结构面的研究,不利的结构面组合易引起边坡的变形破坏。此外,当边坡上有节理裂隙分布时,还要特别注意边坡上水的作用,降雨往往会造成岩质边坡失稳。因此,结构面性状、力学强度、不利结构面的组合及外界诱发等因素成为岩质边坡评价的主要研究对象。

第四节　公路边坡的安全等级确定

公路边坡的安全等级应按其损坏后可能造成破坏的危害等级来确定,包括对公路建筑物、构筑物安全和正常运用的影响程度,对人身和财产安全的影响程度,边坡失事后的损失大小,边坡类型、边坡规模大小、坡高、相关公路建筑物、构筑物的级别及边坡与公路建筑物、构筑物的相互间关系,对边坡破坏造成的影响进行论证后按表 2-12 确定。

公路边坡病害的危害等级确定　　表 2-12

危害等级	规模（$\times10^4m^3$）	破坏深度（m）	病害影响	车流量（辆/min）	人员伤亡（人）	财产损失（万元）	稳定系数	修复比例（%）	治理措施
一级	>10	>15	断路	>12	>5	>100	<1.05	>80	专项整治
二级	1~10	6~15	限行	5~12	0~5	10~100	1.05~1.3	20~80	普通治理
三级	<1	<6	能通行	<5	0	<10	>1.3	<20	简单支护

注:1. 本表可用于病害发生前的等级预判和病害发生后的等级划分。
2. 使用时按就高原则确定。
3. 特殊用途的边坡可不按本表划分。

对于特殊情况下的边坡可采用以下评判原则:

(1)预判情况下,若无法完全确定危害等级,应尽可能按危害高等级对待。

(2)对于连续的长边坡,应根据不同区段分别划分等级。

(3)边坡附近及坡顶有其他工业、民用建(构)筑物时,应根据实际情况适当提高危害等级。

(4)存在外倾软弱结构面的岩质边坡,或周边边坡病害频发的不良地段,应考虑适当提高危害等级。

(5)在特殊情况下,该路是两地唯一的通路时,应适当提高危害等级。

第三章

公路边坡变形破坏的力学分析

公路边坡的变形破坏受控于边坡的应力状态和材料强度,坡体的应力状态是分析边坡变形破坏力学模式的基础,也是建立边坡稳定性评价方法的基本出发点。本章从边坡的应力分布和破坏时的应力状态特征,以及破坏力学模式等方面开展边坡变形破坏的力学分析。

地壳表层岩土体的受力状态比较复杂,主要受地球引力产生的重力作用、构造活动产生的构造应力,以及由于物理、化学场的改变产生的各种次生应力,如热力应力(由热膨胀差异所引起)、物理化学应力(含水率变化、化学交换或结晶等所造成的体积变化而引起的)、动水应力等,其中构造应力和次生应力的分布受环境影响较大。本章重点考虑重力作用下边坡应力分布特征和变化过程引起的边坡失稳破坏。

第一节　公路边坡应力分布特征

受边坡形态、结构条件及开挖、堆载等人工活动引起坡体应力重分布的影响,自然斜坡或人工边坡中的应力分布与平坦场地有较大区别。

图 3-1 给出了边坡的大、中、小主应力迹线分布图,由图可见,开挖导致坡体内应力重新分布,坡面附近主应力迹线发生明显偏转。在重力作用下,边坡最大主应力[图 3-1a)]在临空面附近平行坡面分布,向深处逐渐变为竖直向;中间主应力[图 3-1b)]在坡体内沿边坡走向(垂直纸面,迹线空白处)、边坡深部逐渐变化,沿边坡剖面水平向分布;最小主应力[图 3-1c)]在坡体内为水平向,靠近临空面逐渐转变为垂直于坡面方向,坡底及坡顶局部沿边坡走向分布。计算结果与胡广韬用光弹试验得到的主应力迹线示意图(图 3-2)规律一致。

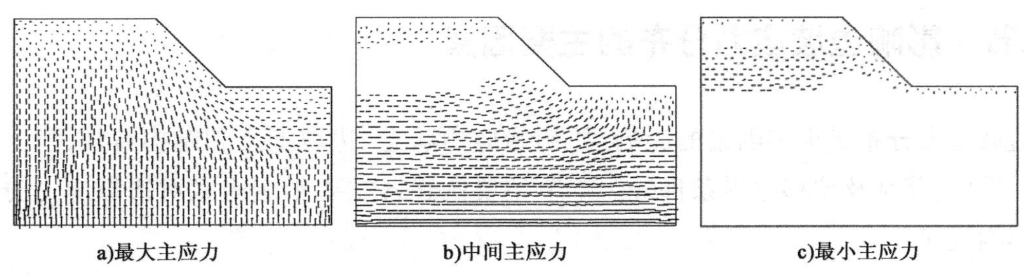

图 3-1　边坡的大、中、小主应力迹线分布图

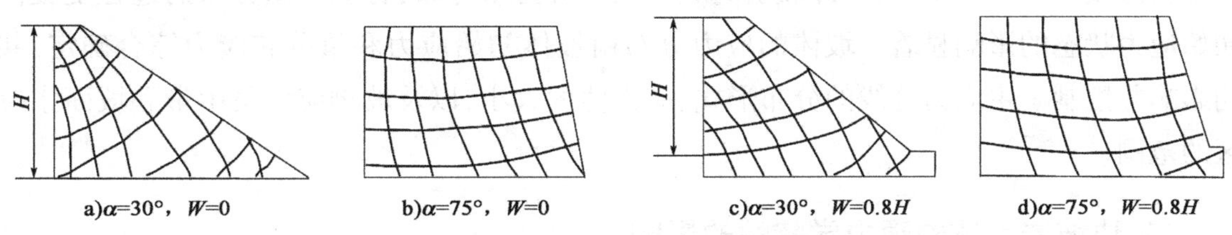

图 3-2　边坡主应力迹线示意图(据胡广韬)

α-坡角;W-坡脚外谷底宽度;H-坡高

坡面处由于法向压应力接近零,坡面附近的主应力受边界条件的影响,主要源于上部坡体重力产生的侧向力和重力的合力。坡体内部远离坡面处的应力状态受边界条件的影响逐渐减弱,分布特征逐渐趋于接近均匀平坦场地。边坡的应力集中现象主要分布在坡脚处,如图 3-3 所示,在坡脚处剪应力显著增大。最小主应力平行于坡面分布,在坡顶逐渐转化为拉应力,形成受拉区(图 3-4)。因此,坡顶前缘和坡脚附近是边坡应力集中最显著的区域,坡顶岩土体易被拉裂形成竖直向下或略向临空面倾斜的拉裂缝,在环境影响下向下发展。当坡脚剪应力大于岩土体的抗剪强度时,边坡则有可能发生整体失稳破坏。

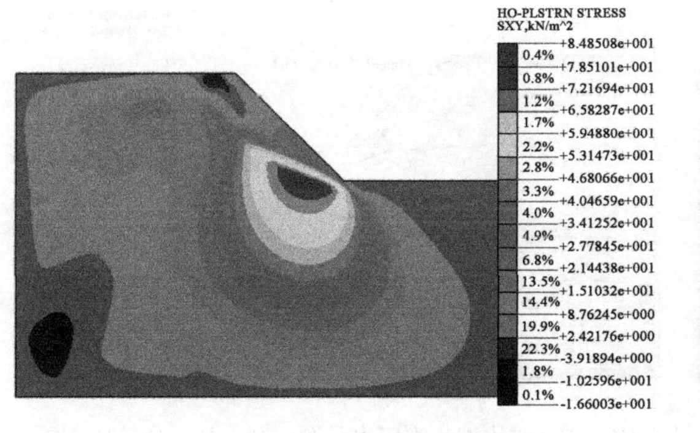

图 3-3　边坡剪应力分布图

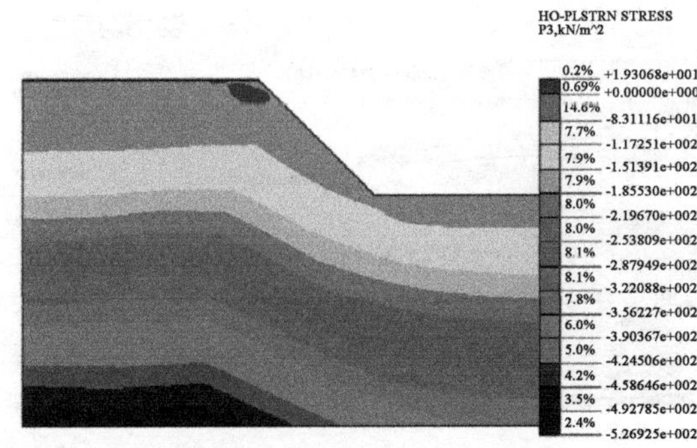

图 3-4　边坡最小主应力分布图

第二节 影响边坡应力分布的主要因素

边坡应力分布受很多因素的影响，如初始应力状态、边坡形态和结构特征、岩土体物理力学性质、荷载及位移边界条件等。本节主要阐述各主要影响因素对边坡应力分布特征的影响规律。

一、初始应力状态的影响

在边坡开挖过程中，由于卸载引起坡体内部应力重分布，且应力重分布的过程受坡体初始应力状态的影响显著。坡体的应力分布由坡体初始应力和重分布应力综合确定，共同影响并控制了主应力迹线的分布形式、应力值的大小，以及坡脚应力集中带和坡面张拉区的范围。

二、边坡岩土体物理力学特性的影响

岩土体物理性质复杂多变，主要与矿物成分、成生环境、原生和次生结构关系密切，此处不做详细讨论。由于工程上对岩土体更关心其力学特性对边坡应力应变分布及变化的影响，着重考虑材料的变形参数和强度参数：弹性模量、泊松比，以及内摩擦角和黏聚力。

1. 弹性模量的影响

对相同形态和结构的边坡，保持其他物理力学参数和边界条件不变，设置不同的弹性模量进行计算分析。图3-5和图3-6给出了采用不同弹性模量计算所得边坡的水平向应力和剪应力分布云图。由图可见，岩土体的弹性模量对均质边坡的应力分布及大小并无明显影响，仅对应变量产生少量影响，故边坡应力状态受岩土体弹性模量影响的敏感性较差。

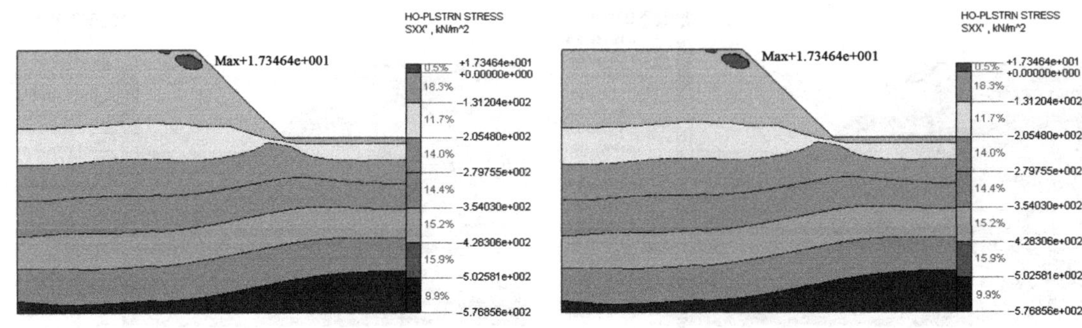

图3-5 弹性模量为20MPa(左)和40MPa(右)时边坡水平应力云图

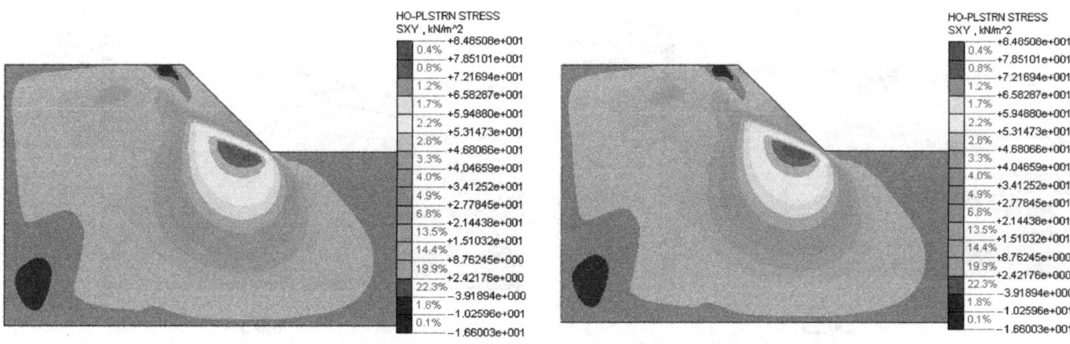

图 3-6 弹性模量为 20MPa(左)和 40MPa(右)时边坡剪应力云图

2. 泊松比的影响

根据《工程地质手册》(第五版)中给出的土体经验数据,土体的泊松比 μ 和内摩擦角 φ 大致呈图 3-7 所示的曲线关系,本次计算选取 4 组对应值进行数值模拟(表 3-1),分析不同泊松比条件下边坡应力的变化情况。

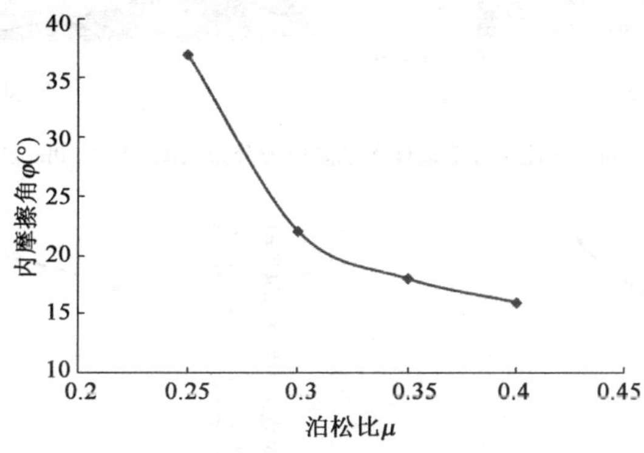

图 3-7 泊松比 μ 和内摩擦角 φ 的关系

泊松比和内摩擦角的对应关系 表 3-1

泊松比 μ	0.25	0.3	0.35	0.4
内摩擦角 φ	37°	22°	18°	16°

以边坡高度为 10m、坡角为 50°的土质边坡为例进行计算。图 3-8 为泊松比对边坡水平应力分布的影响。由图可见,泊松比变化对 σ_x 应力大小及坡顶张应力分布区范围有一定影响。图 3-9 为边坡拉应力随泊松比变化的曲线。

由图 3-8、图 3-9 可见,边坡的张拉应力有以下变化趋势:

(1)随泊松比增大,张应力向坡顶后缘发展,范围逐渐扩大,如图 3-9a)所示。

(2)随泊松比增大,张应力深度逐渐增加,但当泊松比大于 0.35 时张应力深度又逐渐减小,土体变软,增大侧向变形,如图 3-9b)所示。

(3)由图 3-9b)可见,边坡张拉应力发展最大深度可达坡高的 1/3 ~ 1/2。

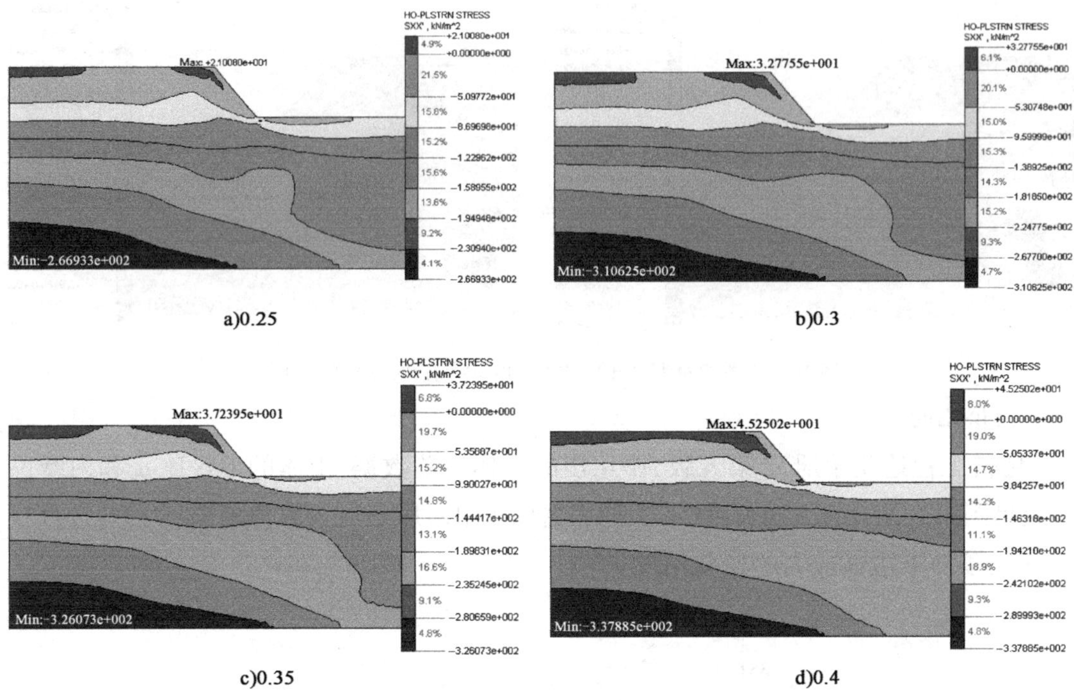

图 3-8　不同泊松比条件下边坡水平向应力分布云图(坡高 10m、坡度 50°)

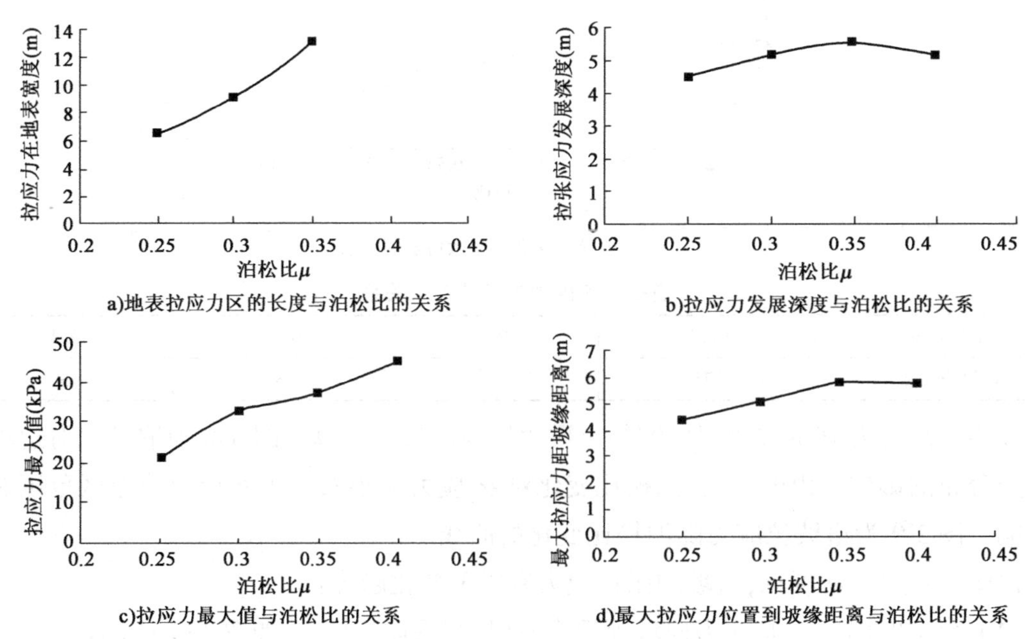

图 3-9　泊松比对张拉应力的影响

(4)由图 3-8 可见,拉应力最大值均出现在坡顶地表,且随泊松比增大呈逐渐增大的趋势,如图 3-9c)所示。

(5)由图 3-9d)可见,随泊松比增大,最大拉应力距坡缘的距离略增加,即最大拉应力位置向坡后移动,但当泊松比大于 0.35 时,距离不再变化,甚至略有减小。

综上所述,坡顶张拉裂缝是均匀土质边坡破坏面的重要组成部分,因此,需要对坡体进行应力分析,确定边坡的张拉区及潜在破坏面。

3. 抗剪强度参数的影响

以坡高 20m、坡角 45°的均质边坡为例,考虑不同黏聚力 c、不同内摩擦角 φ,其他物理力学参数及边界条件不变,计算边坡的应力分布,如图 3-10 所示。

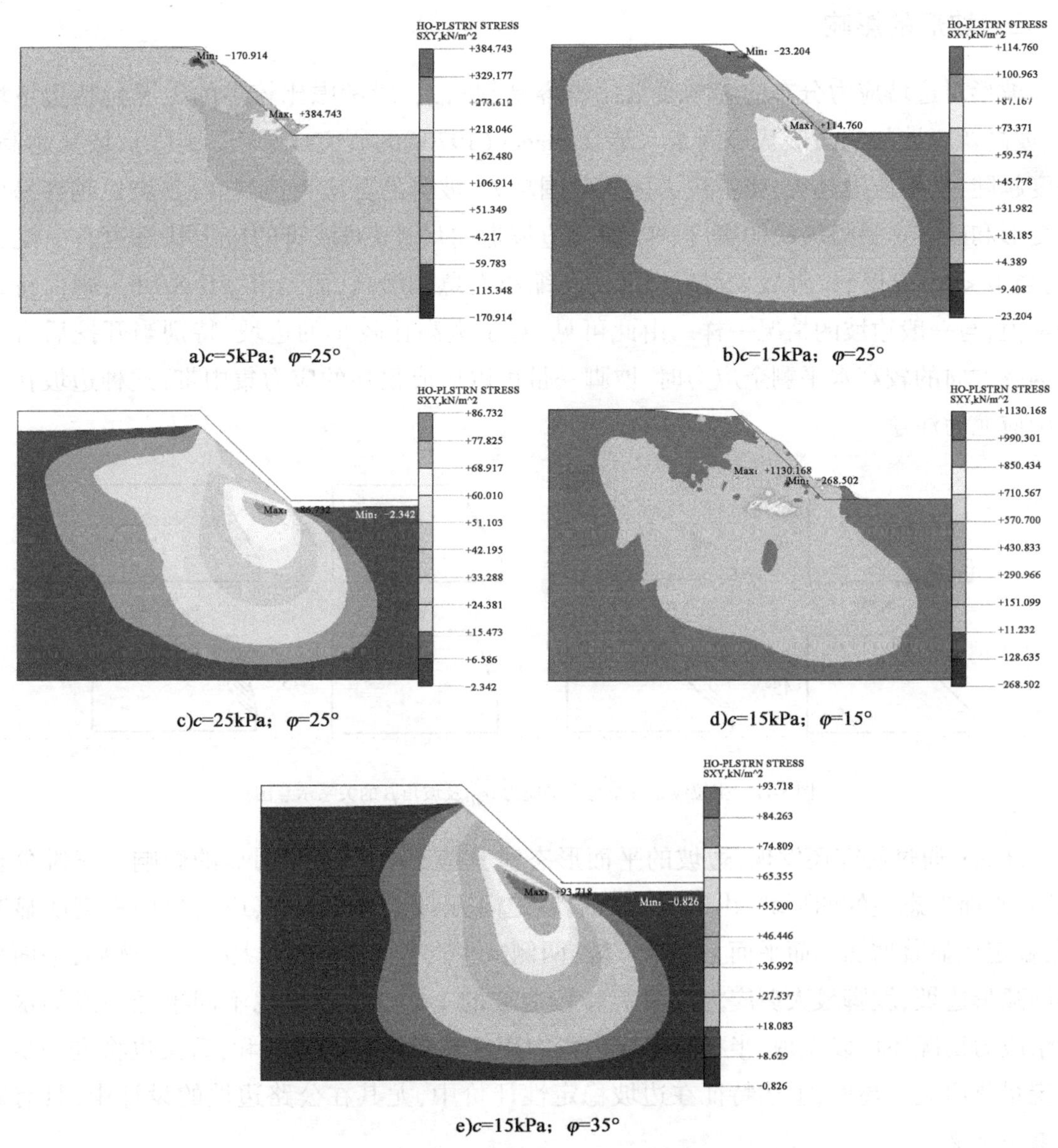

图 3-10 不同抗剪强度下边坡的剪应力云图

由图 3-10 可见，边坡岩土体强度参数对坡体应力有较大的影响：

(1)随着边坡岩土体抗剪强度参数(黏聚力、内摩擦角)的增大，边坡岩土体发生破坏的可能性降低，坡体内剪应力值减小。

(2)边坡岩土体黏聚力越小，边坡的破坏位置越接近表面，即容易发生浅表层破坏，而黏聚力越大越容易发生深层的破坏。

(3)边坡自稳定坡角与内摩擦角有较大关系，内摩擦角越大，自稳定坡角越大。

(4)边坡对抗剪强度参数均非常敏感。

三、坡形的影响

坡形对边坡应力分布的影响通常比较容易判断，一般考虑比较多的工况包括边坡坡度、坡高及边坡的剖面形状等因素。结合 Stacey(1970)的研究成果(图 3-11)，坡高越高，坡度越陡，水平应力越大，张拉应力区的范围越大，坡脚的剪应力值越高，斜坡也越容易产生变形和破坏。另外坡底的宽度(W，即沿边坡走向尺寸)对坡脚的应力状态也有一定影响：当 $W<0.8H$ 时，坡脚最大剪应力随底宽缩小而急剧增高，而当 $W>0.8H$ 时，则保持为一常值，与一般边坡的情况一样。由此可见，对于宽高比较小的边坡，特别当开挖后有垂直沟谷方向的较高水平剩余应力时，坡脚一带可以形成很强的应力集中带，这种边坡在工程中应尤为注意。

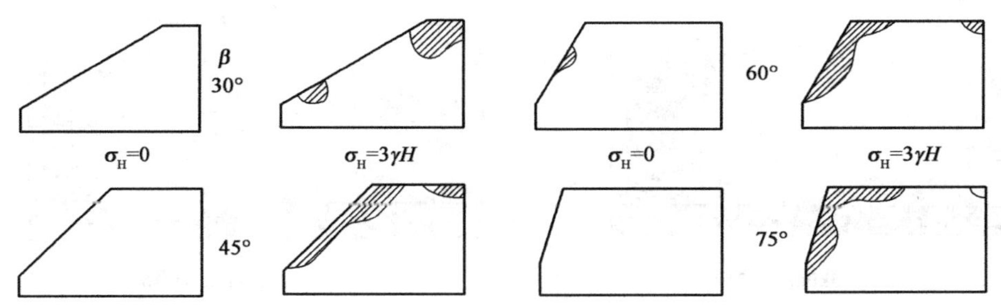

图 3-11　张拉应力分布与水平应力 σ_H 及坡角 β 的关系示意图

Stacey 通过研究还发现，边坡的平面形态对其应力状态也有明显的影响。三维分析表明，平面形态上的凹形坡，由于受到沿边坡走向方向应力的支撑，应力集中程度明显减缓，稳定性显著增加。而平面上的凸形坡，两侧缺少支撑，稳定性大大降低。例如，平面呈内凹弧形边坡，坡脚最大剪应力仅只有一般边坡的 1/2 左右。对比不同半径凹弧的水平剩余应力情况还可以发现，半径小者应力集中程度又较半径大者缓和，后文也将进一步进行定量化研究。显然，上述特征在边坡稳定性评价中，尤其在公路边坡的设计中，具有重要参考意义。

实际上，无论是天然的斜坡还是人工边坡，由于边坡形态和结构的复杂性、岩土介质材料的各向异性和材料参数的离散性，其应力状态都比较复杂。因而，往往需要采用经验分析、数值或物理模拟等方法具体分析和评价。可根据实测应力或应变（位移）数据，采用反演模拟分析，也可通过模拟初始地应力在斜坡成坡全过程中的变化，开展正演模拟确定其现今应力场。

第三节 边坡变形破坏时的应力状态

边坡的变形是坡体物质在内、外应力作用下，从高势能向低势能缓慢转变的一个过程，是一种量变发展。而边坡的失稳破坏，是从高势能向低势能的突然转变，是一种质变结果，从本质上说，是作用于滑体这一系统的下滑力超过了滑床的抗滑力的结果。下滑力主要来自滑坡体自重力沿滑动面（带）的下滑分力，它和滑坡体物质的重度（γ）、滑体厚度（h）及滑面倾角（α）有关，此外，还有静水压力、动水压力、地震力等附加力。抗滑力主要为滑动面（带）岩土体的黏聚力和（内）摩擦力，此外，还有滑体两侧不动岩土体的阻滑力等。

一、滑坡的平面受力状态

滑坡作为一个受力体系，根据其受力特点，在平面上可将其分为中部平移区、上部受拉区、下部阻滑受压区、两侧剪切区，如图 3-12 所示。由于滑坡的蠕滑先从中下部开始，上部因中部下移而失去支撑力产生主动破坏，后缘产生张拉裂缝。因此其大主应力 σ_1 为该段土体自重力（γh，γ 为该处土体重度，h 为相应的滑体厚度），铅垂向下（垂直纸面），小主应力 σ_3 在水平方向与滑向一致，由于 σ_3 不断减小，甚至由压应力转为拉应力，故产生垂直滑动方向的拉裂缝。而滑体中部由于岩土性质或坡形等因素影响，使下滑速率不同，也有可能形成少量张拉和剪切裂缝。其两侧因受滑床的阻力，形成了左右两对力偶，并派生出相应的大主应力 σ_1' 和小主应力 σ_3'，产生张扭性裂面和压扭性裂面。由于土体的抗拉强度低，故张扭面表现明显，即在滑坡两侧先呈现出雁形排列的羽状张裂缝。反向压扭性裂面表现不明显。与 σ_1' 成锐角相交的一组共轭剪性面有时也发育，使滑坡边缘的剪切裂缝追踪该剪性面和羽状裂缝发育。下部受压区，大主应力 σ_1 沿滑动方向平行主滑段滑动面，小主应力 σ_3 与其垂直，因此，首先出现近滑动方向（σ_1）的张裂缝，因滑体

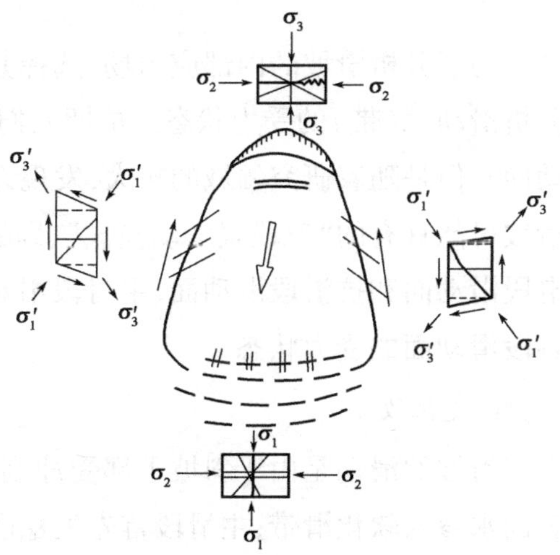

图 3-12 滑坡平面受力状态示意图（据王恭先）

下部向两侧扩散,故此张裂缝常呈放射状,称为放射状张裂缝。随着滑坡的滑动,垂直滑动方向土体受挤压隆起,并产生垂直于滑动方向的鼓胀裂缝。

以上是土体滑坡的情况,若是岩石滑坡,受力状态相同,但所产生相应位置的裂缝往往继承岩体内已有的构造裂面或其组合面,分布仍是有规律的。

掌握滑坡的平面受力状态及其相应的变形形迹,在识别和分析滑坡发生时有以下用途:

(1)在一个较复杂的滑坡区,可以据此区分各个滑坡块体,分条、分级并分析其相互关系。

(2)有些滑坡,变形形迹表现不完全清楚或被埋藏,可据此作出推测,圈定滑坡的可能范围。

(3)可以区分滑坡的"土移区"和"土聚区",受拉区显然是主要"土移区",受压区是主要"土聚区"。

(4)根据变形形迹确定滑坡主轴剖面(又称代表性剖面,是二维分析计算的主要剖面)。以下列举工程中的主轴剖面的确定方法,可供参考:

①滑坡主滑壁最高点经滑体最高点与滑舌最突出点的连线;

②滑坡主拉裂缝最高点切线的垂线;

③滑坡两侧羽状裂缝走向交角的平分线;

④滑坡前缘放射状裂缝的对称轴线;

⑤滑坡舌部最高点鼓胀裂缝的垂线;

⑥滑坡前缘建筑物(如挡土墙等)上倒八字形裂缝交角的平分线。

二、滑坡纵剖面的受力状态

为了分析滑坡的内部应力场,选择其主轴剖面来分析,且把滑体近似作为刚体,重点分析滑动面(带)的受力状态。早期人们在研究滑坡时,遇到的多是均质黏土中的弧形滑动面。但是随着研究领域的扩大,发现许多滑坡并非沿弧形面滑动,如图3-13所示为许多滑坡可能具有的"三段式滑动模式",即受拉段、主滑段和抗滑段,相应有受拉段滑动面、主滑段滑动面和抗滑段滑动面、主滑段滑动面常依附于地质上已存在的软弱面。下面分析各段滑动面的受力状态。

1. 受拉段

滑坡的滑动是由于斜坡下部受冲刷、人工开挖或受水侵蚀造成应力调整、坡体松弛,表面水渗入软化滑带,主滑段首先失稳产生蠕动,受拉段因失去下部支撑而发生主动张拉破裂。因此受拉段的大主应力 σ_1 是该段土体自重力(γh),小主应力 σ_3 为沿滑动方向的水平压应力(可减小至张拉应力)。由于 σ_3 减小，土体产生张拉破坏或压剪破坏，破裂面与大主力 σ_1(垂直向)的夹角为 $45° - \varphi/2$，φ 为受拉段土体的综合内摩擦角，即破裂面与水平面的夹角($45° + \varphi/2$)。由于滑坡体上部含水率不高，对黏性土来说 φ 约为 30°，故 α_1 约为 60°；黄土的 φ 为 35° ~ 40°，则 α_1 为 62.5° ~ 65°；胶结较好的地层 φ 约为 50°，则 α_1 约为 70°；岩质滑坡中，该破裂面则受岩体中已有结构面的控制。

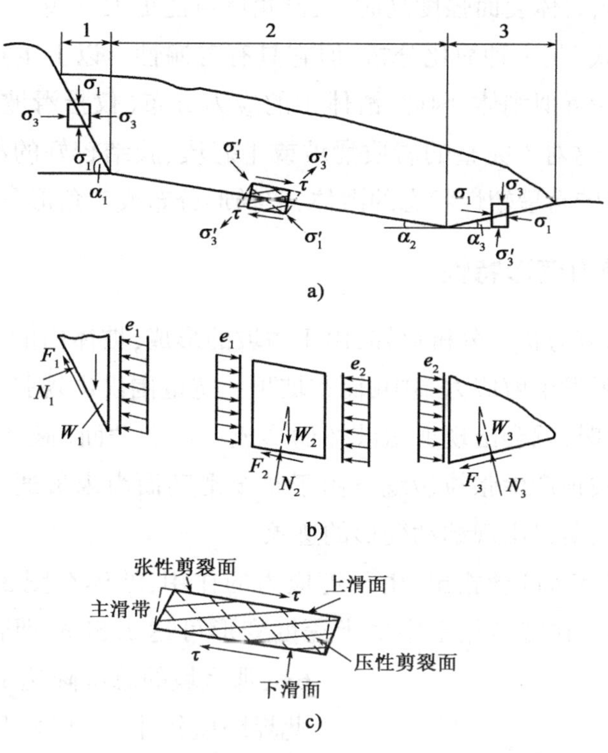

图 3-13　三段式滑动模式及其应力场示意图(据王恭先)

1-受拉段;2-主滑段;3-抗滑段

2. 主滑段

主滑段受力一般属纯剪，即受平行滑面的下滑力与滑床的阻滑力构成的一对力偶作用，派生出主压应力 σ_1' 和主张应力 σ_3'，从而形成一组压扭面和一组张扭面。当滑坡位移较大时，在滑动带的上、下形成一或两个剪切光滑面，并常有擦痕。压扭面也光滑，但一般倾角比主滑动面陡。有时在钻探中因土滑面被破坏而在岩芯中见到陡倾角的光滑面，即为此压扭面，它是滑带的标志，但不一定为主滑动面。

3. 抗滑段

抗滑段受来自主滑段和受拉段的滑坡推力，因此其大主应力 σ_1 平行于主滑段滑面，小主应力 σ_3 与 σ_1 垂直，因而产生被动土压破裂面。该面与大主应力 σ_1 的夹角为 45° -

$\varphi_1/2$（φ_1 为滑面土体的综合内摩擦角）。该新生破裂面与水平面的夹角 $\alpha_3=45°-\varphi_1/2-\alpha_2$，$\alpha_2$ 为主滑段滑面与水平面的夹角。α_3 一般反倾向坡内，形成地表反翘的剪出口。由于滑坡下部相对积水，φ_1 较小，如取 $\varphi_1=20°\sim30°$，主滑面倾角取 α_2 为 15°，则 $\alpha_3=15°\sim20°$。不过因受地层结构和临空面条件控制，剪出口常有多条，该段滑面也具一定曲面形态。

对于岩质滑坡，以上原理仍是相同的，只是破裂面受岩体中已有结构面控制，不像土体中那样平顺规则，当岩体裂面强度高时，反倾角度可能更大一些。

“三段式滑动模式”是一种简化分析，但它具有普遍性。以上重点分析了滑动面的宏观受力状态，视滑体为近似刚体，因此，滑体中的应力分布（仅指滑坡推力）按矩形分布考虑，如图 3-13b）所示，这对于完整的岩质滑坡或半岩质、胶结较好的滑体是适合的。对于呈散体状态或含水率较高呈塑性状态的滑体，取梯形分布或三角形分布更符合实际。

三、边坡土的受力变形特性

由滑动前边坡的应力状态分析可知，由于边坡的形成，坡体内的主应力和剪应力分布发生变化，在坡脚附近发生剪应力集中，而在坡顶一定范围内出现张拉应力区。当坡脚的岩土强度小于剪应力时，就会出现剪切破坏而形成一段滑动面（破坏面）。因为岩土的抗拉强度较小，容易在坡顶产生张拉裂缝。由于整个滑动面尚未贯通，还不会整体滑动，但这时坡体稳定性降低，所以出现蠕动变形的迹象。

Q. Z′aruaba 和 V. Mencl 曾指出，由于剪应力的作用，坡体在图 3-14 中最大剪应力线 π_1、π_2 以上范围变形。在密实黏土中每米深度变形可达 2.5cm，即若受剪坡体厚为 $D=6\text{m}$，那么坡的总沉降达 15cm。在软弱岩石中此界限值较小，如页岩和黏土岩中大约每米深度变形为 8mm。若变形超过上述值，就意味着可能形成了滑动面。

G. Ter-Stepanian 系统研究了土在剪切过程中的蠕变特性，提出土从一种结构转变到另一种结构是跳跃式发生的，土的剪切变形发生在四种等级上，即分子级的、颗粒级的、结构级的和团粒级的。根据土的结构和剪应力大小，在剪切应变速率与时间的关系上分出四个蠕变阶段：可动蠕变阶段（反比例）、加速蠕变阶段（正比例）、稳定蠕变阶段（反比例）和破坏阶段（常数）。据此将剪应力分为四个范围，其变形特征如图 3-15 所示。

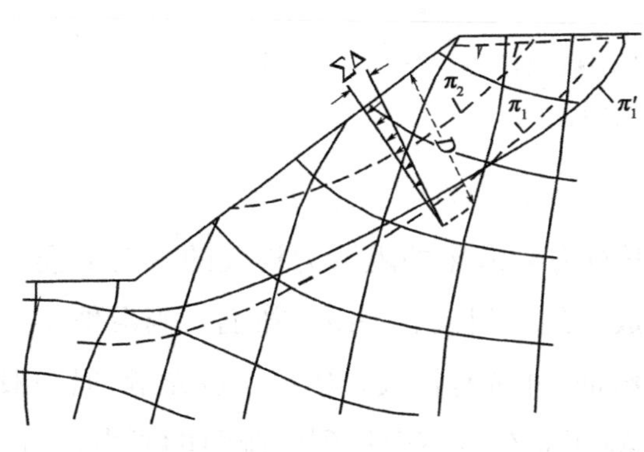

注：交叉网状线为主应力线。

图 3-14　边坡蠕变变形示意图

π_1、π_2-最大剪应力线；π_1'-实际滑动面；ΣΔ-滑动前斜坡边缘的变形值

(1)在非常低的剪应力($0<\tau<\tau_0$)下,不产生长期蠕变或长期蠕变的时长趋近于无穷大。τ_0 称为"刚性极限"。剪应变-时间关系是平行于横坐标的一条直线,截距 γ 相应于瞬时剪应变(包括弹性的或非弹性的)。

(2)在低剪应力($\tau_0<\tau<\tau_P$)下,剪应变只能靠精密测量或长期的观测才能测到。τ_P 称为"蠕变极限",在此值以下,蠕变具有长期性或认为不产生蠕变变形。蠕变过程包含可动蠕变-稳定蠕变两个阶段,即首先抗剪强度被调动,而后剪应变速率稳定,蠕变曲线 B 向上凸。

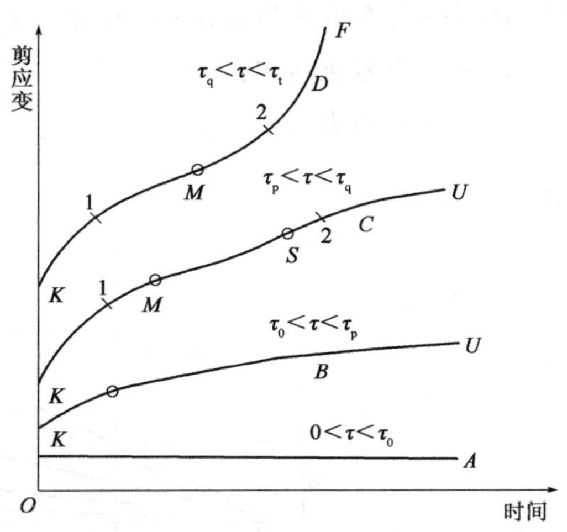

图 3-15 不同剪应力水平下蠕变曲线的解释

A-在非常低的剪应力下没有蠕变;B-低剪应力下长期蠕变的一个阶段(可动蠕变-稳定蠕变阶段 KU);C-中剪应力下蠕变的三个阶段(可动蠕变阶段 KM、加速蠕变阶段 MS 和稳定蠕变阶段 SU);D-高剪应力下蠕变的两个阶段(可动蠕变阶段 KM 和破坏阶段 MF)

(3)在中等剪应力($\tau_P<\tau<\tau_q$)下,产生明显的蠕变。τ_q 称为"破坏极限"。蠕变过程包括三个阶段:

①可动蠕变阶段:应变速率逐渐减小,达到可动极限 M 的最小值。

②加速蠕变阶段:应变速率增大,并达到稳定极限 S 的最大值。

③稳定蠕变阶段:应变速率再次减小,且之后的长期应变接近稳定值。

加速蠕变阶段应变速率增大之后又减小称为有限制的不稳定。蠕变曲线 C 为三段:向上凸出、向下凸出、再向上凸出。

(4)在高剪应力($\tau_q<\tau<\tau_t$)下,产生土的破坏。τ_t 称为"土的长期抗剪强度",是剪应力作用持续时间的函数,剪应力越大,破坏所需时间越短。蠕变曲线 D 包括两个阶段:

①可动蠕变阶段:应变速率逐渐减小,达到可动极限 M 的最小值。

②破坏阶段:应变速率持续增大,达到破坏 F。曲线 D 先向上凸出减速蠕变,再向下凸出加速蠕变。

其中,刚性极限τ_0、蠕变极限τ_p 和破坏极限τ_q 是划分低、中、高剪应力的界限值,可动极限 M 和稳定极限 S 是区分可动蠕变阶段、加速蠕变阶段、稳定蠕变阶段和破坏阶段的时刻。

根据以上观点,G. Ter-Stepanian 提出用土的可动抗剪强度系数 $\tan\theta$ 表示坡体中土的应力状态,如图 3-16 所示,计算见式(3-1)。

$$\tan\theta=\frac{\tau}{\sigma_0+\sigma'},\tan\theta_0=\frac{\tau_0}{\sigma_0+\sigma'},\tan\theta_P=\frac{\tau_P}{\sigma_0+\sigma'},\tan\theta_q=\frac{\tau_q}{\sigma_0+\sigma'} \tag{3-1}$$

式中：σ_0——综合内聚压力，$\sigma_0 = c\tan\varphi$，c 和 φ 是土的抗剪强度参数；

σ'——有效正应力；

τ——剪应力。

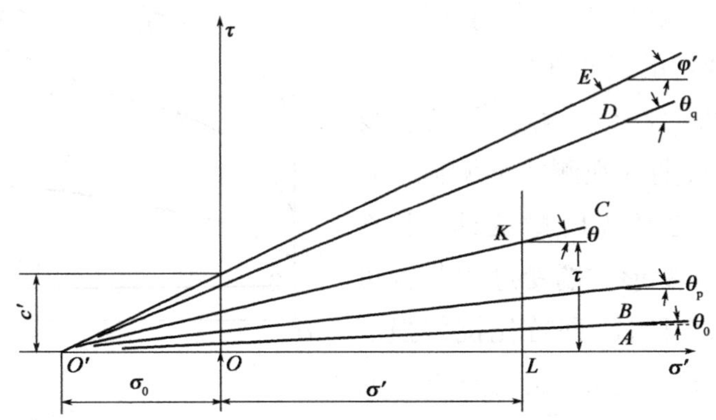

图 3-16　土的可动抗剪强度系数

A-无蠕变带；*B*-长期蠕变带；*C*-减速蠕变带；*D*-加速蠕变带；*E*-破裂线

据此，将边坡内分出五个带，如图 3-17 所示。

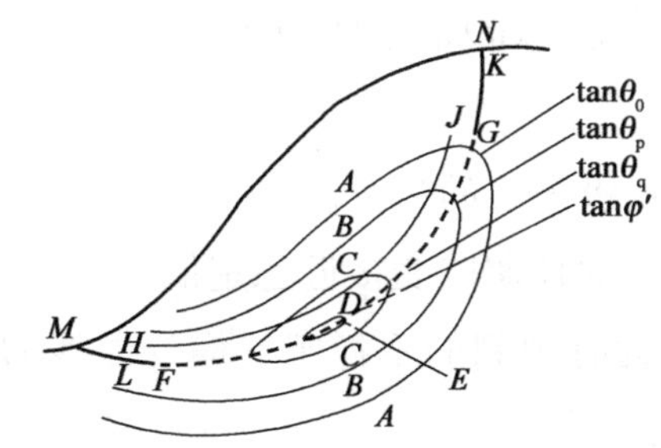

a)旋转滑坡刚开始时依附潜在破裂面的球状蠕变带

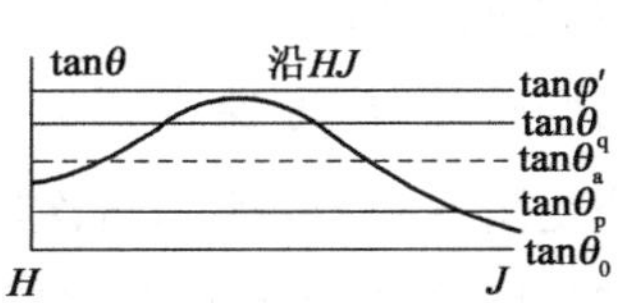

b)沿蠕变线*HJ*(实线)可动的抗剪强度系数值的分布与剪应力重分布后(虚线)的平均值$\tan\theta_a$

图 3-17　边坡蠕变变形带划分

A-无蠕变带($0<\tan\theta<\tan\theta_0$)，没有蠕变；*B*-长期蠕变带($\tan\theta_0<\tan\theta<\tan\theta_p$)，蠕变具缓慢长期性；*C*-减速蠕变带($\tan\theta_p<\tan\theta<\tan\theta_q$)，蠕变速率随时间而减小且蠕变过程趋于缓慢长期性；*D*-加速蠕变带($\tan\theta_q<\tan\theta<\tan\varphi$)，蠕变速率随时间而增大并以破坏而告终；*E*-剪切破坏带，该带内抗剪强度被全部调动($\tan\theta=\tan\varphi$)，破坏发生，抗剪强度达到峰值破坏后开始减小直到残余强度

依此分析坡体的深层蠕变过程和滑坡发生为：沿潜在破坏面 *MN* 的顶部产生张拉裂缝 *K*，坡脚产生近水平的剪切裂缝 *L*，*K* 和 *L* 两端点间连线 *FG* 为潜在破坏面的中段。由于坡体内不同点的抗剪强度被不均匀调动，因此，在坡体内形成依附潜在破裂面 *MN* 的球状蠕变带：球体外部是刚性带 *A*，向内是长期蠕变带 *B*，接着是减速蠕变带 *C*，内部是加速蠕变带 *D*、小范围的破坏带 *E*。各带的边界是不固定的，随作用于滑坡的因素变化而变化。

随着作用因素的变化，出现坡体内剪应力重分布调整，促使剪应力向 MN 蠕变线集中，当该线上平均抗剪强度小于剪应力时则发生滑坡。

第四节　边坡变形破坏的力学模式

参考张倬元对边坡变形破坏的研究，结合以上分析可将边坡变形破坏概括为以下几种基本力学模式：蠕滑（滑移）-拉裂、滑移-压致拉裂、弯曲-拉裂、塑流-拉裂和滑移-弯曲，详见表 3-2。同一边坡变形体中，也可能包含有两种或多种变形模式，它们可以不同方式组合。同样，某一变形模式也可在演化过程中转化为另一种模式。

公路边坡岩土体结构类型与变形破坏方式对照表　　表 3-2

<table>
<tr><th colspan="2" rowspan="2">类　型</th><th colspan="2">主 要 特 征</th><th rowspan="2">变形力学模式</th><th rowspan="2">可能破坏方式</th></tr>
<tr><th>结构及产状</th><th>外　形</th></tr>
<tr><td colspan="2">均质土边坡、土石混合体边坡</td><td>与基岩面形状关系密切，土石混合体边坡已分辨不出岩土体优势结构面</td><td>决定于土、石性质或天然休止角</td><td>蠕滑-拉裂</td><td>圆弧型滑坡、崩塌、坍塌</td></tr>
<tr><td rowspan="3">二元结构边坡</td><td>土-土二元结构、土-岩二元结构边坡</td><td>有优势结构面，产状与基岩地形相关，倾角一般小于40°</td><td>缓于或接近基岩产状</td><td>蠕滑-拉裂、滑移-拉裂</td><td>直线或折线型滑坡、崩塌、坍塌</td></tr>
<tr><td rowspan="2">软弱基座边坡</td><td>平缓软弱基座体</td><td rowspan="2">一般情况上陡下（软弱基座）缓</td><td rowspan="2">塑流-拉裂</td><td>扩离，块状滑坡</td></tr>
<tr><td>缓倾软弱基座体</td><td>崩塌，转动型滑坡（深部）</td></tr>
<tr><td rowspan="7">岩质边坡</td><td rowspan="6">层状结构边坡</td><td>平缓坡 $\alpha=0\sim\pm\varphi_r$</td><td>$\alpha<\beta$</td><td>滑移-压致拉裂</td><td>平推式、圆弧或折线型滑坡</td></tr>
<tr><td>缓倾坡 $\alpha=\varphi_r\sim\varphi_p$</td><td>$\alpha\approx\beta$</td><td>滑移-拉裂</td><td>顺层滑坡</td></tr>
<tr><td>中倾坡 $\alpha=\varphi_p\sim40°$</td><td>$\alpha\geqslant\beta$</td><td>滑移-弯曲</td><td>顺层～切层滑坡</td></tr>
<tr><td>陡倾坡 $\alpha=40°\sim60°$</td><td>$\alpha\geqslant\beta$</td><td>弯曲-拉裂</td><td>崩塌或切层转动型滑坡、溃屈</td></tr>
<tr><td>陡立～反倾坡 $\alpha\geqslant60°$～反倾</td><td>—</td><td>弯曲-拉裂(浅)
蠕滑-拉裂(深)</td><td>崩塌、深部切层转动型滑坡</td></tr>
<tr><td>上陡下缓 $\alpha<\varphi_r$</td><td>$\alpha\leqslant\beta$</td><td>滑移-弯曲</td><td>顺层转动型滑坡</td></tr>
<tr><td>块状结构边坡</td><td>根据结构面组合线的产状</td><td>—</td><td>多为滑移-拉裂</td><td>滑坡、崩塌</td></tr>
</table>

注：φ_r、φ_p——软弱面的残余（或起动）和基本摩擦角；α——软弱面倾角；β——边坡坡角。

下面对每一种边坡变形破坏的力学模式进行分析。

一、蠕滑-拉裂

这类变形导致边坡岩土体向坡前临空方向发生剪切蠕变,其后缘发育自坡面向深部发展的拉裂缝。主要发育在均质或类均质体边坡中,反倾薄层状边坡中也可发生。一般发生在中等坡度(坡角 <40°)边坡中。变形发展过程中,坡内有可能发展为破坏面的潜在滑移面,它受最大剪应力分布的控制。该面以上为一自坡面向下递减的剪切蠕变带。随着蠕滑的进展,坡面下沉,拉裂面向深处扩展,往往达到潜在剪切面,造成剪切面上剪应力集中。地表水沿拉裂面渗入坡内,从而又促进蠕滑的发展,削弱剪切面的抗剪强度,最后被剪断而导致整体破坏。

多组结构面切割的碎裂结构和散体结构边坡,变形主要通过结构面的相互位错调整来实现,其演变过程如图 3-18 所示,最终破坏多数表现为滑塌。

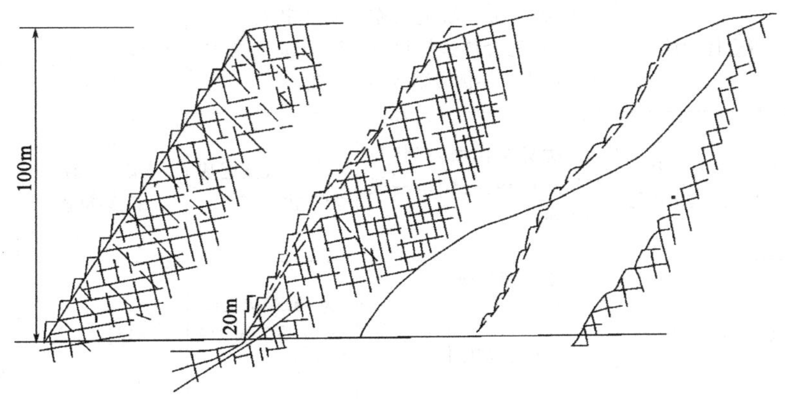

图 3-18　碎裂结构或散体结构边坡中蠕滑-拉裂演变过程(据 F · Múller,1962)

反倾薄层状边坡变形包含岩层的层间错动和弯曲。当反倾层倾角在 30°左右和边坡处于中等坡度(坡角 <40°)条件时,往往以这类变形为其主要变形方式,且岩层越薄,层间摩擦系数越低,越有利于产生这类变形。演变过程如图 3-19 所示。演变过程可划分为三个阶段。

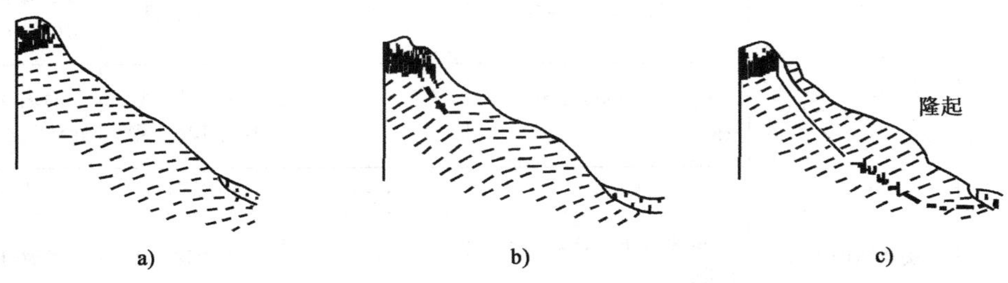

图 3-19　反倾薄层状边坡蠕滑-拉裂演变过程(据张倬元)

(1)表层蠕滑。岩层向坡前弯曲,后缘产生拉应力[图3-19a)]。

(2)后缘拉裂。后缘拉裂通常造成反坡台阶[图3-19b)]。当坡体后缘发育有向坡内陡倾的软弱结构面时,拉裂更易发生。在地震或人工爆破的作用下这种破裂也可能产生,地震荷载在界面处造成的瞬时拉应力或饱水破裂面在被压缩瞬间孔隙水压力急剧增高等,可导致陡倾结构面张性破裂。另外,当抗剪强度突然降低时,陡倾结构面上积存的残余剪应力较小,坡体容易沿破裂面产生瞬时剪动。当坡体后缘被拉裂后,潜在剪切面上剪应力进一步集中,加剧了最大剪应力带的剪切变形。

(3)潜在剪切面剪切扰动。随剪切变形进一步发展,中部剪应力集中部位可被扰动扩容,使边坡下半部分逐渐隆起。随着变形体开始发生转动,后缘明显下降,拉裂面由最初的张开转为渐趋闭合,裂面互错方向与前一阶段恰好相反[图3-19c)]。这些迹象预示变形进入累进性破坏阶段,一旦潜在剪切面被剪断贯通,则发展为滑坡。

这类变形体发展为滑坡,由于潜在破坏面近似呈弧形,其起动条件可采用圆弧滑面试算加以确定,而潜在滑移面处岩土体被扰动的程度和贯通率决定了边坡的稳定状况。

二、滑移-压致拉裂

这类变形主要发育在坡度中等以上的平缓层状结构边坡中。坡体沿平缓结构面向坡前临空方向产生缓慢的蠕变性滑移。滑移面的锁固点或错裂点附近,因拉应力集中产生与滑移面近于垂直的张拉裂隙,向上扩展(反倾情况由上向下扩展)且其方向逐渐转变为与坡面近似平行并伴有局部滑移。这种拉裂面的形成机制与压应力作用下格里菲斯裂纹的形成扩展规律近似,属于压致拉裂。滑移和拉裂变形是由边坡内软弱结构面处自外向内发展。这类变形演变过程可分为三个阶段(图3-20)。

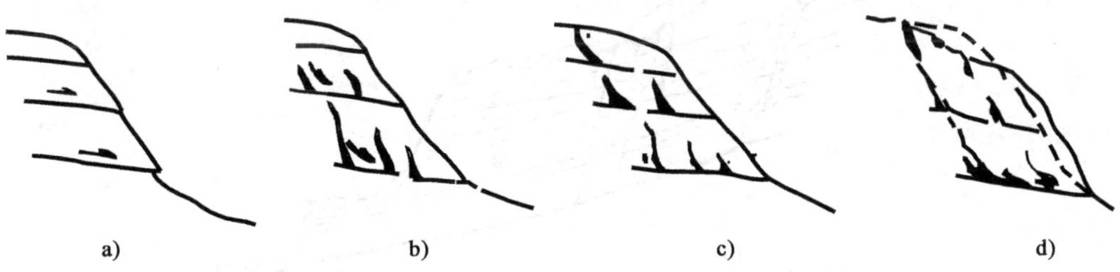

图3-20 滑移-压致拉裂变形演变过程(据张倬元)

1. 卸荷回弹阶段[图3-20a)]

在人工开挖边坡中可直接观察到这种滑移错台。

2. 压致拉裂面自下向上扩展阶段[图3-20b)、图3-20c)]

随着变形的发展,裂面可扩展至地面。边坡岩体结构随变形发展而松动,并伴有轻微的转动,对边坡而言仍处于稳定破裂阶段。

3. 滑移面贯通阶段[图 3-20d)]

变形进入累进性破坏阶段,变形体开始明显转动,陡倾的阶状裂面成为剪应力集中带,陡缓转角处的嵌合体逐个被剪断、压碎,并伴有扩容,使坡面微微隆起。当陡倾裂面与平缓滑移面构成贯通性滑移面,则破坏发生。

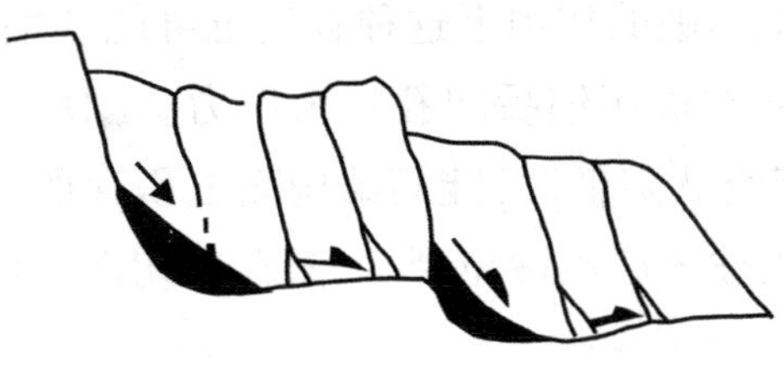

图 3-21　黄土塬边坡中的滑移-压致拉裂变形现象(据张倬元)

这类变形也存在于某些土质边坡中。图 3-21 所示为渭河黄土塬边斜坡中所见变形迹象,平缓滑移面沿层面发育,陡倾拉裂面沿黄土中垂直裂隙发展而成。

三、滑移-拉裂

边坡岩土体沿下伏软弱面向坡前临空方向滑移,并使滑移体拉裂解体(图 3-22)。受已有软弱面控制的这类变形,其进程取决于作为滑移面的软弱面的产状与特性。当滑移面向临空方向倾角已足以使上覆岩体的下滑力超过该面的实际抗剪阻力时,则在成坡过程中该软弱面一旦临空,后缘拉裂面不断发展,随即出现迅速滑落,蠕变过程极为短暂。2015 年"8 · 12"山阳滑坡即为此种变形破坏。一般情况下,当层倾角大于其摩擦角时,即可出现这种情况。而当层倾角约等于临界摩擦角时,变形可向滑动逐渐过渡,发展为由坡前向顶缘逐步解体的块状滑坡,其外观与后述塑流-拉裂破坏相似。

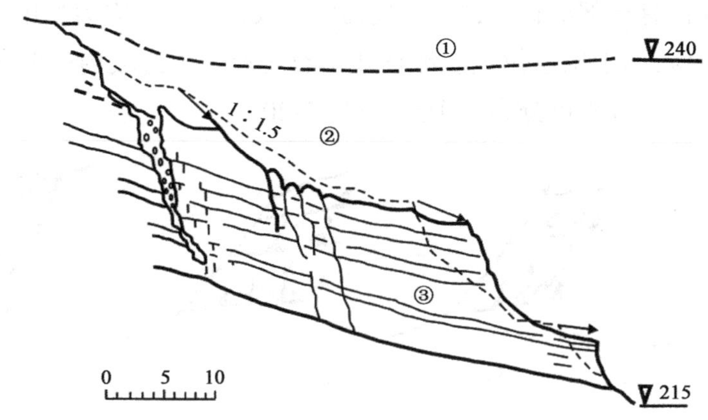

图 3-22　滑移-拉裂变形图示(据 Zaruba,1965)

①-变形前,开挖坡面;②-页岩夹层(滑移面);③-底部岩层沿贯通结构面滑移拉裂

滑移体的一侧,如因某种原因(如滑移面产状的变化、侧向切割面的限制等)受阻,可表现为平面旋转式的滑移-拉裂。类似的现象也可在块状结构边坡楔形滑体中见到。

由于这类变形体或滑体有一系列与滑面直接相通的拉裂缝,因而受降水影响十分敏感,不仅滑移面强度因降水而降低,还可由于裂缝中充水而促进其变形发展。

四、滑移-弯曲

滑移-弯曲又称为溃屈或屈曲变形,主要发生在中-陡倾层状边坡中,尤以薄层状岩体及延性较强的沉积岩类层状岩体中为多见。这两类边坡的滑移控制面倾角已明显大于该面的峰值摩擦角,上覆岩体具备沿滑移面下滑条件。但由于滑移面未临空,使下滑受阻,造成坡脚附近顺层板梁承受纵向压应力,在一定条件下可使之发生弯曲变形。在高山峡谷区,尤其在高地应力地区,这类变形的发育深度可以很深。

变角倾外(椅状)层状结构边坡中,也可发生类似变形。滑移面前缘虽已临空,但平缓段上覆岩体起阻抗作用。在上部陡倾段滑移体的作用下,可在岩层转缓部位造成弯曲变形。这类变形演变过程可分为三个阶段。

1. 初始阶段——轻微弯曲阶段[图3-23a)]

弯曲部位仅出现顺层拉裂面、局部压碎,坡面轻微隆起,岩体松动。弯曲隆起通常发生在近坡脚而又略高于坡脚的部位,这是由于该处顺层压应力与垂直层面的压应力之间压力差较大所致。此外,层状岩体原始起伏弯曲部位,也是有利于发生弯曲的部位。

2. 发展阶段——强烈弯曲、隆起阶段[图3-23b)]

弯曲显著增强,并出现弯折破裂,其中一组逐渐发展为滑移切出面。由于弯曲部位岩体强烈扩容,地面显著隆起,岩体松动加剧,往往出现局部的崩落或滑落,这种坡脚附近的“卸载”也更加促进了坡体上部的变形与破坏。

3. 破坏阶段——切出面贯通阶段[图3-23c)]

滑移面贯通并发展为滑坡,具崩塌特性,有的表现为滑塌式滑坡。滑移-弯曲变形体上部沿层面下滑,挤压下部岩层使之挠曲,并形成一弧形潜在滑移面,而弯曲最强烈的部位发生在滑移面转缓部位。

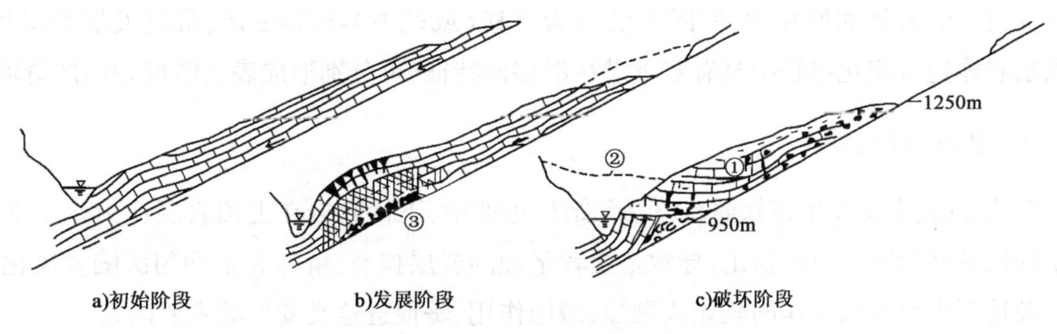

图3-23 滑移-弯曲变形图示(据张倬元)

①-滑移剪出面;②-滑坡堆积线;③-底部脱空

五、弯曲-拉裂(倾倒)

弯曲-拉裂主要发生在边坡前缘陡立或反倾层倾角中倾～陡立的层状结构边坡中。陡倾的板层状岩体在自重作用下,于前缘开始向临空方向作悬臂梁弯曲,并逐渐向坡内发展。弯曲的梁板之间互相错动并伴有弯折拉裂,弯曲体后缘出现拉裂缝,形成沿临空方向的反坡台阶和槽沟。梁板弯曲剧烈部位往往产生横切板梁的折裂。其变形发展可划分为三个阶段(图 3-24)。

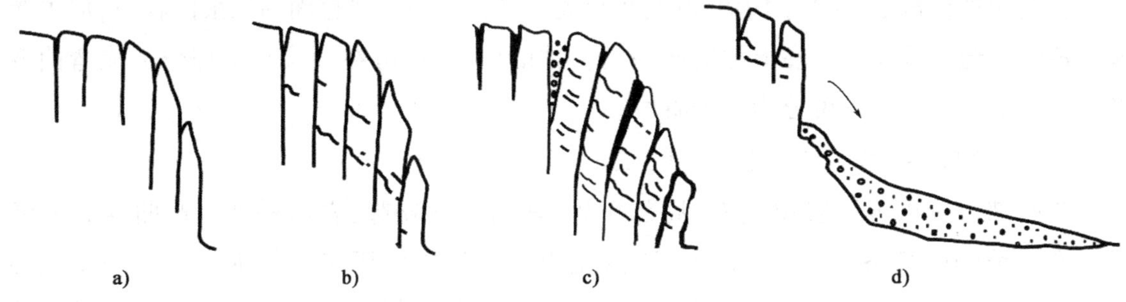

图 3-24 弯曲-拉裂变形演进图(据张倬元)

(1)卸荷回弹陡倾面拉裂阶段。岩层出现外倾趋势,竖直向结构面逐渐贯通。

(2)梁板弯曲,层内拉裂面向内部扩展,竖向结构面继续向坡后推移阶段。如果坡度很陡,此阶段大多伴有坡缘、坡面局部崩落。

(3)梁板根部折裂、压碎阶段。岩块转动、倾倒,导致崩塌。

由于随梁板弯曲发展,作用于梁板的力矩也随之而增大,所以这类变形一旦发生,通常均显示累进性破坏特性。

薄层软弱的层状岩体,由于弯曲变形角度可以很大,最大弯折带常形成倾向坡外的断续拉裂面,岩层中原有的垂直层面的裂隙转向坡外倾斜。这种情况下,坡体变形主要受这些倾向坡外的破裂面所控制,实际上已转为滑移(或蠕滑)-拉裂变形,最终发展为滑坡。倾内层状体边坡演化过程中具有双重潜在滑移面特征,可分别形成表层滑塌和深部滑坡。

六、塑流-拉裂

塑流-拉裂主要发生在软弱基座二元结构边坡中,下伏软岩在上覆岩层压力作用下产生塑性流动并向临空方向挤出,导致上覆较坚硬的岩层拉裂、解体和不均匀沉陷。风化作用以及地下水对软弱基座的软化或融蚀、潜蚀作用,是促进这类变形的主要因素。

在软弱基座产状近于水平的边坡中,上覆硬岩的拉裂起始于软弱层的接触面,这是由于软岩的变形量远远超过硬岩所致。边坡前缘可出现局部坠落,随着上覆坡体的拉断解体,则发展为侧向扩离,或块状滑坡。当上覆岩层也具有一定塑性时,被下伏呈塑流状的软岩承载的坡体可整体向临空方向蠕滑移动,并于其后缘某一裂面处产生拉裂造成陷落带,形成整体式的侧向扩离,其演进过程如图3-25所示。

1. 卸荷回弹陡立裂缝的形成[图3-25a)]

在陡崖形成过程中由于应力分布形成由坡缘拉应力带向纵深扩展的一系列陡立拉裂缝。

2. 前缘塑流-拉裂变形[图3-25b)、图3-25c)]

软弱基座被切露,改变了其原有的支撑状态,并在上覆岩层的大压力作用下而被压缩和向临空方向挤出,使上覆岩体产生自坡面向内其值递减的不均匀沉陷,因而造成上覆硬岩被拉剪破裂,或使原已形成的拉裂缝得以进一步扩展。拉裂缝首先出露于陡坡坡缘附近,自上而下地扩展。被拉裂缝分割出来的梁板或岩柱,可因基座软岩挤出的进一步发展而倾倒崩落。

3. 深部塑流-拉裂变形[图3-25d)~图3-25f)]

随着基座软层塑流的发展,拉裂缝出现部位由坡缘向后坡推移。西南山区某些高陡边坡中这种拉裂缝深度可达200m以上。被分割的高大岩柱或梁板根部可因此而被剪裂或压碎,使变形向蠕滑-拉裂方式转化。一旦后缘拉裂面转而闭合,则预示进入潜在滑移面贯通阶段,变形将发展为崩塌或滑塌。

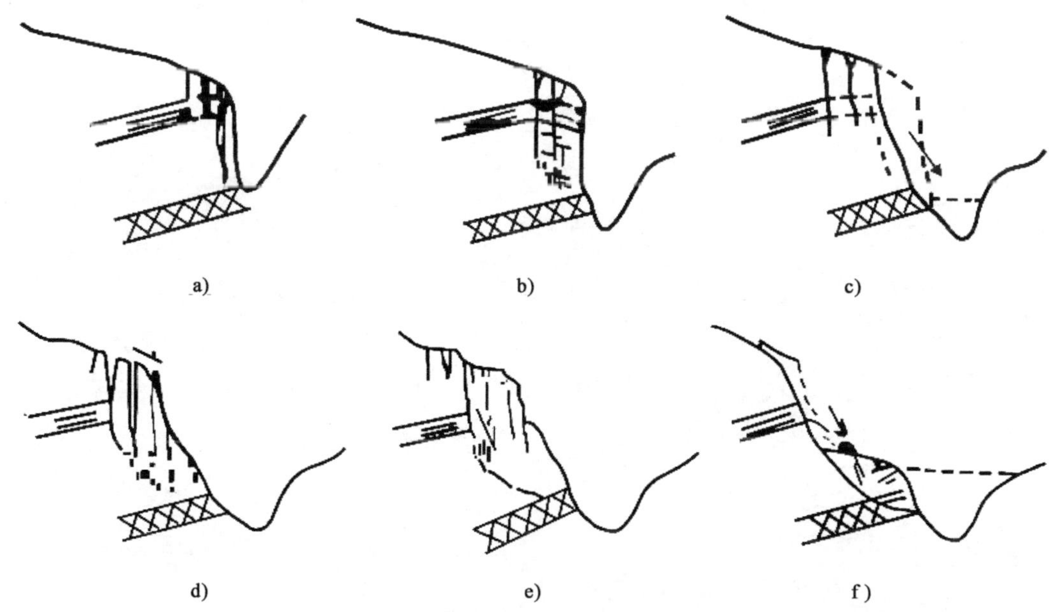

图3-25 软弱基座陡坡塑流-拉裂变形演进图(据张倬元)

综上,边坡变形破坏虽然往往以某一种模式为主,但由于边坡岩土体结构和外形的复杂性,有的边坡也可同时出现两种或多种变形模式,并以一定方式组合在一起;或者在发

展过程中由一种模式转化为另一种模式。常见的模式转化包括以下几种：

(1)弯曲-拉裂→滑移(或蠕滑)-拉裂；

(2)弯曲-拉裂→滑移-压致拉裂；

(3)塑流-拉裂→蠕滑-拉裂；

(4)滑移-弯曲→蠕滑(滑移)-拉裂。

第四章

公路边坡病害类型

第一节　公路边坡病害分类

一、公路边坡病害类型划分现状

公路边坡病害是指公路在施工时或运营过程中,人工边坡的岩土体强度急剧降低,或在外界不利因素的影响下,局部或整体的强度不能满足稳定要求,而发生失稳破坏。由于边坡是一个复杂的地质体,其变形破坏的方式也多种多样,各国学者在分析大量边坡病害的基础上曾提出过多种破坏分类的方案,国际滑坡编目小组将边坡病害分为五类:①崩塌;②倾倒;③滑动;④侧向扩展拉裂;⑤流动。孙广忠等将边坡病害分为九类(1993):①楔形体滑坡;②圆弧滑面滑坡;③顺层面滑动的滑坡;④倾倒变形边坡;⑤溃屈破坏边坡;⑥复合型滑面滑坡;⑦岸坡或斜坡开裂变形体;⑧堆积层滑坡;⑨崩塌碎屑流滑坡。国家"八五"科技攻关研究成果报告中根据滑坡形成模式,建议将滑坡分为以下七种类型:①崩塌;②滑动(平面、弧面、楔形体);③倾倒;④溃屈;⑤侧向扩展拉裂;⑥流动;⑦复合型。

针对公路边坡中的实际案例,我们在充分借鉴前人总结的分类基础上进行改进,使边坡病害分类更简单、更明确,从而更快速、更有效地服务于边坡加固防护工程。

二、公路边坡病害类型

边坡变形破坏现象中有大量的过渡类型和混合类型,所以分类要依据就重避轻、先大后小,抓住主要破坏模式的原则,做到宏观先判断,局部细分析,才能较为合理地判断公路边坡的失稳破坏模式。由于土质边坡与岩质边坡组成材料的不同，其材料的物理力学性质也存在较大的差别，导致其破坏模式与破坏机理也不尽相同，但破坏类型根据破坏规模大小都可分为整体失稳和坡面破坏两个大类。本书根据公路边坡自身特点，结合工程的实用性将整体失稳按照形成形式划分为崩塌、滑坡和坍塌；坡面破坏划分为坡面侵蚀、剥落和滚石。每种破坏类型的运动特征和破坏机理见表4-1。

公路边坡失稳破坏类型 表4-1

边坡破坏类型			典型破坏示意图	运动特征	破坏机理
类型	亚类				
整体失稳	崩塌			多发生于二元结构边坡和岩质边坡，边坡上局部岩土体松动、脱落，主要运动形式为重力坠落或滚动。崩落物部分保留原始岩土体的结构和尺寸	弯曲-拉裂（倾倒）、滑移-弯曲、滑移-拉裂。存在临空面，当结合力小于重力时，发生崩落或滚动
	滑坡	圆弧形	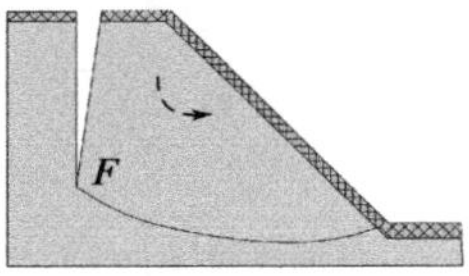 F	主要发生于土质边坡、散体结构或碎石土边坡，受风化程度和风化深度影响，多沿圆弧形滑动面滑移	滑移（蠕滑）-拉裂。人工开挖增大坡角，或地表水入渗使内摩擦角和黏聚力降低，当达到临界值时沿圆弧形滑动面滑出
		平面形	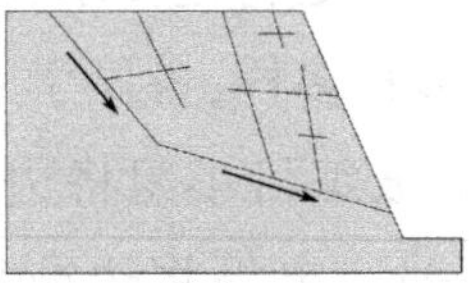	发生于具有结构面的二元结构或岩质边坡，岩土体沿某一弱面或朝向坡外的结构面整体向下滑移	滑移（塑流）-拉裂。层面或贯通性结构面形成滑动面，结构面倾向外临空，坡脚岩土体被剪断，形成外露的剪出口
		楔体形	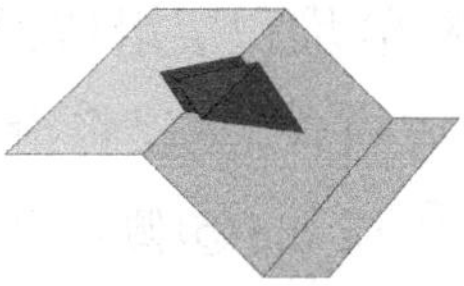	多发生于块状结构岩质边坡，两组或三组结构面组合而成的楔形体，沿两个滑动面交线方向滑动	滑移-拉裂。结构面切割的块体一侧临空，两个结构面交线倾向临空面则构成滑移面，导致整体破坏
		溃屈	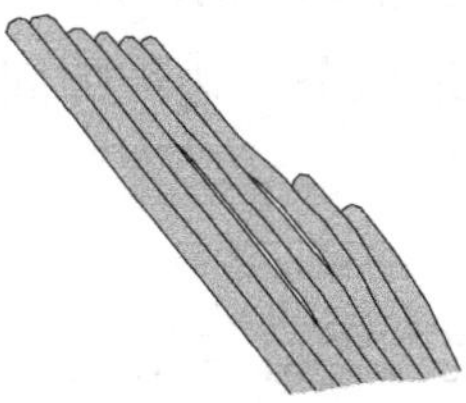	发生于薄层状结构岩质边坡，在与坡角近似的高陡边坡中，上部沿层面蠕滑，下部岩层拱起，直至折断	滑移-弯曲。上部岩层在重力作用下沿最弱层面下滑，下部岩层受挤压弯曲拱起，最终折断滑落

续上表

边坡破坏类型		典型破坏示意图	运动特征	破坏机理
类型	亚类			
整体失稳	坍塌	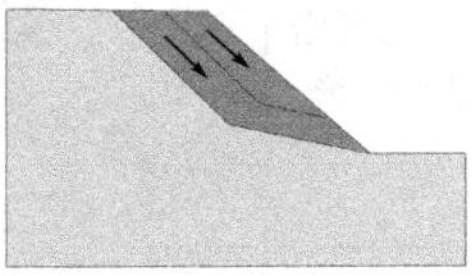	发生于软弱基座边坡或土石混合体边坡,因自重应力超过坡底岩土体强度而产生压张破坏,由弱层顶面向上部岩土内部逐渐扩展。坍塌具有发生过程短、堆积物质破碎的特点	滑移-压致拉裂。自重应力和下部岩土体强度能够维持平衡的最深张拉裂面
坡面破坏	坡面侵蚀	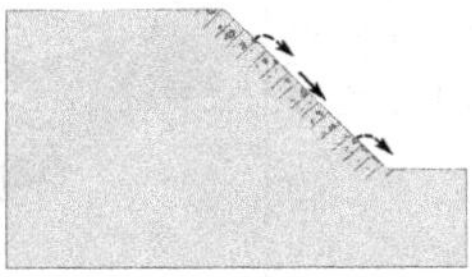	各类较缓坡坡表,岩土体因风化和表面径流冲蚀、铲刷,形成冲沟	因卸荷、拉裂、剪切形成的孤石及坡面的残坡堆积物,在雨水冲刷及重力作用下失去平衡
	剥落	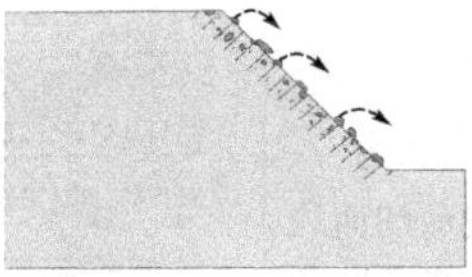	坡面岩土因风化、胀缩等原因形成碎落、滚落。常见于较陡边坡及膨胀岩地区的边坡表层	岩性及外因是影响变形发展的主要原因
	滚石	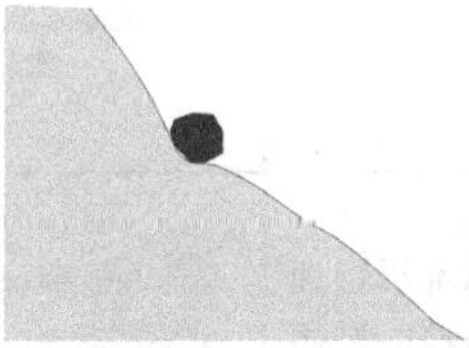	多见于岩质陡坡,边坡上部的孤立块石或松动的节理化岩块在重力作用下顺坡滚落	坡顶垂直张性裂隙发育,并与倾向坡外大于摩擦角的结构面相组合,发生范围较小

公路边坡结构类型的不同,其破坏模式及破坏特征也不相同。结合边坡结构类型分类,将公路边坡发生整体失稳破坏的特征,进行总结,见表4-2~表4-4。

不同类型公路边坡发生滑坡破坏的特征 表4-2

破坏类型	结构类型	破坏特征	典型破坏剖面
滑坡破坏	均质土边坡与土石混合体边坡	无黏性土滑面整体呈大曲率圆弧或近似直线形,黏性土边坡滑面呈圆弧形,或后部呈直线形、中部及前部呈圆弧形	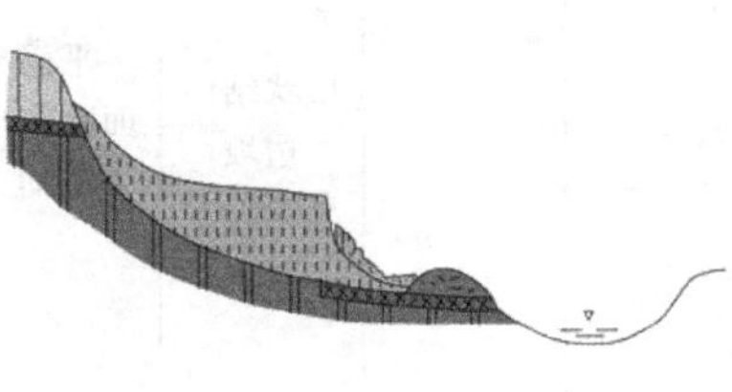

续上表

破坏类型	结构类型		破坏特征	典型破坏剖面
滑坡破坏	二元结构边坡	土-土二元结构边坡	滑面沿顺坡向的结构弱面发育，后缘可发育于上部土体内呈圆弧形，也可沿结构面呈直线形滑移，前缘多呈直线形	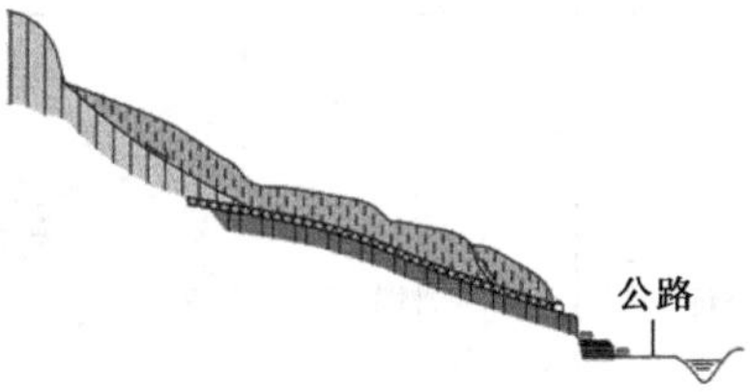 公路
		土-岩二元结构边坡	滑面中后部一般发育于土体内，呈圆弧形，前部沿基岩顶面剪出，多呈缓倾直线形。黄土地区也存在完全的土层圆弧滑动，与土岩接触面无关	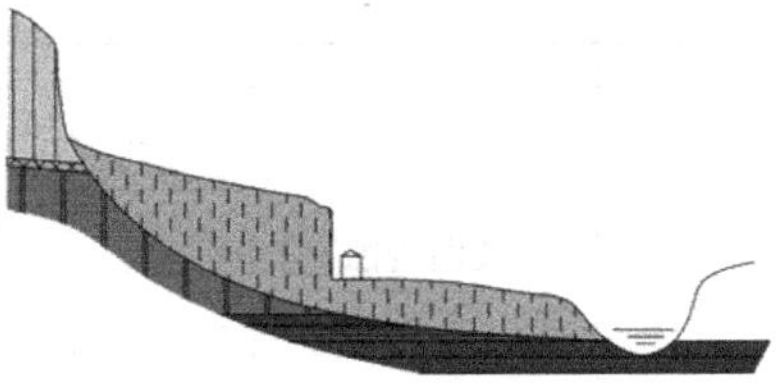
		软弱基座边坡	边坡破坏面后部因产生拉裂剪切而较陡，滑面前缘多沿软弱基座顶部或坡角剪出，坡度减缓	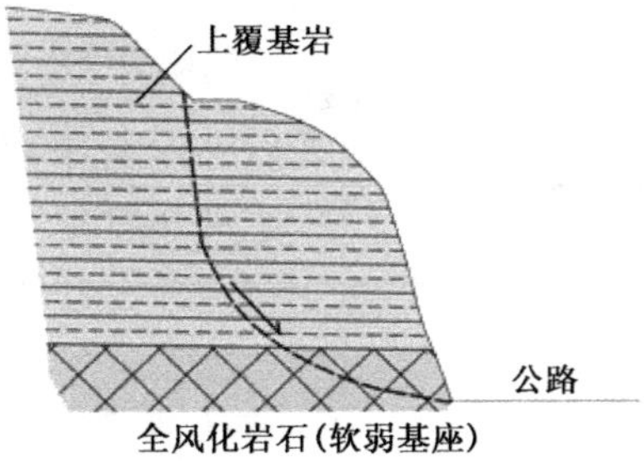 上覆基岩 公路 全风化岩石（软弱基座）
	岩质边坡	层状结构边坡	顺层缓倾结构边坡滑动面前部沿层面呈直线形，后部沿产生拉裂而较陡；顺层陡倾结构边坡岩层倾角与坡角大致相等，上部坡体沿软弱面蠕滑，下部受阻而发生岩层鼓起、弯折，从而发生溃曲滑动破坏	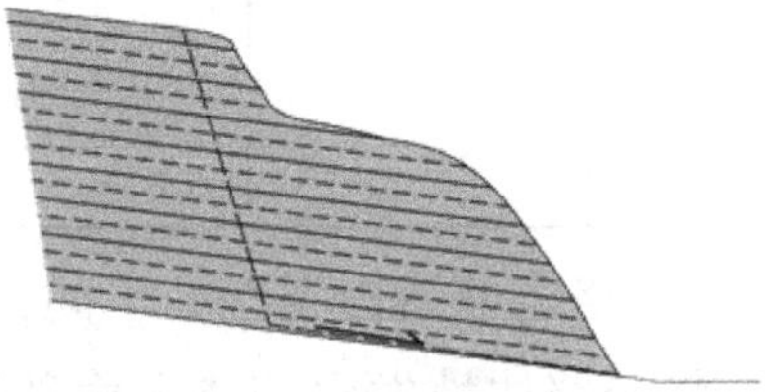
		块状结构边坡	平面滑动时，岩体沿倾向坡外的结构面整体滑移；或因结构面组合而呈楔形体滑动	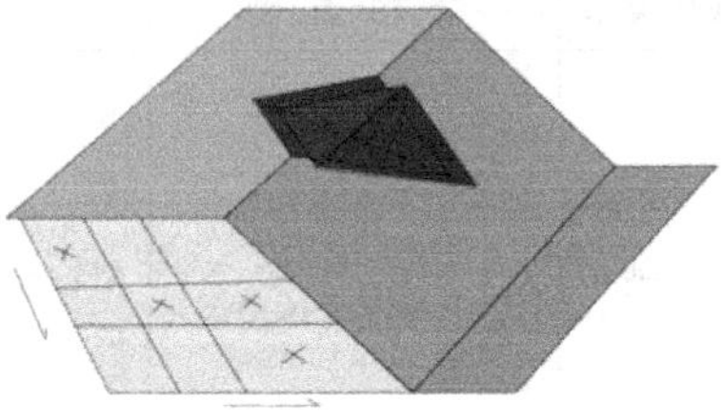

不同类型公路边坡发生崩塌破坏的特征 表4-3

破坏类型		破坏层面	破坏特征	典型破坏剖面
崩塌破坏	倾倒式崩塌	土体压裂面	主要发生于垂直裂隙发育的黄土或结构性较强的土石混合体边坡中，坡体在自重力所产生的倾覆力矩作用下，底部压剪破坏或发生弯曲拉裂，以倾倒崩落形式发生破坏	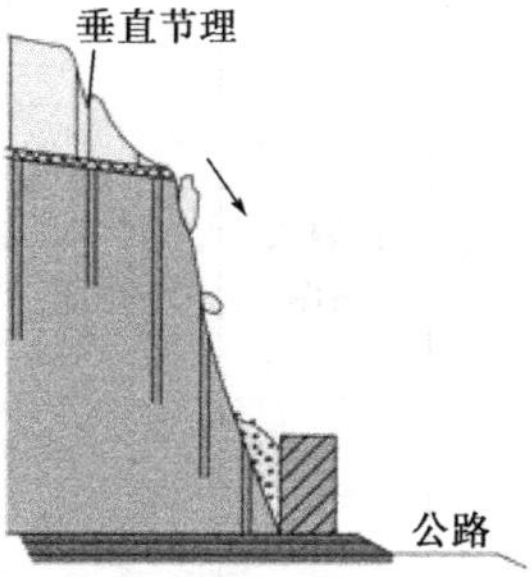 垂直节理 公路
		岩层拉裂面	主要发生在较薄层状反向陡倾结构的边坡，表部岩层逐渐向外弯曲、折断、倾倒，发生崩塌	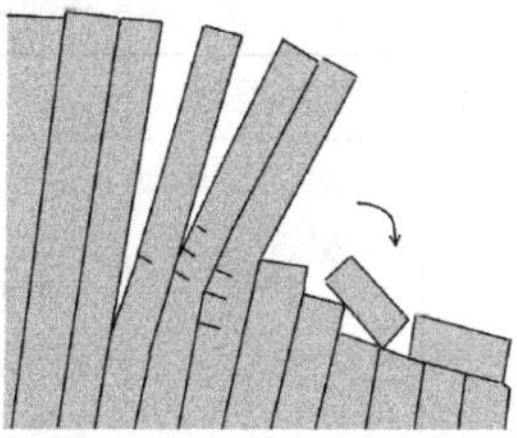
	滑移式崩塌	土层节理弱面	主要沿顺坡向节理面或软弱层面发生破坏，陡坡由于雨水入渗、软化或风化作用形成软弱带，坡体发生剪切滑移，由坡体中上部剪出，从而发生滑移式崩塌破坏。这种崩塌的形成机理和土质滑坡相同，只是由于剪出口位置高，滑体滑出后以下落崩塌为主	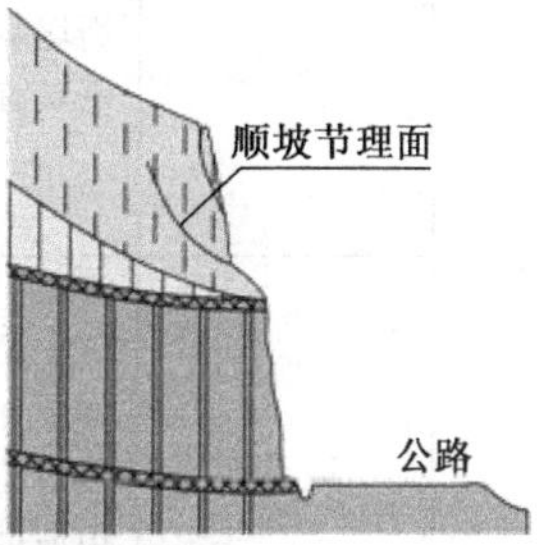 顺坡节理面 公路
		岩层及结构面	通常发生在顺层边坡或块状结构边坡内，上部局部岩体松动、脱落，主要运动形式由滑移发展为自由落体或滚动，通常沿节理面，局部岩层被拉裂或剪断。这种崩塌的形成机理和岩质滑坡相同，只是由于剪出口位置高，滑体滑出后以下落崩塌为主	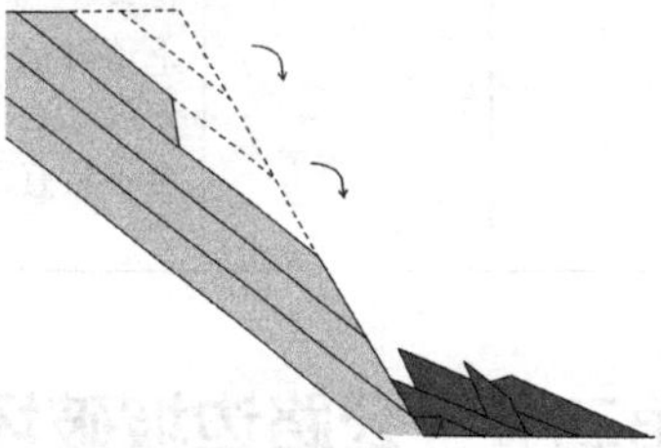
	鼓胀式崩塌	软弱夹层	主要发生于软弱基座边坡中，在陡坡地段，上部硬岩挤压下部软岩，引起软岩向临空面鼓胀变形，上部岩体随之向外滑移，垂直节理不断扩张，导致上部岩体外移鼓胀、失稳，发生崩塌破坏	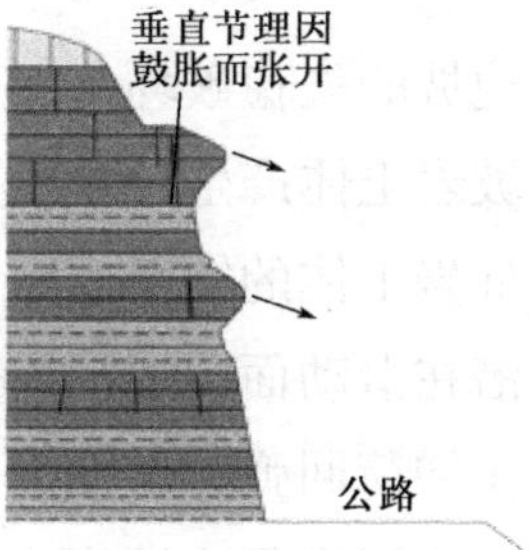 垂直节理因鼓胀而张开 公路

续上表

破坏类型		破坏层面	破坏特征	典型破坏剖面
崩塌破坏	拉裂式崩塌	岩体结构面	主要发生于各种外倾块状和层状岩质边坡之中，岩体在张拉力的作用下，风化裂隙或张拉裂隙不断扩张，岩体逐渐外倾从而发生崩塌破坏	

不同类型公路边坡发生坍塌破坏的特征　　表 4-4

破坏类型	结构类型	破坏特征	典型破坏剖面
坍塌破坏	均质土或土石混合体边坡	主要发生于高大堆积体或破碎岩石组成的厚堆积层坡体中，物质组成一般为土层或破碎岩石风化带，受自然条件的长期作用，坡底局部强度降低，从而引发坍塌破坏。坍塌堆积物破碎、散落，完全不具有原始岩土体结构	
	岩质边坡	主要发生于层状、块状及软弱基座边坡中，由软硬岩互层组成的坡体，在裂隙发育而构造裂面严重交切处，易因上部边坡过陡、重力过大，导致坡底岩土失稳，发生整体坍塌。原岩由于风化严重，下落时相互碰撞，堆积物破碎、散落，颗粒尺寸远小于被结构面切割的原岩，完全不具有原始岩土体结构	

第二节　公路边坡破坏机理

边坡的失稳破坏主要是由于边坡内所受的应力超过岩土体或组合结构面的强度，或者边坡岩土体产生过度变形，打破坡体稳定平衡条件。边坡的开挖成坡过程，首先会引起开挖处岩土体的卸荷回弹和应力集中，其次开挖相当于降低坡体阻滑段方量，并可能使坡体的潜在滑动面（如结构面、蠕动面）出露于坡面，降低边坡的稳定性。边坡的变形破坏主要源于卸荷回弹和蠕变。

卸荷回弹是边坡岩土体内储存的弹性应变能在开挖卸荷后释放而产生的，在高地应力区的岩质边坡中尤为明显。成坡过程中边坡岩体向临空方向回弹膨胀,使原有结构松弛;同时又在重分布应力作用下,劣化部分原有结构面,甚至产生一系列新的与开挖面平行的次生结构面。由于卸荷回弹受环境条件影响,一般坡顶回弹量大,坡底回弹量小,导致成坡后,边坡坡率增大,增加了不稳定风险。这种变形破坏主要是由于岩体中储存的内能释放所造成的,所以伴随开挖引起的内能释放完毕,这种变形即告结束,因此,大多数边坡的破坏发生在成坡以后较短时间内。

边坡中经卸荷回弹而松弛,并含有次生结构面的那部分岩土体,通常称为卸荷带。它的发育深度与组成边坡的岩性、岩土体结构特征、天然应力状态、坡形、边坡形成演化历史以及开挖工况等因素有关,卸荷带也是边坡中应力重分布带。

边坡的蠕变是在坡体应力(以自重应力为主)长期作用下发生的一种缓慢而持续的变形,这种变形可加剧局部破裂,并产生一些新的表生破裂面,坡体随蠕变的发展而松弛。蠕变可存在于各种岩土体内,波及范围可以相当大,一些强构造高山地区发现深达数百米、长达数千米的巨型蠕变体。公路工程中很多边坡失稳都是源于蠕变变形,这些坡体往往是工程实践中重点研究和治理的对象。

土质边坡和岩质边坡的破坏机理有所不同,土质边坡更强调材料的强度参数对边坡稳定性的影响,而岩质边坡结构面及组合条件是导致大多数边坡失稳破坏的主要原因。

一、均质土边坡破坏机理

均质土边坡的破坏主要受边坡土体强度及边坡形态因素控制,对于特殊土类边坡,边坡内存在风化及结构裂隙,也严重影响均质土边坡的稳定性。

均质土边坡发生滑坡或滑移式崩塌破坏主要的变形破坏力学模式为滑移(蠕滑)-拉裂式,根本原因在于边坡潜在滑动面上所受到的抗滑力(矩)小于其下滑力(矩),则边坡将沿潜在滑动面发生滑移破坏,主要表现为边坡整体或局部的剪切滑移。施工及运营过程中,滑移破坏主要受控于边坡外形的改变、水的作用、地震动等因素的影响,造成下滑力增大,或劣化岩土体强度,降低抗滑力。

均质土边坡发生倾倒式崩塌破坏主要因为开挖引起坡表岩土体向临空面产生位移,并可能在坡顶或体内产生平行于坡面的张拉裂隙,下部土体形成压剪破坏,使整体脱出下落。或其剪出口为上大下小的楔状体的楔尖先压碎破坏,上部岩土在失去承托和支顶下失稳。崩塌前的坡体上常发育数组陡立的破裂面,在自重作用下产生外倾力矩形成张拉和弯曲折断破坏,在水流冲蚀的作用下发展贯通,形成许多上大下小的倒梯形或楔状土块。崩塌时各裂开而贯通的楔体,逐块在楔尖压碎,沿各个剪切破坏面而崩落,散堆于坡脚。

均质土边坡发生坍塌破坏,主要是坡体松弛带内的岩土为雨雪水和上层滞水等作用所及的范围，由于震动、侧向卸荷、与坡面加载以及四季中干湿循环等使坡底松弛带内岩土的结合密实度逐渐降低，特别是雨季中或融雪后受湿的岩土自重增大、强度降低，其坡底土体强度不能支持干燥情况下边坡体的自重而形成突发的塌坡，有的均质土边坡经过多次自然坍塌，塌至与其相适应的缓坡率时（受湿时的综合内摩擦角），坍塌停止不再发生。

二、二元结构边坡破坏机理

根据结构类型的不同，二元结构边坡发生破坏主要有三种情况：第一种是上部土层局部发生失稳破坏，此时边坡破坏机理与均质土边坡破坏机理类似；第二种是由于各层土之间，或是土层与岩层之间的结构、强度、透水性等的差异较大，在长期地表、地下水的作用下，将沿二元结构边坡中的间断弱面（带）位置发生破坏。边坡处于雨水、地震以及人工活动的影响下，软弱面（带）的抗剪强度持续降低，当小于其所受到的最大剪应力时，接触面发生破坏而导致边坡整体失稳，产生沿软弱带的滑动破坏，此时边坡主要的变形模式为滑移-拉裂式；第三种主要发生在软弱基座边坡中，风化作用以及地下水对软弱基座的软化或溶蚀、潜蚀作用，导致下伏软岩产生塑性流动并向临空方向挤出，上覆岩层失去支承，产生弯曲拉裂解体，边坡发生失稳破坏，此时边坡主要的变形力学模式为塑流-拉裂式。

三、土石混合体边坡破坏机理

土石混合体边坡主要发生滑坡或坍塌破坏，碎石土边坡、散体结构边坡及边坡发生浅表层破坏的破坏机理与均质土边坡破坏机理类似，都与组成边坡材料的整体物理力学性质相关。土石混合体边坡的形成与构造运动及风化作用有关，尤其是碎裂结构边坡，其碎裂松散程度向坡内逐渐减弱，所以很多碎裂结构边坡的破坏面并不像均质土边坡滑面埋深那么深，而可能会出现破坏、发展、再破坏、再发展这种渐进式的坍塌破坏方式。在对土石混合体边坡进行加固前首先要弄清节理发育程度与发展深度，若碎裂层较深时，可近似按土质边坡的圆弧法进行搜索分析，若碎裂层较浅，则除了对表层松散碎裂物稳定性进行计算以外，对于深层的破坏需按照岩质边坡稳定性计算方法进行判断。土石混合体边坡主要的变形力学模式为蠕滑-拉裂式。

四、岩质边坡破坏机理

由于岩质边坡是由岩块及结构弱面组成的，并且结构面的分布及其空间组合形式多样，所以边坡的破坏模式均可看作是由岩石和结构面的强度及结构面的空间组合形式控制。岩质边坡主要的变形破坏力学模式包括滑移-压致拉裂、滑移（蠕滑）-拉裂、滑移-弯曲及弯曲-拉裂等。

1. 受岩石强度控制

岩石的破坏主要包括张拉、压缩、剪切、弯曲、扭转五种力学机制。由于岩石抗压强度远大于其抗拉、抗剪强度，所以岩石发生拉、剪破坏的可能性远大于压破坏。其中拉破坏可根据岩石的抗拉强度进行判断，剪切破坏的发生除了受到直接剪切作用外，当围压不很大时，岩石在大主应力压作用下也会发生剪切破坏，其破坏可根据摩尔-库伦强度准则进行判断。弯曲破坏的产生机理主要包括两种：一种是类似于梁板受到侧向力作用下的弯曲形式，如较陡的反倾边坡发生弯折破坏；另一种是类似于压杆的受压梁板弯曲形式，如顺层高陡边坡表面薄层发生的溃屈破坏。由于构造运动对岩石产生的扭转作用也极为常见，通常岩石的抗扭性能很差，极易发生脆性破坏，其受力可分解为拉、压、剪的组合形式。

2. 受结构面强度控制

鲜学福院士等针对节理岩体做了大量试验研究和理论分析，根据摩尔-库伦强度准则揭示，岩体沿结构面破坏主要是由结构面强度及其与最大、最小主应力的关系决定。

(1) 当岩体受单组节理切割时，图 4-1 所示岩体受到 σ_1、σ_3 同时作用时，根据岩体强度理论，可得到 β_1、β_2 与最大、最小主应力及节理的面 C_J、φ_J 的关系，见式(4-1)。

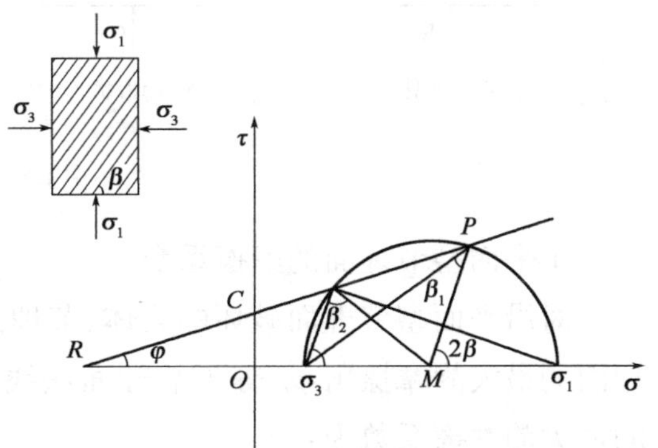

图 4-1 岩体强度理论

$$
\begin{aligned}
2\beta_1 &= \arcsin\left[\frac{C_J \cdot \text{ctan}\varphi_J + (\sigma_1 + \sigma_3)/2}{(\sigma_1 - \sigma_3)/2} \cdot \sin\varphi_J\right] + \varphi_J \\
2\beta_2 &= 180^\circ + \varphi_J - \arcsin\left[\frac{C_J \cdot \text{ctan}\varphi_J + (\sigma_1 + \sigma_3)/2}{(\sigma_1 - \sigma_3)/2} \cdot \sin\varphi_J\right]
\end{aligned}
\tag{4-1}
$$

用式(4-1)计算每个节理所对应的 β_1、β_2，若 β 均不位于 $[\beta_1,\beta_2]$ 内，则岩体强度取决于岩石强度，岩体将沿岩石发生破坏，亦即节理岩体的强度与节理面的存在无关；若 β 位于某一 $[\beta_1,\beta_2]$ 内，则岩体强度取决于对应的节理面强度，岩体将沿该节理面发生破坏，且破坏时 σ_1、σ_3 必须满足式(4-2)所示的节理强度条件；若 β 位于多个 $[\beta_1,\beta_2]$ 内，则岩体强度取决于式(4-2)中 $\sigma_1 - \sigma_3$ 值最小的节理面强度，岩体将沿该节理面首先发生破坏。

$$
\sigma_1 - \sigma_3 = \frac{2(C_J + \sigma \cdot \tan\varphi_J)}{(1 + \tan\varphi_J \cdot \text{ctan}\beta)\sin 2\beta} \tag{4-2}
$$

当岩体受多组节理同时切割时可按照单组节理的计算方法对每个节理分别进行计算，确定最先发生破坏的节理面。实验和实测均表明，多组相交节理岩体在三向压应力作用下，其岩体强度将取决于岩体中节理面的强度条件，其具体破坏面主要取决于岩体的应力状态以及节理面的力学性质，与各向同性的岩石破坏相类似，但其强度远比岩石的强度小。

(2)节理岩体的节理面黏聚力很小，则节理面的抗剪强度主要由节理面之间的摩擦阻力所提供，即取决于节理面的正应力和节理面的内摩擦角，而内摩擦角的大小与节理面岩石的接触方式有直接关系，针对不同接触方式给出各自的摩擦系数，如图4-2所示。

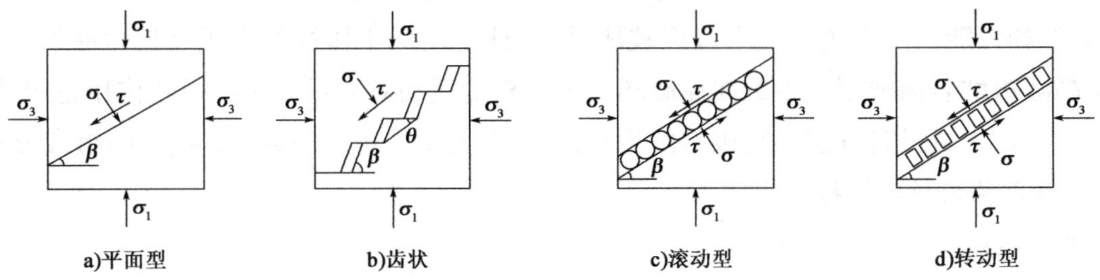

图4-2　不同类型节理面

①平面型节理面的摩擦系数。

对沿平面型节理面破坏的岩体，节理面在σ、τ的作用下处于极限应力平衡状态时，节理面的最大静摩擦角φ_C等于节理面法线与σ、τ的合应力之间的夹角。则平面型节理面的最大静摩擦系数为：

$$f_m = \tan\varphi_C = \frac{\tau}{\sigma} = \frac{\sigma_1 - \sigma_3}{\sigma_1/\tan\beta + \sigma_3\tan\beta} \tag{4-3}$$

式中，$\sigma = \frac{1}{2}(\sigma_1 + \sigma_3) + \frac{1}{2}(\sigma_1 - \sigma_3)\cos2\beta$；$\tau = \frac{1}{2}(\sigma_1 - \sigma_3)\sin\beta$。

②齿状节理面的摩擦系数。

具有齿状结构的节理面受σ、τ的作用处于极限应力平衡状态时，岩石块体将沿局部齿面产生滑动，其滑动方向与整体滑动方向成θ角，滑移齿面的面摩擦角为φ_S。

$$\tan\varphi_S = \frac{(\sigma_1 - \sigma_3)\sin(2\beta - \theta) - (\sigma_1 + \sigma_3)\sin\theta}{(\sigma_1 - \sigma_3)\cos(2\beta - \theta) + (\sigma_1 + \sigma_3)\cos\theta} \tag{4-4}$$

则总滑动方向的最大静摩擦系数为：

$$f_m = \tan\varphi_C = \tan(\varphi_S \pm \theta) = \frac{\sigma_1 - \sigma_3}{\sigma_1/\tan\beta + \sigma_3\tan\beta} \tag{4-5}$$

当滑动小于齿面长度，并且出现反向滑动时式(4-5)取φ_S与θ之差。

③滚动型摩擦节理面的摩擦系数。

当节理面间填充圆形块体时，节理面表现为滚动摩擦，其摩擦系数由极限平衡状态时的最大、最小主应力表示为：

$$f_R = f_m = \tan\varphi_C = \frac{\sigma_1 - \sigma_3}{\sigma_1/\tan\beta + \sigma_3\tan\beta} \tag{4-6}$$

通常滚动摩擦系数均小于平面型和齿状节理面摩擦系数，故此种情况下节理面强度最低。

④转动型摩擦节理面摩擦系数。

当节理面间填充平行六面体时，节理面表现为转动摩擦。岩体沿节理面破坏时，在最大、最小主应力作用下，合应力与节理面法线的夹角等于或大于对角线与节理面法线的夹角 α，节理间的平行六面体发生转动(图4-3)，则在此条件下节理面的摩擦系数为：

$$f_R = \tan\varphi_C = \tan(\delta - \gamma) = \frac{\sigma_1 - \sigma_3}{\sigma_1/\tan\beta + \sigma_3\tan\beta} \tag{4-7}$$

上式中由于平行六面体转角 γ 是不断变化的，所以 φ_C 也是一条随转角 γ 呈线性变化的曲线，如图4-4所示。

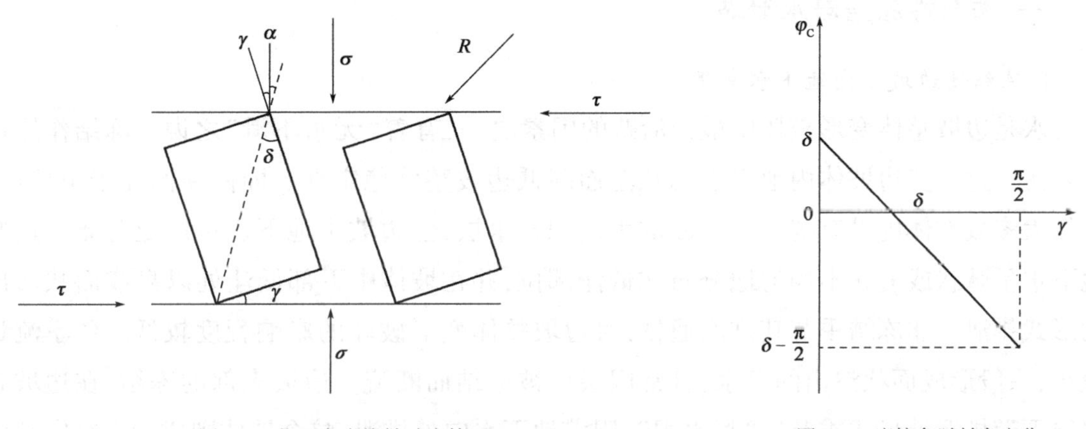

图4-3 节理中岩块转动摩擦

图4-4 摩擦角随转角变化

(3)上面通过岩体微观强度理论分析了岩体的破坏机理，然而将其用于边坡进行宏观分析时，对边坡岩体所受的主应力的大小和方向调查清楚既是关键点又是难点。在边坡坡面一点的主应力分布包括在重力作用下的上部岩土体的竖向应力 σ_1，沿坡体走向两侧岩体之间相互作用产生的水平应力 σ_2 及边坡倾向的水平应力 σ_3(图4-5)。自然斜坡主应力分布具有一定规律，可以将坡体变形看作是平面应变，坡面位置 σ_1、σ_3 都很小，此时最大主应力为 σ_2；σ_1 随深度增加而增大至某一定值(取决于岩土体的拱效应)；σ_3 沿边坡倾向向坡里逐渐增大至与 σ_2 相等；σ_2 随位置变化不大。若为人工路堑边坡则由于开挖，降低局部 σ_1、σ_3，σ_2 根据开挖方式和开挖方向有所变化，局部应力重分布造成岩石拉裂、剪断，产生顺坡面的结构面，从而导致边坡失稳破坏(图4-6)。

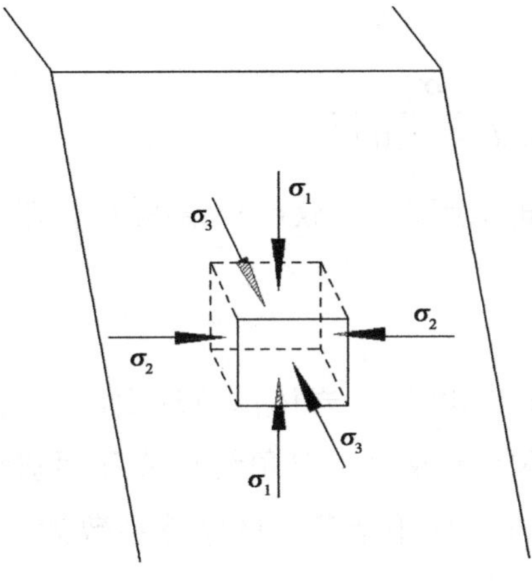

图 4-5　边坡某点受力示意图

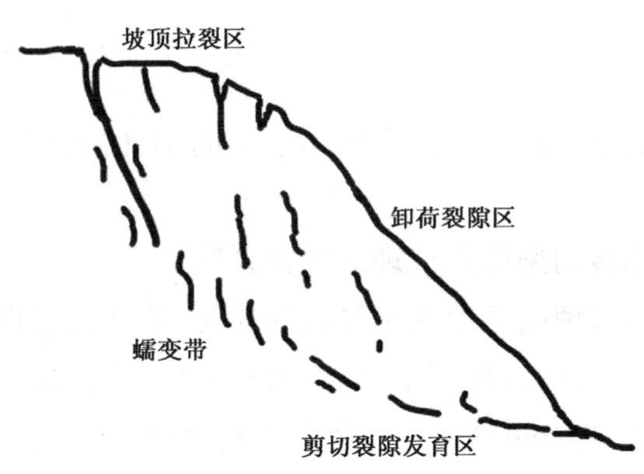

图 4-6　边坡弱面发育示意图

第三节　特殊公路边坡病害

一、季节性冻结滞水滑坡

1. 冻结使边坡体内地下水富集

水是边坡整体变形破坏中最为活跃的因素之一,有着“无水不滑”之说。冻结作用也主要是通过改变边坡体内地下水的状态而降低边坡整体稳定性。即使在西北干旱地区,虽然大多数坡体内没有统一潜水面的大面积含水层,但边坡中地下水也广泛分布。这些地下水呈脉状或囊状不均匀地分布在低洼部位,并在坡体中下部低洼处以泉或面状渗出的形式排泄。非冻结季节其排泄通畅,对边坡整体变形破坏的影响程度较低。冬季流量较小,一般形成面状渗出的泉水,且常因泉口被冻结而断流。边坡表部的冻结,在边坡含水层下游排泄处形成季节性“拦水坝”,阻滞地下水向外排泄,整个坡体则成为一个完整的储水囊。而坡体深部并未冻结,地下水仍源源不断地向中下部坡体运移,并使坡体内地下水逐渐富集,扩大了边坡富水区的范围,抬高了地下水位。波及范围的土体就被软化,强度降低,构成潜在滑动面,对边坡整体稳定性的影响非常大。

2. 季节性冻融作用降低斜坡土体强度

季节性冻融作用降低边坡土体强度的作用力方式有两种:第一种是发生在地表冻结范围内,土体含水率增大、冻胀降低其强度,可引起小规模浅层滑塌、泥流等,即通常认识的边坡表层冻融破坏作用;第二种是由于冻结滞水作用,导致坡体内含水层范围扩大,土体大范围软化,强度降低。这种作用可影响到边坡深部,对降低边坡整体稳定性,促使较大规模崩塌、滑坡发生具有非常显著的作用。对于较松散的岩土体,其抗水性差,遇水易软化且岩土体强度降低,冻融作用主要是通过这种方式和途径来加剧边坡的整体变形破坏的。

3. 冻融作用增大坡体静、动水压力

冻结期间边坡内地下水位升高,不但软化土体,而且还产生较大的静水压力,浮托坡体,使坡体内有效应力降低,同时也降低边坡整体稳定性。冻结期由于地下水渗流较弱,动水压力较小。在春季融化后,泉水重新出现,初期因坡体内积存水量较大,泉的流量也大,水体的渗流范围和水头差也较大,所以这时期内可产生较大的动水压力和机械潜蚀作用,相反静水压力则逐渐降低。由此可见,冻融作用可引起坡体内静、动水压力季节性的增大或减小,影响坡体的稳定性。

4. 综合分析

季节性冻融作用包含冻结作用和融化作用两个相反的过程,其加剧边坡整体变形破坏的作用机理和类型有多种,在冻结和融化过程中有所不同,以使斜坡体地下水富集、土体大面积软化和静、动水压力增大的作用方式影响到边坡深部,对边坡整体稳定性的影响最大,我们将其总称为"冻结滞水促滑效应"。

由上可知,边坡中具有一定地下水分布并以泉的形式排泄是冻融作用加剧斜坡整体变形,促发崩塌、滑坡发生的必要条件。

由于季节性冻融作用在时间分布上具有一定的周期性,所以对边坡整体稳定性的作用和影响也具有一定的周期性。每一次冻融期所发生的冻结滞水促滑效应,都一定程度地降低了岩土体的强度,累进性地降低着斜坡的稳定性。在季节性冻土地区,边坡整体稳定性普遍受到季节性冻融作用的影响。在冻融季节,由于冻融作用的加入,边坡总体变形加剧,崩塌、滑坡灾害发生频率增加、规模增大。

二、高速远程滑坡

高速远程滑坡,顾名思义即滑动速度快、滑动距离远、破坏范围大、危害严重,是当前滑坡研究中极为关注的问题之一。国内外许多学者从不同方面进行了研究,提出了高势能、峰残强度效应、启程剧动、碎屑流、气垫效应、高温汽化效应、饱和滑带土滑动液化等形成机理。但至今对其形成机理仍处在研究阶段,尚未形成公认的理论。我国高速远程滑坡时有发生,常常造成重大人员伤亡和经济损失。

高速远程滑坡是在特定的地质环境条件下形成的,根据有关高速远程滑坡的灾害现象和研究成果,其形成的基本条件可概括为以下几点。

1. 高陡的地形条件

形成高速远程滑坡的坡体,相对高差多在100m以上,最大可达500m。边坡平均坡度25°以上,边坡上部更陡,可达35°~45°。较陡的坡度和较光滑的滑面容易形成规模较大的滑体,高势能转化为动能,从而形成高速。高速远程滑坡一般具有较大的体积,Scheidegger在等效摩擦系数计算时统计了33个高速滑坡,其体积多在百万方以上,甚至达数千万方。干旱少雨的黄土高原地区,虽土体含水率低,但塬边高差大、滑面光滑,小于百万方的黄土滑坡也可形成高速远程滑坡。

2. 地层岩性条件

国外报道的高速滑坡多为岩质坡体,且以石灰岩类居多,如意大利的Vojant滑坡(1963年)和加拿大的Frank滑坡(1903年)。国内则可见土质滑坡和岩质滑坡两类。土质滑坡多数为黄土滑坡,其次为冰碛层滑坡。近年来,在黄土高原地区的黄土、红层软岩地层中也常有高速滑坡发生。黄土、红层软岩的含水率较低,峰残强度差异较大,且呈脆性破坏。当边坡进入临界状态即将失稳滑动时,锁固段岩土体突然破坏贯通,抗滑力迅速降低,滑体受力状态极不平衡,短时间内产生破坏并使坡体获得较大的滑动速度。

据试验资料,滑面上的摩擦系数随滑速增高而降低,且很易产生汽化、气垫等效应。因此,一开始就处于高速滑动状态的滑坡在滑动的全过程中所克服的摩阻力小,有利于滑坡保持较高速度滑动,并达到较远的滑程。如洒勒山滑坡研究中,发现第三系泥岩滑带土的峰值抗剪强度与残余强度之比大于2,后部滑体一开始就高速滑动,说明滑带土强度的大幅度快速降低是形成高速滑坡的原因之一。

对于坡体前部滑带附近地下水发育的情况,剧滑时水起到很好的润滑作用,特别有利于形成远程滑动。在活动过程中还可以形成滑带土的震动液化等现象。

3. 滑坡剪出口位置较高

多数高速滑坡的剪出口高于当地侵蚀基准面,在坡面的一定高度处剪出。当滑体冲出滑床时,凌空呈抛物线运动,并可能在运动的滑体下形成气垫效应而滑动很远。我国西部地区河谷两岸基座高阶地前缘等陡坎处的地质结构为:上部是厚层疏松的黄土、黏性土,下部为基岩,接触面的抗剪强度低于岩土体,且位置常高于地面,此时容易形成高速远程滑坡。如1963年9月发生在宝天铁路1358km处的黄土滑坡、1981年11月29日发生在该线1357km处的黄土滑坡、2001年发生在310国道的天水潘集寨黄土滑移型崩塌的剪出口都高出地面20~30m等。

4. 滑坡前方地形开阔

当滑坡前方地形为开阔河谷或平坦盆地时,使高速滑坡有较大的运动空间,因此可滑出数百米至数千米,如洒勒山滑坡和宝天铁路K1357滑坡。滑坡越过河流时,河水的润滑作用也有助于形成远程滑动,如龙羊峡查纳滑坡越过数百米宽的黄河、310国道天水潘集寨滑坡越过了渭河、岷县狼肚崖滑坡越过近百米宽的洮河。若滑坡位于自然沟的沟头或斜向沟谷,滑坡滑出后撞在沟岸而破碎成碎屑流,顺沟运动也可达数百米至数千米,如临潭常爷池滑坡、天水伯阳刘家沟等黄土滑坡在降水、地表水的润滑作用下,沿沟道滑动数百米并部分转化为泥流。若沟谷较窄时，滑坡则会爬上对岸山坡相当高度，而后再反向运动堆积于沟谷中，如甘肃崇信山滑坡。

当滑坡前方为开阔平坦且有一定的缓倾坡度的地形时，高速滑动的滑坡体可沿缓倾斜坡滑动很远，如东乡县大房村的黄土高速远程滑坡，其前部就是沿坡度为15°的斜坡滑动的；黑方台焦家崖头的黄土高速远程滑坡群也均沿前部缓坡滑动。

5. 特定的构造条件

高速滑坡的主滑段滑动面坡度较陡，多在40°以上。岩质滑坡或为陡倾的单一平面，或为上陡下缓的曲面，或为构造作用形成的各种断层错动面。陡倾的滑面，加上厚大的滑体，下滑分力巨大，瞬时加速度高，容易形成高速远程滑坡。

三、滑坡引发的次生灾害

滑坡的发生可引起一系列与之相关的次生灾害，如滑坡体被洪水冲刷大量补给泥石流或直接转化为泥石流灾害；滑坡堵塞河道形成堰塞湖，造成淹没或溃坝灾害；滑体直接冲入水库、湖泊造成涌浪灾害等。

1. 滑坡体补给泥石流

滑坡与泥石流的成因和危害虽然不同，但两者之间有密切的内在联系，是山区公路可能面临的两类主要地质灾害。滑坡堆积物松散破碎，抗侵蚀能力差，滑坡体多位于沟底，有的严重堵塞沟道，直接受集中洪流的侵蚀冲刷，补给形成泥石流。泥石流的固体物质一般有50% ~80%是滑坡提供的，山区的泥石流中所占比例更高，最高达90%以上，当然也有些泥石流沟就发育在大型滑坡体上。

2. 滑坡直接转化为泥石流

(1)在暴雨诱发下，泥流型滑坡在沟谷的中、上游形成，沿沟道滑动或流动数百米至千余米，滑体常堆积于沟口，形成滑坡形成区、滑动通道区和沟口扇形堆积区，平面形态及组合上与泥石流非常类似。有的滑坡堆积体在沟脑呈环谷状间歇性滑动，一次次沿沟道向下输送，堆积于沟口下部，形成巨大的扇状堆积体。

(2)据调查统计，泥流型滑坡多发生在面积为1 ~2km^2，主沟长几百米至1 ~2km，纵坡陡达20%左右的小型冲沟中。这种条件的沟谷在山区公路选线选址时往往被忽视，但其防治困难，危害巨大，淤积物的清除也比较困难。因为这些泥流一旦流出沟口至地形平缓或遇障碍便聚积成堆，且堆积量较大。开挖清理时，在自重作用下还会继续向前蠕动。

(3)大量的滑坡土体停积在沿途沟床中，如刘家湾沟泥流停积体从沟口延伸到形成区，厚达5 ~6m的高含水土体停积在比降为25%左右的沟道中，长1km多。

第五章

公路边坡病害预测

第一节　公路边坡病害初步预测

边坡的病害类型可分为整体破坏和坡面破坏,其中整体破坏主要包括崩塌、滑坡、坍塌三种类型,坡面破坏主要包括坡面侵蚀、剥落和滚石。公路边坡不同的病害类型在形成过程中,其外形特征、内部结构以及变形过程等方面虽存在诸多相似之处,但每种病害亦具有其特定的形成条件和识别标志。

一、边坡病害特征及形成条件分析

1.崩塌

崩塌是较陡斜坡上的岩土体在重力作用下突然脱离母体崩落、滚动、堆积在坡脚(或沟谷)的地质现象。自然界的崩塌包括小规模的岩土块体坠落和大规模的山(岩)崩。崩落体常翻滚而下堆于缓坡之上和坡脚附近,形成具有一定天然休止角的岩土堆。崩落的岩土块体间失去在坡体中的原有结构及相对位置关系。

1)崩塌的形成条件

崩塌前虽有征兆迹象,如岩土蠕动、破坏声音、出现拉张裂缝和剪出口带潮湿与压裂等变形,但因其破坏常于瞬间完成,很多时候难以对发生时间及规模进行准确预测。所以公路边坡在开挖前就应该查明坡体材料性质、结构面组合及地下水位埋藏情况,在开挖过程中出现以下情况之一就初步判断该边坡可能形成崩塌灾害:

(1)土质或土石混合体边坡的开挖坡角陡,存在大于60°的剖面;

(2)坡体中下部存在软弱层或软弱结构面,上部有坡体滑出趋势;

(3)坡体上常发育数组陡立或倾向临空面的裂面,在自重作用下以张拉和弯曲作用形成相对贯通的破裂面,或者形成许多上大下小的不稳定楔状岩土块;

(4)坡体上竖向结构面或反向陡倾结构面发育,且裂缝形状不规则并紊乱成网,破坏体趋向于发展成楔体且楔尖朝向临空面,或沿坡体上裂缝延伸至斜坡中下部的软弱破碎处出现不规则的呈倒尖形的碎裂迹象,特别是存在向临空缓倾斜且贯通的结构面可能形成崩塌破坏底界面;

(5)边坡面上固定有泉水渗出带,或结构面处随地下水有泥渗出;

(6)边坡处于地震多发带或附近多有爆破施工。

2)易产生崩塌的岩土结构

土质边坡中黄土边坡有较好的直立性,所以开挖坡度往往较陡,并且由于土体中存在裂隙、孔洞,且这些不连续体在开挖卸荷后扩大,导致坡体局部易出现崩塌破坏。岩质边坡开挖时如存在较多卸荷裂隙、顺向陡倾结构面或多组结构面交线倾向坡外时,易形成脱离母岩的独立块体。

2. 滑坡

滑坡是指斜坡上的土体或者岩体,受河流冲刷、地下水活动、雨水浸泡、地震及人工切坡等因素影响,在重力作用下,沿着一定的软弱面或者软弱带,整体地或者分散地顺坡向下滑动的地质现象。

均质土边坡和破碎土石混合体边坡形成的滑坡滑动面常呈弧状或螺旋线状,主要和张拉裂缝位置及坡体材料的抗剪强度有关。二元结构边坡,滑面后部与均质土滑坡相同,滑面底部多沿不整合面呈直线形,故受控于上覆土体的抗剪强度和不整合面的性质。岩质滑坡因滑面多依附于岩体内既有的构造裂面发育生成,故其后缘、两侧和各分块裂缝常呈直线或折线状。岩质滑坡的产生与结构面的组合形式及其抗剪强度有关。实际中很多滑坡并不是非常规则,而是多种滑动形式的组合,问题相对比较复杂,下面仅对典型滑坡的特征及形成条件等进行介绍。

1)滑坡的外形特征

由于先期滑坡复活的可能性极大,因此,公路边坡开挖前首先应判断开挖区或附近有没有滑坡体,一般滑坡常具有以下独特的外貌特征:

(1)滑坡后缘常呈圈椅状地形和与母体分离的月牙形洼地,在斜坡上造成环谷地貌(如圈椅、马蹄形地形)。若滑体滑出,可在滑坡后壁上观察到顺坡擦痕。

(2)在滑坡体上往往有积水洼地、地面裂缝、醉汉林、马刀树和房屋倾斜、开裂等现象。滑坡体上常有挤压凸丘或多级平台,其高程和特征与外围阶地不同。滑坡体两侧常形成沟谷,并以沟谷为滑坡边界,沟谷上部靠近甚至连通,呈现双沟同源现象。

(3)滑坡前缘土体受到后部挤压,常呈垅状、横垣或舌状凸起。

(4)滑坡床常具有塑性变形带,其内多由黏性物质或黏粒夹磨光角砾组成,黏性土滑动面很光滑,其擦痕方向与滑动方向一致,无黏性土可能无法找出明显的滑动面。

2)滑坡的形成条件

边坡产生滑坡病害首先必须在岩土层中具有易滑地层,并受到岩体构造、产状、局部地形及其他条件的控制。一般来讲,坡度和顺倾结构面越陡,则其下滑力越大,滑坡发生的可能性也越大;在局部地形为上陡下缓的山坡,或山坡上部成马蹄形的环状地形,且汇水面积较大时,坡体易发生滑动破坏;另外,地表水、地下水物理化学作用降低滑带岩土体强度,地震、开挖及堆载作用改变坡体受力状态,也容易诱发滑坡。

当公路边坡工程开挖条件满足下列情况之一时,可初步判断坡体具有形成滑坡灾害的条件:

(1)开挖坡高较大(>6m)或开挖坡度较陡(一般 >30°);

(2)坡内有倾向临空面的软弱层(带)、结构面或层面,且剪出口高于地面;

(3)开挖边坡面出现上层滞水、潜水或有泉出露;

(4)有明显的剪切滑移蠕变变形;

(5)在不良岩土体地区施工,如软土、膨胀土;

(6)在较恶劣的气候下施工,如雨季、冻融季节。

3)滑坡剧滑的前期征兆

多数滑坡从蠕动到剧滑阶段,都具有特定的变形特征,尤其是大规模临滑前有以下前期征兆:

(1)边坡后部出现张拉裂缝,并逐渐贯通,部分后缘有下错陡坎;

(2)两侧常出现面向滑动方向呈八字形、羽状雁行排列的剪切裂缝,随滑坡后部向前移动,两侧羽状裂缝逐渐向主体部分的中部发展;

(3)边坡面上尤其是坡脚或坡面岩土转折处应力较为集中的部位,出现横切方向可能滑动的剪切裂缝(剪出口)。

4)易形成滑坡的岩土结构

易形成整体滑坡的岩土结构多具有外倾的结构面或结构面组合,且结构面倾角大于30°。而岩质边坡中若存在三组或三组以上的结构面将边坡岩体切割为块状结构时,还易发生滑移式崩塌或落石。一般情况下,坡体在没有人工扰动时,浅表层常为残坡积物,则其岩土结构多继承原岩结构性质,其结构越紧密,力学性质相对越好,而结构越松散,力学性质相对越差。

3. 坍塌

坡体内的岩土由于震动、侧向卸荷、坡面加载以及降雨干湿循环等使坡底岩土松散、破碎,加之雨水和上层滞水运移作用,使松散带内岩土的级配(潜蚀作用)及结合密实度不断变化，特别是遭受雨雪、冻融或人工灌溉后受湿的岩土自重增大、强度降低，其结合密实度不能承受干燥状态中斜坡的坡度或上覆厚度而塌坡，塌至与其相适应的斜率（受湿时的综合内摩擦角控制）为止，此种变形现象称为“坍塌”，此为整个松弛体结合密实程度的削弱。坍塌与崩塌、滑坡的最大不同是岩土体整体结构首先发生溃屈、破碎，然后形成塌坡，其破坏面受岩土性质影响较大，为坡体内局部或某层破坏造成，无统一破坏面。

1）坍塌的外形特征

坍塌的特征是边坡底部岩土受压破裂，上部岩土体解体向下坐塌，同时伴有局部或整体岩体的滑动、崩塌，因岩体解体，滑面多不平整，是滑动、崩塌、蠕变松动等复合型变形。其外观常形似滑动，多无统一的完整滑面。坍滑后堆积物较为疏松，透水性大，易产生不均匀沉陷，浸水后可能继续坍塌。一些原有滑坡堆积体或碎石土边坡，浸水后也会出现局部坍塌现象。

坍塌虽无一定次序，但坡体中地下水发育地段先坍、由里向外逐渐坍塌，潮湿的下部先坍而后导致其上部倒塌。通常在前缘先有小坍塌或下错，后部失去支撑发生大面积坍塌，在前缘岩土坍落后，后级裂缝常因之张开并下陷，随之在其后方又出现新裂缝，如此循环，直至整体坡度接近松弛带内岩土体的综合摩擦角相适应的坡角为止。

2）坍塌的形成条件

通常遇到以下情况之一，可认为边坡具备坍塌产生的条件：

（1）在由崩塌形成的高大堆积体和由风化岩土填筑的边坡中，因组成坡体的岩土岩性不一致，其中有的岩土在长期风化、崩解和压碎下可产生局部变形，因而促使边坡内岩土间彼此结合的密实度逐渐降低；或因崩解的岩土逐渐堵塞坡体中地表水下渗的某些通道，导致雨季中坡体内生成大量积水使其中部分岩土变形，降低斜坡中岩土间彼此结合的密实度，以及受湿而软化的岩土抗剪强度。由于大部分岩土受湿、彼此结合的密实度减小，使坡体中综合内摩擦角变小，不能支持原边坡坡度而塌坡。

（2）由逆断层上盘的破碎岩石组成的巨厚坡体，或岩脉穿插、破碎严重的巨大岩体，以及高大巨厚的岩浆岩风化壳等，其外侧松弛带内的岩土结构多数为软硬不均组合和裂隙发育较松弛者。受大自然长期风化作用后局部强度会有差异，特别是在融雪、暴雨或久雨后易遭软化，不能保持原斜坡的陡度而坍缓；或因震动使斜坡岩土结构松弛而塌坡。此类是常见的易于产生坍塌的坡体结构模式，破坏后残存的坡体，剖面上看多数由两组以上的结构面（包括层面、片理面、似层面等）组合形成，表面坡可呈连续台坎状，台坎的总坡度与综合内摩擦角大体适应。

（3）由软岩、第三系半成岩、软硬岩互层组成的坡体，坡体的坡度与高度之间存在较明显的关系。通常较高的坡体仅能维持相对较缓的坡度，特别是在裂隙发育而构造裂面交割严重之处，易因上部的边坡过陡，下部岩体在雨季承受不住传来的应力而逐渐揉皱、蠕动，甚至压碎变形。上部岩体在下卧层蠕动下而松弛，常在水的作用下不能支持原陡度的斜坡产生坍塌。

(4)坡体内具有与之斜交的两组以上的构造裂面将之切成许多V形楔体，在两裂面的交线倾向临空而缓于斜坡的坡度下常发生多条V形楔体向坡下坍塌的现象，坍至斜坡陡度接近于交线倾角之后开始稳定。同样，由堆积体或半成岩、风化岩土体组成的斜坡，受到垂直于坡面、呈串珠状的裂隙水或土中水的作用，沿水作用的范围内遭浸湿的岩土呈V字形逐条坍塌，而后逐步扩展达整个坡面。

(5)裂隙发育的软弱膨胀岩体及其风化物，遇水后岩层易膨胀解体，常产生坡体的坍塌破坏。

(6)灰岩堆积层底部含水层受水侵蚀、掏空，也会形成坡体坍塌。

3)易产生坍塌的岩土结构

坍塌形成于易风化的均质土边坡和土石混合体边坡，尤其在膨胀土边坡或处于冻胀作用强烈区的边坡，一般发生在坡度大于30°时，随坡度增大发生坍塌的概率也越大。在暴雨季节，边坡表层岩土强度迅速降低，也会促使坍塌破坏发生。

4.坡面侵蚀

坡面侵蚀一般发生于地表岩土体裸露的第四系堆积层及易风化的残积地层，当坡度大于30°时，在暴雨、长期降雨、冻融环境下，可形成坡面侵蚀病害，且坡面侵蚀物源随时间持续积累。

5.剥落

剥落是由于坡体表面卸荷作用引发应力重分布，或外部多因素作用下造成风化剥蚀，最后形成由表及里的开裂、掉块的破坏形式。一般情况下这种病害规模相对较小，且多发生于坡面裸露的边坡表部。

6.滚石

滚石破坏一般发生于坡面凹凸不平、存在散落或嵌固不牢的岩块，或受节理强烈切割欠稳定的孤石、块石，由于节理不断发育贯通，在重力、外动力及其他外界因素的作用下导致块体失稳，岩块从坡面翻滚而下，一般具有较大动能，对公路、行车安全造成较大威胁。

二、公路边坡病害类型初步预测

据前文分析可知，每种类型的边坡具有多种可能病害类型。但是，边坡具体发生哪种破坏，受到边坡的物质成分、结构特征、外形特征、变形特征及各种因素的控制，可根据边坡的具体情况，结合各种破坏类型的变形机理进行分析。对应本书公路边坡分类，表5-1～表5-4定性地给出了不同类型均质土边坡、二元结构边坡、土石混合体边坡和岩质边坡可能发生的病害类型的初步预测。

各类均质土边坡病害类型 表5-1

边坡类型	物质成分、结构特征及外形特征判断	病害类型
黏性土边坡	1. 含亲水、膨胀性矿物的黏性土边坡； 2. 边坡后缘有节理、裂隙、落水洞等发育，具隔水层或弱透水层层面； 3. 有滑动的征兆，边坡整体坡度为30°～60°	滑坡
	1. 坡面植被稀疏，土体松散，没有坡面防护措施； 2. 坡面易受到冻融及雨水的冲蚀作用	剥落
	1. 坡面植被覆盖差、土体松散； 2. 坡面容易积水，融雪或久雨后和暴雨下易软化土体强度	坍塌
砂性土边坡	1. 饱和砂土或砂层在动力作用下容易产生液化； 2. 出现管涌、流土现象	滑坡
	坡面植被不发育，没有坡面防护措施，雨水作用导致土石移动	剥落
	砂土结构疏松，振动作用及雨雪融化软化砂土强度	坍塌
黄土边坡	坡度大于50°，竖向节理、张性裂隙发育	崩塌
	1. 具有顺坡向隔水层或弱透水层，如古土壤、砂砾岩等； 2. 边坡整体坡度较缓，或含湿陷性黄土层	滑坡
软土边坡	1. 以淤泥、泥炭、淤泥质土等抗剪强度极低的土为主，塑流变形严重； 2. 土体具有低抗剪强度和高压缩性，在外力及振动作用下发生滑坡	滑坡
	具有聚水条件，雨雪冻融形成坍塌	坍塌
膨胀土边坡	富含蒙脱石等易膨胀矿物，干湿效应明显，冻胀作用强烈的边坡	坍塌
	具有滑动的迹象、具有易滑的地层结构及形态	滑坡

各类二元结构边坡病害类型 表5-2

边坡类型	病害类型
土-土二元结构	边坡病害类型与类均质土边坡相似，既可能发生沿层面的滑动破坏，也可能发生土体内部切层的崩塌及坍塌破坏
土-岩二元结构	边坡既可能发生沿软弱接触面的滑动破坏，也可能发生土体内部的崩塌及坍塌破坏
软弱基座	边坡稳定性差，主要发生沿软弱基座面产生的滑坡破坏，外凸坚硬岩层落石、崩塌

各类土石混合体边坡病害类型　　表5-3

边坡类型		病害类型
类型	亚类	
碎裂结构	镶嵌结构	边坡稳定性差，坡度取决于岩块间的镶嵌情况和岩块间的咬合力，失稳类型多以似圆弧状滑动为主，局部可呈直线形。既能发生大规模整体破坏，也可形成局部小范围塌落
	碎裂结构	
散体结构		边坡稳定性差，坡角取决于岩体的抗剪强度，呈圆弧状滑动
碎石土边坡		边坡稳定性较差，稳定性主要取决于黏土颗粒的含量及分布、主体岩土的变形及强度性质，主要发生土体滑坡及坍塌破坏

各类岩质边坡病害类型　　表5-4

边坡类型		病害类型
类型	亚类	
层状结构	层状同向结构	1. 层面或软弱夹层易形成滑动面，坡脚切断后易产生滑动； 2. 倾角较陡时易产生溃屈或倾倒； 3. 倾角较缓时坡体易产生倾倒变形； 4. 结构面或结构面组合易形成楔形体滑动； 5. 稳定性受坡角与岩层倾角组合、岩层厚度、顺坡向软弱结构面的发育程度及抗剪强度所控制
	层状反向结构	1. 岩层较陡或存在有陡倾结构面时，易产生倾倒弯曲松动变形； 2. 坡脚有软弱层时，上部易拉裂或局部崩塌、滑动； 3. 节理或节理组易形成楔形体滑动； 4. 稳定性受坡角与岩层倾角组合、岩层厚度、层间结合能力及反倾结构面发育与否所控制
	层状斜向结构	1. 易形成层面与节理组成的楔形体滑动或崩塌； 2. 节理或节理组易形成楔形体滑动； 3. 层面与坡面倾向夹角越小，滑动的可能性越高
块状结构	整体状结构	1. 多沿某一结构面或复合结构面滑动； 2. 节理或节理组易形成楔形体滑动； 3. 发育陡倾结构面时，易形成崩塌
	破碎状结构	

第二节　公路边坡病害定量化预测

已将公路边坡划分为四大类，边坡病害划分为两大类六小类，每一类边坡可发生多种病害，且不同类型边坡发生的同一类病害又各有特点，而坡面破坏病害类型出露地表、特征明显，易于查明判断，用初判确定即可。本节重点针对四大类公路边坡可发生的崩塌、滑坡、坍塌三种整体失稳病害类型进行分别讨论。

一、均质土边坡病害类型预测

1. 病害类型分析

1)滑坡

均质土边坡发生滑坡破坏主要以剪切滑移为主,滑体在移动时,基本与滑床保持接触,主要表现为整体滑动,内部岩土体基本没有相对位移,仅有挤压变形或拉裂。图5-1为均质土边坡发生滑坡破坏的示意图。

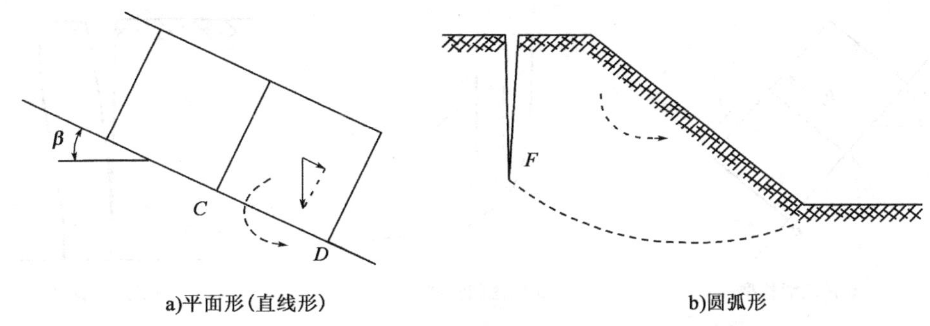

a)平面形(直线形) b)圆弧形

图5-1 滑坡破坏示意图

通过数值模拟得出,对于黏聚力为零的砂性均质土边坡,发生滑坡破坏时,表现为近乎平面滑动,破坏面在截面上为一条通过坡脚的直线,破坏面与水平面夹角接近砂性土的内摩擦角,如图5-2a)所示;对于存在黏聚力的黏性均质土边坡,则整体表现为圆弧面滑动,破坏面在截面上表现为后缘较陡,近似呈直线状,中部及前缘呈圆弧状,如图5-2b)所示。

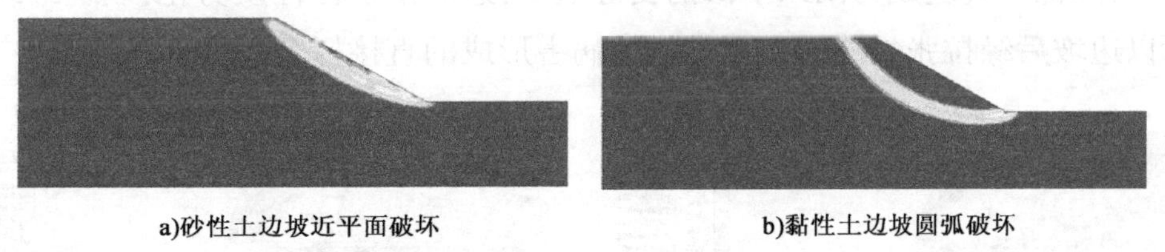

a)砂性土边坡近平面破坏 b)黏性土边坡圆弧破坏

图5-2 均质土边坡剪应变云图

2)崩塌

均质土边坡发生崩塌破坏以拉张、剪切破坏为主,形式上主要表现为岩土体的拉裂滑移、滚动、翻转、弯曲折断。崩塌的破坏示意图如图5-3所示。

(1)滚动滑移型崩塌

如图5-3a)所示,若边坡外倾结构(软弱)面角度β很大,坡面被节理切割的岩土块合力作用线将在其支撑面AB以外临空面上穿过,产生的旋转力矩会使上部岩土体与AB面分离并绕着其B端朝箭头所指临空方向有翻滚趋势。如果岩土块沿结构面的下滑力超过后部岩土块(结构面)的抗拉强度,岩块便脱离母岩并翻倒,它失去和斜坡在 AB 面的接触,并随着 B 点以下地形的不同或是向下直接坠落,或是继续顺坡翻滚滑移,其任一边或面都能与坡面接触,产生崩塌破坏。如果结构面相对平缓[图 5-1a)],则岩土体合力作用线在其支撑面 CD 以内穿过,旋转力矩对岩块 D 端具有和崩塌时相反的方向。在此情况下岩土体不会翻滚,将沿 CD 面发生剪切滑移破坏。若取岩土体结构面平行方向长度为 l,结构面垂直方向高度为 h,[图 5-3a)],则形成崩塌的必要条件是 $\tan\beta \geq l/h$;若 $\tan\beta < l/h$,则一般只发生滑移破坏。

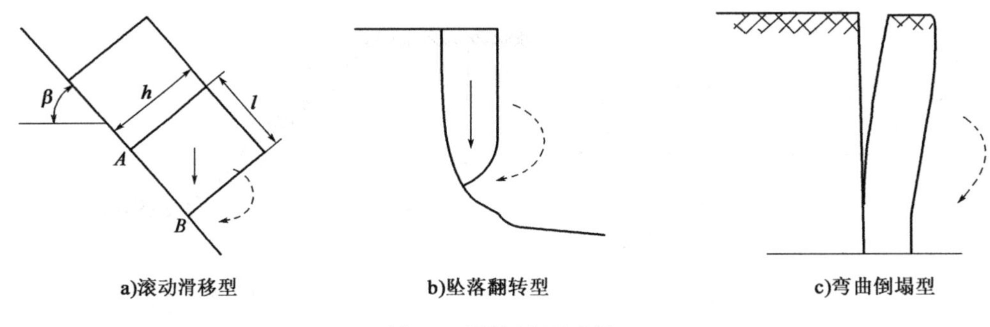

图 5-3　崩塌破坏示意图

通过数值模拟,一般均质土边坡在重力作用下坡顶的岩土体受到水平的拉张应力,拉张应力最大值分布在离坡顶边缘一定距离处,由坡顶近似垂直向下发展。图 5-4 给出了不同坡度时边坡的应力分布云图,其中,顶部为正值的深色部分为拉应力,且边坡越陡坡顶拉应力值越大。但是,土体的抗拉强度很低,且受环境影响变化极大,故工程中通常认为土体抗拉强度为 0。当土体受到水平拉张时,在坡顶靠近坡面的地表将产生拉张裂缝,随即拉应力降低。裂缝成为雨水下渗的良好通道,进而使土体性质劣化,裂缝继续向深部发展,所以边坡后缘拉张裂缝的出现是边坡病害形成的直接标志之一。

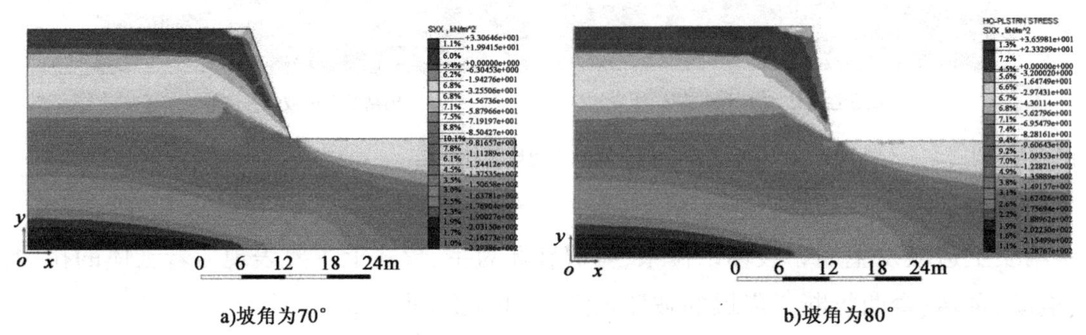

图 5-4　不同坡度边坡的应力分布云图

(2)坠落翻转型崩塌

图 5-3b)所示为典型的坠落翻转型崩塌,主要发生在由于下部岩土风化剥蚀、被河流掏蚀或人工开挖造成上部岩土失去底部支撑处,若坡顶后缘存在或形成新的拉张裂缝,则

悬空岩土体极易发生坠落翻转崩塌。此种崩塌易于识别、机理简单，工程建设中应避免，后期运营过程中由于各种原因出现此类边坡，则应及时进行加固治理。

(3)弯曲倒塌型崩塌

图5-3c)所示为有垂直结构面的岩土体易发生的弯曲折断型崩塌，其形成机理一部分类似倾倒滑移型，为自重作用线超出底部接触部分，产生向临空翻转趋势的力矩，导致底部岩土体受拉破裂，存在反向陡倾结构面的边坡多呈这类破坏；另一部分是由于上部岩土体自重超过底部岩土体自身的强度，发生压剪破坏，进而导致上部岩土体失稳，形成弯曲倒塌型崩塌。

在对第二种弯曲倒塌型崩塌病害进行定量分析时，将接近坡面附近的拉张裂缝简化为一条垂直直线，把边坡发生崩塌破坏的结构模型简化为如图5-5所示的一个包含张裂缝和均匀剪切区 ABC 的岩土结构，变形时顶宽为 Δ 的岩土体以角速度 ω 绕 A 点倾倒发生崩塌破坏，其中 H 可以认为是张应力发展深度，均质土边坡中 Δ 为最大拉应力距坡顶边缘的距离。

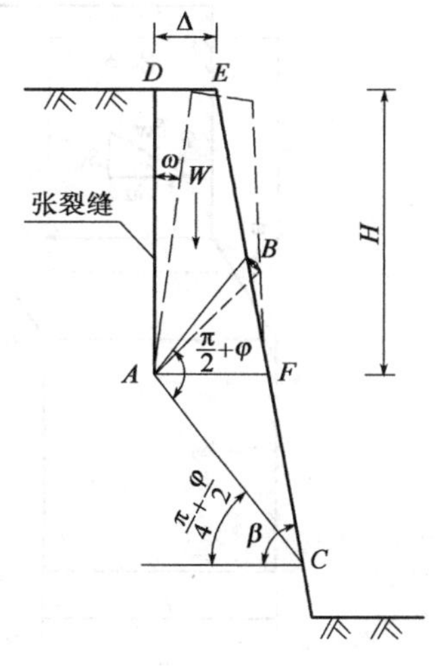

图5-5 边坡崩塌破坏的旋转机构图

由于发生崩塌破坏的边坡坡度较陡，可以近似认为大主应力的方向是竖直方向，所以压剪变形区 ABC 的下边界 AC 为一与水平面成 $\frac{\pi}{4}+\frac{\varphi}{2}$ 夹角的假设面（φ 为岩土的综合内摩擦角）。此时，若岩土体自重超过 AC 面上的抗剪强度，土体即沿 AC 下滑；若未超过抗剪强度，则拉裂缝 DA 继续向深部发展。假设当 AC 所受的下滑剪切应力正好达到土体抗剪强度时，此时 H 为边坡拉张裂缝的极限高度。

下面通过均匀剪切变形场的能量耗损率推导拉张裂缝的极限高度。一块岩土体相对于另一块岩土体产生平移，则两块岩土体间过渡层的边界是两个彼此平行的平面。根据流动法则和塑性体积膨胀的要求，切向速度变化 δu 必须伴随着分离速度 $\delta\nu=\delta u\tan\varphi$（$\varphi\neq 0$）这个运动学滑动条件，简单地说明了在以两个平行面为边界的窄过渡层内，相对速度变化 δw 必须与滑动面成一角度 φ。

对于如图5-6所示的过渡层的变形模式由平行于该层的剪切和垂直于该层的拉伸组合而成。假设层内的剪应变率 $\omega=\delta u/t$ 是均匀的，正应变率 $\zeta=\delta\nu/t$，所以单位体积的能量耗损率 $D=\tau\omega-\sigma\zeta$，τ 和 σ 分别为剪应力和正应力。取岩土体的厚度为1，则该层的体积在数值上等于 t，故：

$$D=(\tau\omega-\sigma\zeta)t=(\tau\,\delta u-\sigma\delta\nu) \tag{5-1}$$

由于塑性层必须满足库仑屈服准则 $\tau=c+\sigma\tan\varphi$，故：

$$D = c\delta u \tag{5-2}$$

该方程表明，窄过渡层间剖面的单位面积能量耗损率，是黏聚力与过渡层切向速度变化率 δu 的乘积。

对于发生剪切蠕变的均匀变形场（图 5-7），可以把该变形场看作是一系列窄过渡层，每一层以两条水平平行直线为界，相当于两相邻土体间的过渡层。以 ω 表示简单剪切变形，伴随有垂直的正应变率 $\omega\tan\varphi$，单位体积的能量耗损率等于 $\tau\omega - \sigma\zeta$，根据库仑屈服准则有：

$$D = c\omega \tag{5-3}$$

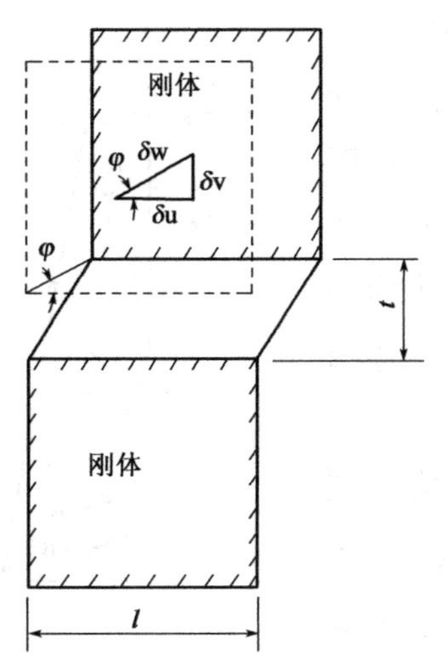

图 5-6　伴随分离的简单滑动

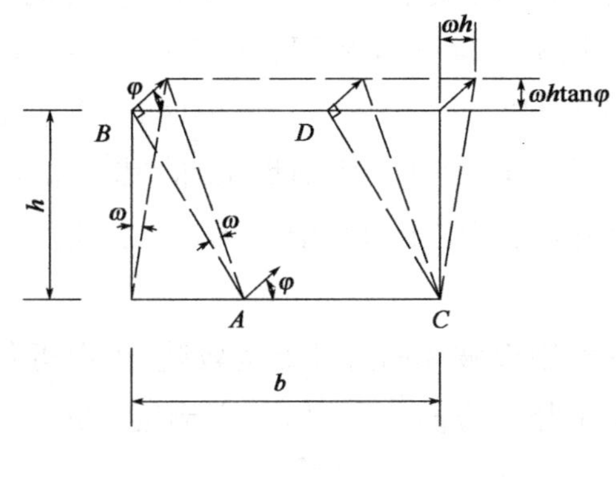

图 5-7　均匀剪切变形场

根据极限分析的上限定理，如果任意假想破坏机构的外力所做功率超过了内部能量耗损率，则土体不可能承受所施加的荷载。对任意有效的破坏机构，可令外功率等于内功率，得到破坏荷载或者极限荷载的一个不安全上限。

假设土体抗拉强度为 0，此时，在简单拉张裂缝内，没有能量耗损，在裂面上，正应力和剪应力均等于零。图 5-5 中均匀剪切区 ABC 内部的单位体积能量耗损可根据式（5-3）求解，若取边坡剖面厚度为 1，则总的内部能量耗损率恰是 D 与三角形 ABC 面积的乘积，根据几何关系有：

$$AF = \Delta + \frac{H}{\tan\beta}, AB = \frac{\left(\Delta + \frac{H}{\tan\beta}\right) \times \sin(\beta)}{\sin\left(\frac{3\pi}{4} - \frac{\varphi}{2} - \beta\right)}, AC = \frac{\left(\Delta + \frac{H}{\tan\beta}\right) \times \sin(\pi - \beta)}{\sin\left(\beta - \frac{\pi}{4} - \frac{\varphi}{2}\right)} \tag{5-4}$$

$$S_{\mathrm{ABC}} = \frac{1}{2} AB \cdot AC \cdot \sin\left(\frac{\pi}{2} + \varphi\right) = \frac{\left(\Delta + \frac{H}{\tan\beta}\right)^2 \times \sin(\beta)\sin(\pi - \beta)\sin\left(\frac{\pi}{2} + \varphi\right)}{2\sin\left(\frac{3\pi}{4} - \frac{\varphi}{2} - \beta\right)\sin\left(\beta - \frac{\pi}{4} - \frac{\varphi}{2}\right)} \tag{5-5}$$

则均匀剪切区总的能量耗损率 $D_{内}$ 可按下式计算：

$$D_{内} = c\omega \cdot S_{ABC} = (c\omega) \cdot \frac{\left(\Delta + \frac{H}{\tan\beta}\right)^2 \sin(\beta)\sin(\pi - \beta)\sin\left(\frac{\pi}{2} + \varphi\right)}{2\sin\left(\frac{3\pi}{4} - \frac{\varphi}{2} - \beta\right)\sin\left(\beta - \frac{\pi}{4} - \frac{\varphi}{2}\right)} \tag{5-6}$$

重力所做的外功率是块体 $ACED$ 向下运动的重量与速度竖直分量的乘积，则重力所做的外功率为：

$$D_{外} = \left[\frac{1}{2}\gamma\Delta^2 H + \frac{1}{2}\gamma H \cdot \frac{H}{\tan\beta} \cdot \left(\Delta + \frac{H}{3\tan\beta}\right)\right] \cdot \omega \tag{5-7}$$

令外功率等于内部能量耗损，则有：

$$(c\omega) \cdot \frac{\left(\Delta + \frac{H}{\tan\beta}\right)^2 \sin(\beta)\sin(\pi - \beta)\sin\left(\frac{\pi}{2} + \varphi\right)}{2\sin\left(\frac{3\pi}{4} - \frac{\varphi}{2} - \beta\right)\sin\left(\beta - \frac{\pi}{4} - \frac{\varphi}{2}\right)}$$

$$= \left[\frac{1}{2}\gamma\Delta^2 H + \frac{1}{2}\gamma H \cdot \frac{H}{\tan\beta} \cdot \left(\Delta + \frac{H}{3\tan\beta}\right)\right] \cdot \omega \tag{5-8}$$

若令 $\alpha = \left(\frac{c}{\gamma}\right) \cdot \frac{\sin(\beta)\sin(\pi - \beta)\sin\left(\frac{\pi}{2} + \varphi\right)}{\sin\left(\frac{3\pi}{4} - \frac{\varphi}{2} - \beta\right)\sin\left(\beta - \frac{\pi}{4} - \frac{\varphi}{2}\right)}$，则式(5-8)可表示为：

$$a \cdot \left(\Delta + \frac{H}{\tan\beta}\right)^2 = \Delta^2 \cdot H + \frac{H^2}{\tan\beta}\left(\Delta + \frac{H}{3\tan\beta}\right) \tag{5-9}$$

解此方程有：

$$H = \frac{1}{2}\left(4\Delta^3\tan^3\beta + 8a^3 + 4\sqrt{\Delta^6\tan^6\beta + 4\Delta^3 a^3\tan^3\beta}\right)^{\frac{1}{3}} + \frac{2a^2}{\left(4\Delta^3\tan^3\beta + 8a^3 + 4\sqrt{\Delta^6\tan^6\beta + 4\Delta^3 a^3\tan^3\beta}\right)^{\frac{1}{3}}} + a\Delta\tan\beta \tag{5-10}$$

当 $\beta = \frac{\pi}{2}$ 时，式(5-10)即为岩土体竖直拉张裂缝的临界高度，此时：

$$H = \frac{c}{\gamma} \cdot \tan\left(\frac{\pi}{4} + \frac{\varphi}{2}\right) \tag{5-11}$$

式(5-11)给出了直立状态边坡存在张性裂缝时土体自稳的极限高度，当张性裂缝的

发育深度大于该式计算值时，土体将可能发生翻转产生崩塌破坏。此认识符合边坡发生崩塌破坏的一般规律，且从式(5-10)可以看出，边坡存在张性裂缝时土体自稳的极限高度H受边坡坡角β影响较大，也符合崩塌一般发生在较陡边坡这一普遍认识。

3)坍塌

均质土边坡发生坍塌破坏，主要是由于大部分岩土受湿，彼此结合的密实度减小，使坡体中综合内摩擦角变小不能支持原边坡坡度而塌坡，上部塌至与当时含水程度及密实度相适应的综合内摩擦角为止，下部则是堆积坍下的松散土石，其斜坡坡度更缓。

一些坍塌是由于松弛的斜坡体中下部先蠕动变形进而引起坡顶张裂缝由外而内发展的，此不同于崩塌、滑坡。坍塌是先在坡顶产生密集的、呈外倾状的裂缝带，其分布受岩土自身间的综合内摩擦角所控制，并无贯通一致的斜面；所以裂缝带总由坡顶前缘逐步向后缘发展，其最远的范围总在斜坡坍塌的出口按岩土休止角影响的范围内。亦有因前缘坍塌而削弱坡体抗滑、抗剪或承托支顶的能力，引起沿坡体内软弱带的滑动，或在失去侧向支撑与减少承压面积下由松弛而产生的崩塌。前期坍塌与后期引起的崩、滑等病害应分别而论，不宜混淆病害类别与因果关系。坍塌发生前总是在坡顶附近先出现一系列错落的细密裂缝，这是与滑坡、崩塌等病害不同的识别标志。

一般坍塌变形可能发生较大规模的塌落，其中更多发生的是自上、自外逐渐向下、向里的层层式塌落，直至在坡脚的坍塌体顶部掩埋并超过上部坍塌体后变形可暂时结束，塌下的岩土堆于斜坡坡脚呈锥形堆积体。

下面介绍通过有限元软件模拟均质土边坡发生坍塌的病害类型。

原始均质土边坡高为20m，坡度为70°，计算模型如图5-8a)所示。通过有限元强度折减法进行模拟计算，可得初始边坡稳定系数$K=0.91$，边坡在自然条件下即可发生坍塌破坏，破坏底面形状近似为通过坡脚的圆弧，如图5-8b)所示。不考虑坍塌土体的堆积作用，则该边坡第一次发生破坏后，剩余坡体计算模型如图5-8c)所示。此时边坡坡形为微凹形，整体坡度约为50°。以此为模型继续进行计算，结果显示此时土坡稳定系数$K=1.24$，在外界条件影响下，边坡土体强度参数不断劣化，稳定系数会更小，此时破坏面如图5-8d)所示，仍为一通过坡脚的圆弧。对第二次破坏后的剩余坡体继续进行计算，其计算模型如图5-8e)所示。此时边坡坡形为微凹形，整体坡度约为40°。计算得其稳定性系数为$K=1.44$，可能破坏面如图5-8f)所示。

在图5-8所示模型基础上继续进行计算，随着边坡坍塌的不断扩展，残留边坡的稳定系数不断增加，结果如图5-9所示，且随着坍塌的不断扩展，边坡的坡度也越来越小，规律如图5-10所示。

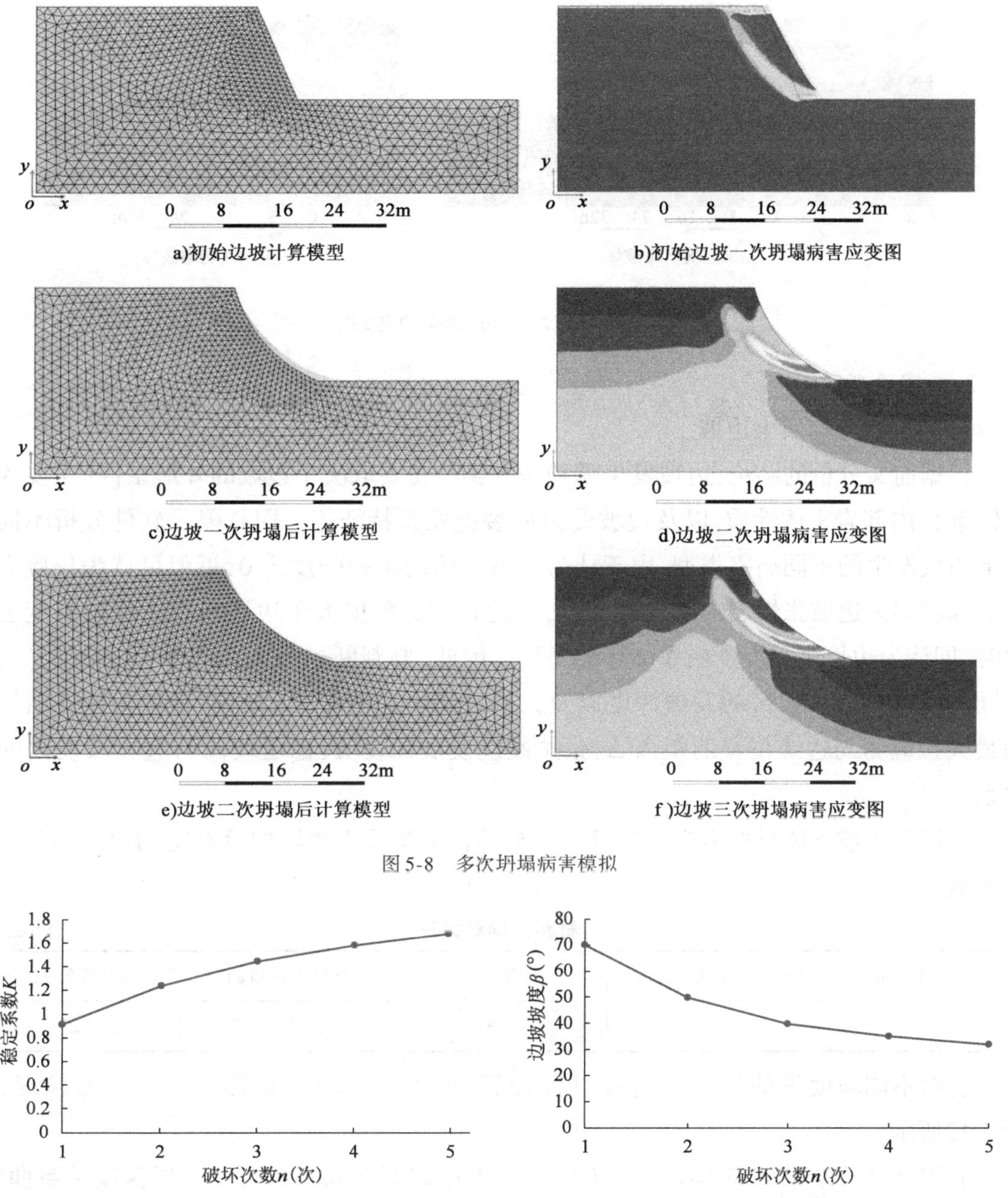

图 5-8 多次坍塌病害模拟

图 5-9 边坡稳定系数随坍塌发展变化的关系图

图 5-10 边坡坡度随坍塌发展变化的关系图

随着边坡坍塌的不断扩展，边坡坡形愈加表现为凹形，当坡形凹陷发展到一定程度，破坏底面可能不再通过坡脚，而是沿坡体中部剪出，如图 5-11a) 所示。第六次破坏后，边坡坡度仍约为 30°，且边坡在此发生破坏时，剪出口逐渐后移，破坏面不再通过坡角，破坏规模减小，如图 5-11b) 所示。此时边坡整体坡度仍约为 30°，即说明边坡发生坍塌破坏最终可维持近于综合内摩擦角的坡度。

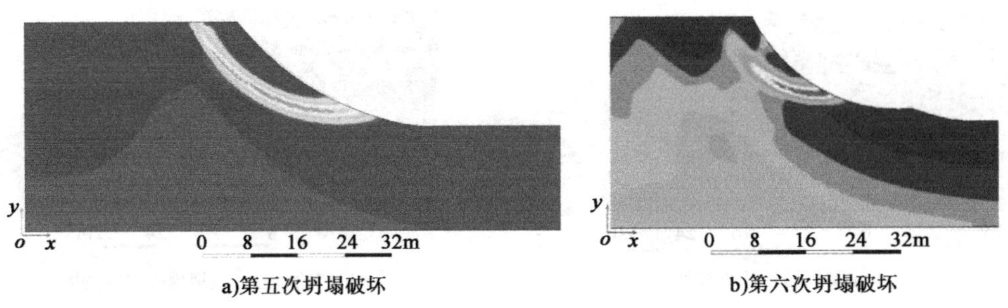

a)第五次坍塌破坏　　b)第六次坍塌破坏

图 5-11　边坡多次坍塌破坏的应变图

2. 病害类型预测

1)均质和类均质土边坡

根据前文分析的结论,边坡发生哪种病害类型主要取决于边坡的外形条件(主要为坡度因素)、内部岩土体性质,以及边坡受力后裂缝发育特征等。用有限元软件分析不同坡度下边坡发生的不同病害类型,由于认为边坡土体的抗拉强度为0,近似可认为拉应力的发展深度即为边坡张性裂缝的发育深度,当此拉应力深度大于边坡稳定的极限高度上限解时,即认为边坡满足发生崩塌破坏的条件。因此,要判断边坡的病害类型,要首先确定不同工况下坡面张拉区的发展深度以及张拉区到坡面的距离。通过有限元计算结果可知最大拉应力与边缘位置的距离 Δ、张拉裂缝发展深度 H、稳定坡高与边坡坡度之间的关系。

采用的边坡土体材料力学参数见表 5-5,后面的均质土边坡如没有特别说明均采用表中参数。

材料力学参数表　　表 5-5

重度 γ(kN/m^3)	弹性模量 E(MPa)	泊松比 ν	黏聚力 c(kPa)	内摩擦角 φ(°)
18.5	10	0.3	30	25

针对不同坡度下的均质土边坡进行计算,可得到其坡体顶部拉应力分布情况,如图 5-12所示。

有限元计算结果见表 5-6,绘制不同坡度下稳定高度和张拉裂缝发展深度关系曲线,如图 5-13 所示。可见,当均质土边坡坡度 $\beta \leqslant 55°$时,边坡所能维持稳定的高度非常大,坡顶不会发生张拉性破坏,此时边坡主要发生剪切滑移,病害类型表现为滑坡;当坡度 $55° < \beta \leqslant 65°$时,边坡所能维持的稳定张拉高度迅速降低,边坡拉应力发展深度与边坡自身能维持的稳定张拉高度数值上快速接近,边坡的病害类型逐渐向崩塌转变,边坡既可能发生剪切滑移,也可能因张拉旋转破坏而崩塌;当坡度 $\beta > 65°$时,拉应力发展深度已明显大于边坡所能维持稳定的张拉高度,此时边坡已满足发生崩塌病害的基本条件。

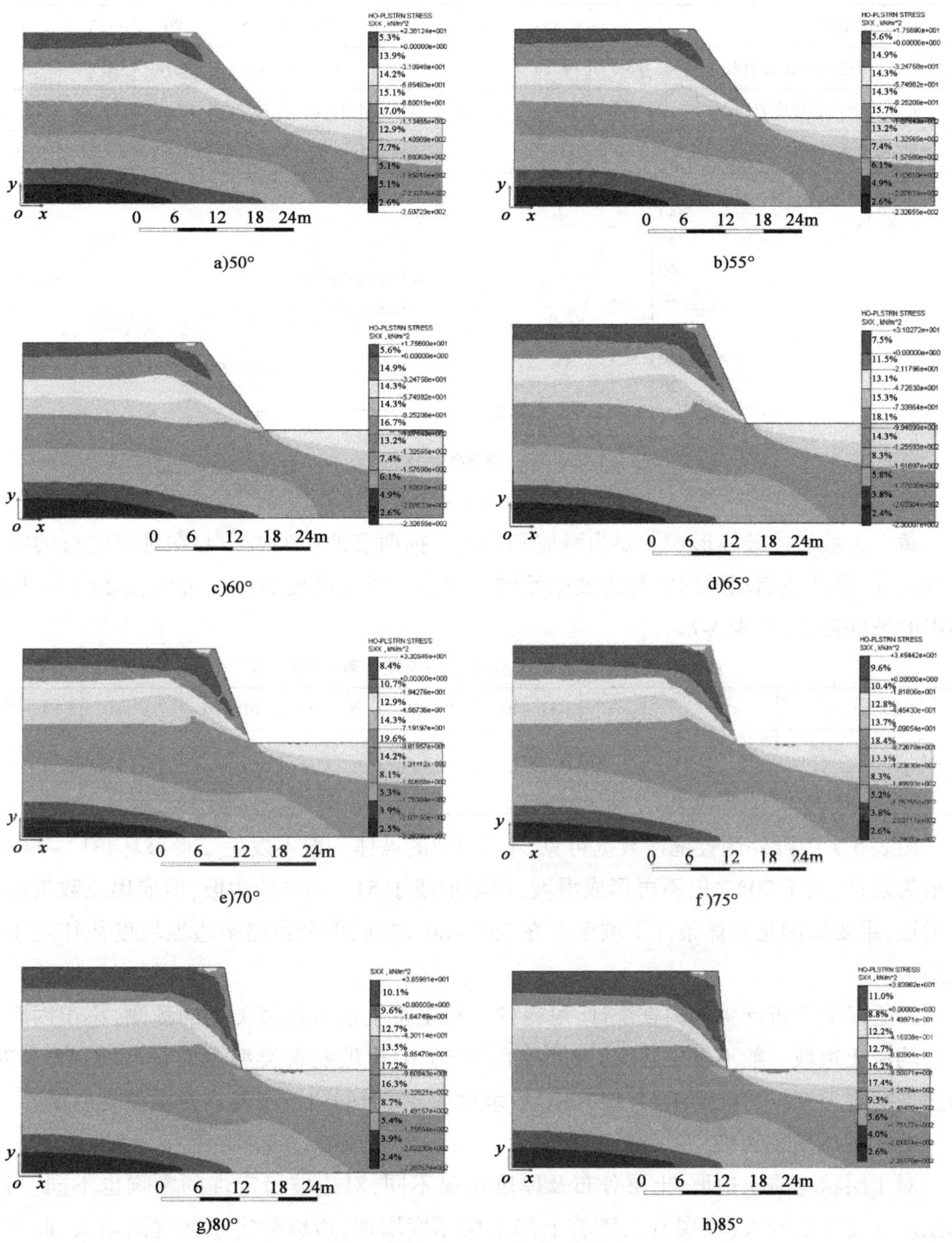

图 5-12　不同坡度时均质土边坡张拉区扩展云图

不同坡度时拉应力发展特征和稳定坡高 表5-6

坡度(°)	50	55	60	65	70	75	80	85	90
最大拉应力与边缘位置的距离 Δ(m)	4.45	4.76	4.27	3.9	4.11	4.09	4.18	4.27	—
张拉裂缝发展深度 H(m)	—	4.76	7.35	8.61	10.03	11.78	12.07	12.38	12.43
稳定坡高[H](m)	—	118.7	17.48	8.80	5.65	4.33	3.62	3.21	2.98

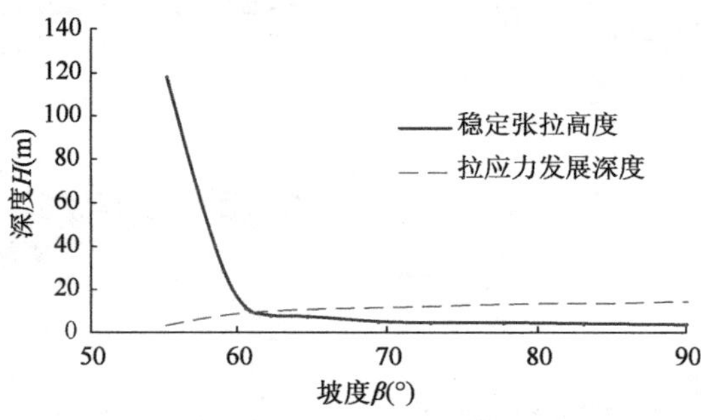

图5-13 边坡病害类型预测曲线

黄土边坡坡体破坏形式主要为滑坡和崩塌。据西安地质调查中心在延安进行的灾害调查统计,滑坡或崩塌的形成与边坡原始坡度有关。形成滑坡的黄土边坡坡度较小,形成崩塌的坡度较大,见表5-7。

黄土滑坡与崩塌原始坡度分布调查统计表(据张茂省) 表5-7

坡度划分(°)		<20	21~30	31~40	41~50	51~60	61~70	71~80	81~90
数量(处)	滑坡	0	17	172	78	22	4	—	—
	崩塌	—	—	—	—	4	3	2	2

由表5-7中野外调查统计数据可见,小于20°的坡体一般不发生变形破坏,31°~60°滑坡最为发育,大于70°一般不再形成滑坡,崩塌形成于51°~90°的边坡,但崩塌总数量远低于滑坡,主要原因是自然条件下坡度多在25°~60°之间,但公路路堑边坡坡度往往陡于自然边坡。

根据以上分析计算和调查统计,可得到不稳定黄土边坡病害类型的预测:小于内摩擦角的均质土边坡一般不发生破坏,内摩擦角至50°的边坡病害类型主要是滑坡;51°~70°的边坡病害类型以滑坡为主,并伴有崩塌;坡度大于70°的边坡主要病害类型为崩塌。

2)层状均质土边坡

对于层状均质土边坡,土层分布及厚度情况不同,对边坡稳定性的影响也不同:当上部土层强度参数较大(硬层)时,随着上部土层厚度增加,边坡稳定系数逐渐增大,此时边坡发生破坏时,剪切带通过坡脚,破坏面为一通过坡脚的圆弧[图5-14a)];当上部土层强度参数较小(软层)时,其稳定系数与上部土层关系密切。当坡体发生失稳下滑,滑动面后缘呈圆弧状,前缘沿层面(由堆积体的物质差异而产生的不连续面)滑动[图5-14b)]。

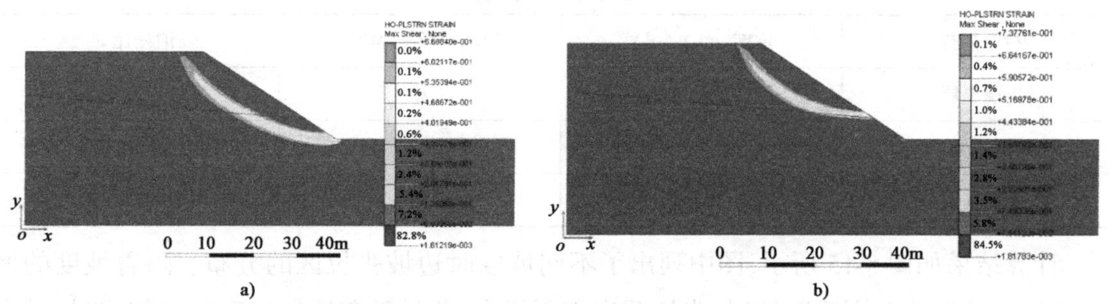

图 5-14 层状均质土边坡滑坡病害类型

因此,在野外对层状均质土边坡进行病害类型判别时,须根据土层的性质进行判断。当不同土层材料力学参数差距较大时,边坡易沿强度较低的土层(软层)发生滑移破坏:若下部土层为软层,沿边坡坡脚发生剪切滑移;若上部为软层,沿软层底面滑移;当各层土材料力学参数比较接近时,边坡可近似参照均质土边坡考虑。

综上所述,引起边坡病害类型不同的原因主要是由于坡度不同,使其内部产生的拉应力变化较大:在坡度小于综合内摩擦角时(约为 30°),稳定性较好,一般只需进行坡面防护即可;坡度在 30° ~60°之间多发生滑坡或坍塌病害,病害多发生于深层,与坡体蠕变相关,而坍塌受浅表层风化影响较大,浅表层岩土体密实度降低,并且滑动面相对较浅;坡度在 60° ~70°之间既可能发生滑坡、坍塌,也可能发生崩塌;当坡度大于 70°时,边坡发生崩塌破坏的可能性增大。而层状均质土边坡受层面影响,主要以沿软弱层的滑坡或坍塌破坏为主。

二、二元结构边坡病害类型预测

土-土二元结构边坡和土-岩二元结构边坡发生失稳破坏,当破坏面发生在土层内部时,其病害类型及预测均与均质土边坡类似,软弱基座边坡主要是沿下伏软弱层面发生滑坡破坏,可参考岩质边坡进行预测。故本次研究主要针对沿接触面破坏的土-土二元结构和土-岩二元结构边坡进行病害类型的预测分析。

1. 坡度对病害类型的影响

为了研究不同坡度对张拉区的影响效应,采用强度折减法建立有限元模型进行张拉应力分析。模型参数为:坡高 30m,上覆土层 $c_1 = 22\text{kPa}, \varphi_1 = 24°$,接触面岩土强度参数 $c_2 = 11\text{kPa}, \varphi_2 = 12°$,接触面倾角 $\beta_2 = 10°$,其余参数见表 5-8,分别计算边坡坡度 β_1 从 40°到 90°变化时,拉应力区的变化规律。计算模型的边界条件为固定约束模型的底面,法向约束模型两侧面,边坡面和顶面为自由面。计算时采用莫尔-库仑屈服条件和相关联的流动准则。

材料力学参数表 表 5-8

材　　料	重度 γ(kN/m^3)	弹性模量 E(MPa)	泊松比 ν
上覆土层	19.0	28	0.3
接触面	18.0	20	0.32
下伏基岩	23.0	10000	0.25

计算结果如图 5-15 所示，图中列出了不同坡度时边坡张拉区的分布。随着坡度的增加，边坡张拉影响范围不断扩展，张拉深度不断增大，并且随着边坡坡度的增加，张拉最大值越靠近坡面。

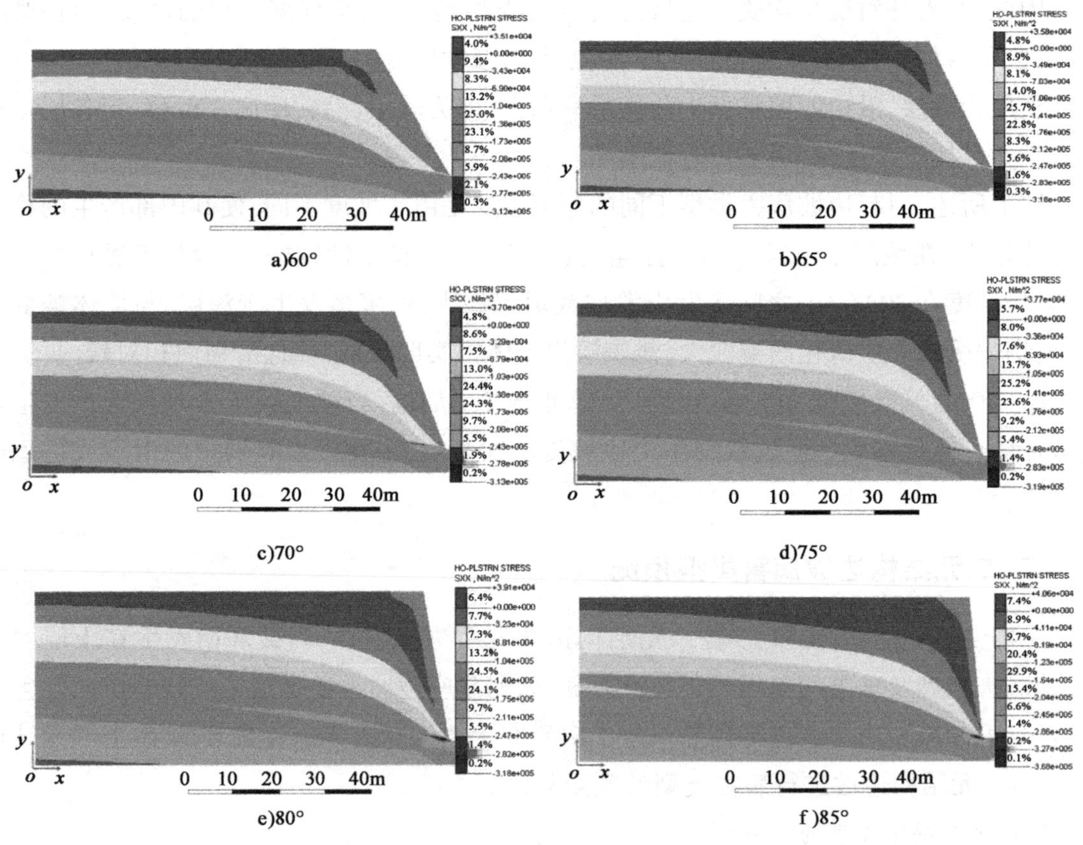

图 5-15　不同坡度时二元结构边坡张拉区扩展云图

从有限元计算结果中提取最大拉应力与边缘位置的距离 Δ、边坡张拉裂缝发展深度 H 和稳定坡高，其结果见表 5-9。将土块顶宽（即最大拉应力与边缘位置的距离 Δ）带入前面边坡极限高度上限解公式(5-10)，求出旋转土体的稳定高度 $[H]$，并将 H 和 $[H]$ 进行比较分析，$H=[H]$ 时的坡角，是该条件下边坡发生倾倒崩塌破坏的临界坡角。

不同坡度时拉应力发展特征和稳定坡高　　表 5-9

坡度(°)	50	55	60	65	70	75	80	85	90
最大拉应力与边缘位置的距离 Δ(m)	3.71	3.9	5.45	4.54	4.31	3.15	2.62	1.36	0
张拉裂缝发展深度 H(m)	7.68	9.21	10.71	13.98	15.04	18.76	23.55	29	30
稳定坡高[H](m)	—	—	41.1	12.5	7.83	5.69	4.79	4.11	3.56

图 5-16 给出了不同坡度时的拉应力发展深度曲线和稳定高度曲线，由图可见，在给定条件下，二元结构边坡上部土体发生倾倒崩塌破坏的临界坡角是 55°。当坡度小于 55°时，边坡的稳定张拉高度远远大于拉应力发展深度，边坡主要发生滑动破坏；坡度在 55° ~ 65°之间时，边坡的稳定坡高急剧下降，此时边坡处于复合破坏阶段，既可能因为接触面抗剪强度不足而引发沿层面的滑动破坏，也可能由于张拉区发展、土块倾倒而发生崩塌破坏；当坡度大于 65°时，边坡主要因为张拉区扩展而发生崩塌破坏。

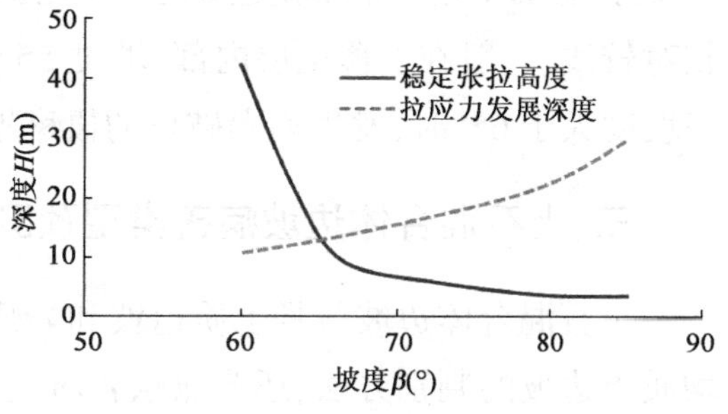

图 5-16　边坡病害类型预测曲线

2. 上覆土层高度对病害类型的影响

为研究上覆(软弱)土层高度变化对边坡拉应力区分布的影响效应，坡高取值在10 ~ 45m 之间变化，坡度取为 65°，岩土的材料力学参数选取同前。图 5-17 给出了不同上覆土层高度时拉应力的分布情况，表 5-10 给出了不同上覆土层高度时最大拉应力与边缘位置的距离 Δ、边坡张拉裂缝发展深度 H 和稳定坡高[H]。由结果可见，上覆土层高度变化对拉应力深度的大小及分布位置影响不大，但高度增大、自重增大，导致稳定性降低，病害发生的概率增大。

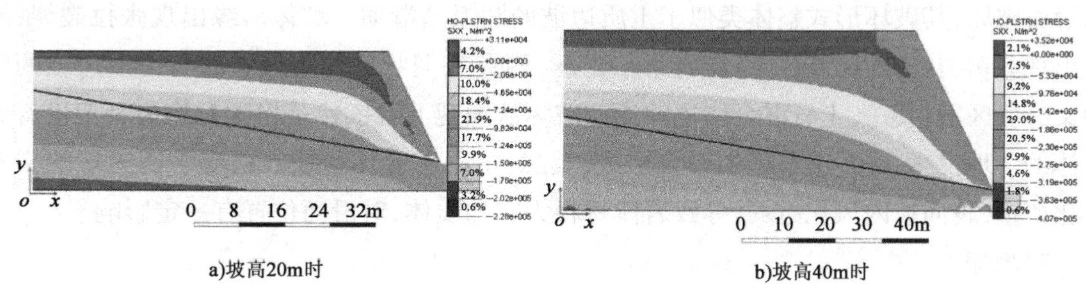

图 5-17　不同上覆土层高度时拉应力区分布云图

不同上覆土层高度时拉应力发展特征和稳定坡高　　表 5-10

不同上覆土层高度(m)	20	25	30	35	40	45
最大拉应力与边缘位置的距离 Δ(m)	3.84	3.37	5.27	5.59	5.41	5.78
张拉裂缝发展深度 H(m)	9.62	10.73	11.55	11.80	11.22	11.65
稳定坡高[H](m)	14.89	15.58	13.18	12.88	13.05	12.71

综上所述,上覆土层高度对土-岩二元结构边坡病害类型的影响较小,而引起边坡病害类型不同的主要原因是由于坡度不同,使其内部产生的拉应力特征变化较大:在坡度小于综合内摩擦角(约为30°)时,稳定性较好,一般只需进行坡面防护即可;坡度在30°~55°之间多发生滑坡或坍塌破坏,滑坡多发生于深层,滑动面后缘呈圆弧状,前缘沿土-土或土-岩接触面下滑,而坍塌受浅表层风化影响较大,浅表层岩土体密实度降低,并且滑动面相对较浅,一般在上覆土层内部;坡度55°~65°既可能发生滑坡、坍塌,也可能发生崩塌;当坡度大于65°时,发生崩塌破坏的概率增加。

三、土石混合体边坡病害类型预测

土石混合体边坡兼具土质边坡和岩质边坡的性质,所以在判断病害类型时既要按照均质土边坡的判别方法,还要兼顾岩质边坡的病害类型预测。

1.病害类型分析

1)崩塌

崩塌是土石混合体边坡最常见的病害类型,由于结构面的存在,多发生滑移型崩塌,是岩土体在重力作用或附加外力作用下超过结构面抗剪(或抗拉)强度时产生的。土石混合体边坡产生滑移型崩塌破坏过程中,岩块沿结构面产生滑动,滑出坡体的岩土在重力作用下坠落、滚动,堆积于坡脚。崩塌规模有:大范围整体崩塌,其破坏面不规则,但破坏前也会有一定的变形,如后缘拉裂、滑体下坐、结构面角度变化等;还会出现局部崩塌、落石,但由于岩土体节理极其发育,总的强度不高,使其发生破坏的可能性非常高,影响范围较广。

2)滑坡

当边坡岩体被节理切割为很细的碎块体,且节理发育较深时,边坡可能发生规模较大的滑坡破坏,其破坏形式整体类似于土质边坡的圆弧型滑动。坡体后缘出现张拉裂缝,深层出现剪切裂缝,前缘鼓胀,可能有泉水出露,两翼有羽状剪切裂缝。而与土质边坡的滑动又有所区别:其一,土石混合体边坡滑动破坏从细观上看依然是粗颗粒作为骨架沿着碎块体的节理发生,是多组节理的组合形式;其二,土石混合体边坡表层受多因素影响岩石风化严重,越向坡内风化越弱,导致岩体材料为非均质体,对滑面位置有一定影响。

3)坍塌

边坡坡度在30°~70°之间,受风化层厚度影响,一般在堑顶附近出现密集的裂缝,逐渐向后部发展,下部岩土体发生松动、破坏,将导致整个边坡坍塌。坍塌后新的岩土体暴露于临空面继续风化,进而可能导致二次坍塌。

2.病害类型预测

由于土石混合体是各种尺寸岩土颗粒混杂在一起的不均匀组合,其材料整体的黏聚力很低,故采用2D-Block(二维)离散元软件对边坡稳定性进行数值模拟,通过分析对比边坡关键点位移、速度时程曲线的趋势,坡体内部应力应变分布规律,边坡关键块体的合力、合力矩历时曲线图,得出边坡病害类型,提出对应的治理建议。边坡病害判断方法如下:

(1)根据关键点位移时程曲线趋势判定。当岩体处于稳定状态时,关键点位移时程曲线时段末的位移趋势是收敛的,表现在位移时程曲线上的是位移最终不再随时间变化;失稳状态时,时段末关键点的位移趋势是发散的,表现在位移时程曲线上的是位移随时间不断增加。

(2)根据关键点速度时程曲线趋势判定。当岩体处于稳定状态时,关键点速度时程曲线时段末的速度趋于零;失稳状态时,时段末关键点的速度保持不变或继续增大,没有回零的迹象。

当监测点位移时程曲线收敛时其对应的速度时程曲线回归于零,而当监测点位移时程曲线发散时其对应的速度时程曲线则不归零。以上情况说明上述两种判断坡体临界状态的方法是一致的和相互验证的,在计算中可以同时对关键点的位移和速度进行监测,以作为对坡体临界状态进行判断的依据。

1)影响因素的选取

通过试算,岩石的重度 γ(实际岩石重度变化范围不大)、岩块抗剪强度参数 c、φ,变形参数弹性模量 E 及泊松比 υ 对碎裂结构边坡整体稳定性的影响不大,故不作为本次研究的主要对象。影响边坡稳定性的主要因素是节理的抗剪强度指标,即黏聚力 c_j 和摩擦角 φ_j,以及边坡形态因素——坡高 H、坡度 β 及节理的空间组合。故此次计算主要研究以上5种因素对土石混合体边坡病害的影响。

2)计算方案的确立

由于将不同因素组合会使计算量非常庞大,因此,在计算时进行了必要的简化:土石混合体边坡节理间黏聚力通常很小,且变化不大,在计算中设为定值0;所有边坡形态因素中节理设为一陡(30°)一缓(10°)两组相交节理,且节理倾角与间距固定不变,在此简化条件下,制订计算方案。

(1)土体材料参数:改变节理材料内摩擦角 φ_j 为11°、15°、25°、30°工况下边坡的变形破坏特点。

(2)边坡形态因素:改变坡高 H 分别为5m、10m、20m、30m、40m、100m,坡度 β 分别为30°、40°、50°、60°、70°工况下边坡的变形破坏特点。

3)关键点选取

关键点应位于潜在滑面上部的滑体中,这样其对应的位移和速度时程才能用对坡体的临界状态进行判断。故本次关键点主要选在坡面、坡顶及少量坡体内部(图5-18中圆圈位置),每个边坡共选20个左右。

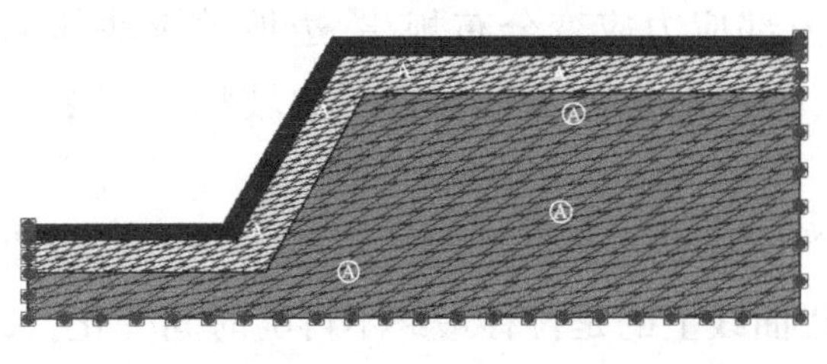

图 5-18 土石混合体边坡计算模型

4）计算结果分析

（1）速度时程曲线结果对比

①坡高 H 对速度时程曲线的影响。

由图 5-19 可以看出，当节理的内摩擦角 φ_j 和坡度一定时，坡高越高速度越大，即边坡的稳定性随坡高的增加而降低，且当坡高小于 40m 时速度随时间逐渐减小，而坡高大于 40m 时速度随时间先增加后逐渐减小。由此可知，低于 40m 的边坡变形破坏缓慢，多以局部的小规模病害为主；高于 40m 的边坡破坏剧烈，破坏特征明显，主要发生整体的滑坡、崩塌病害。

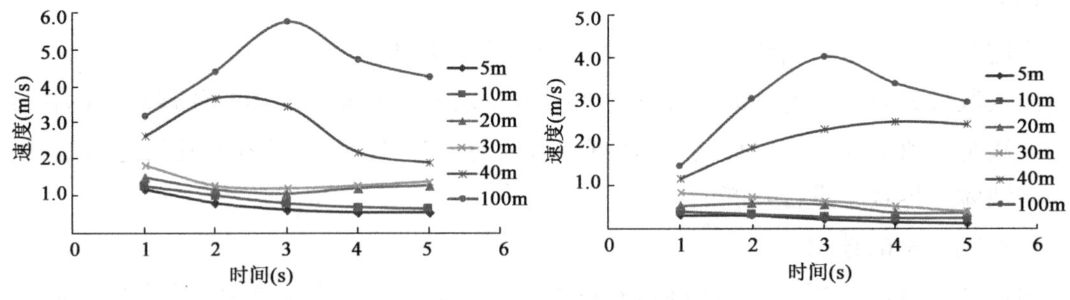

图 5-19 不同坡高下运动速度时程曲线

②坡度 β 对速度时程曲线的影响。

由图 5-20 可以看出，当节理的摩擦角 φ_j 和坡高 H 相同的情况下，边坡块体的运动速度随坡度的增加而增加，即边坡的稳定性随坡度的增加而降低，也说明边坡坡度越大越容易形成整体滑坡、崩塌等病害。

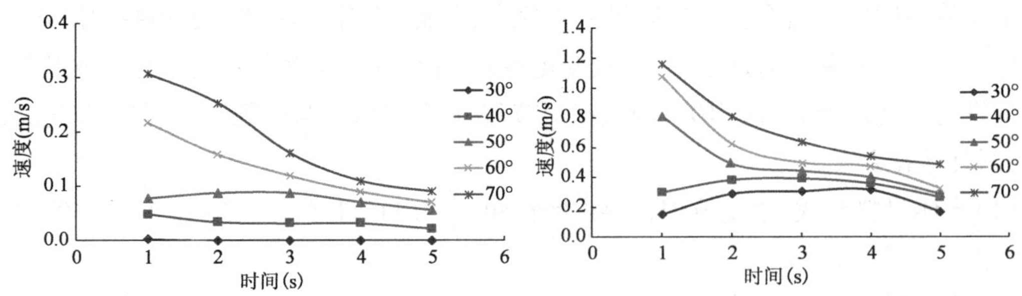

图 5-20 不同坡度下运动速度时程曲线

③节理摩擦角 φ_j 对时程曲线的影响。

由图 5-21 可以看出，当坡高 H 和坡度 β 一定的情况下，边坡块体的运动速度随节理摩擦角 φ_j 的减小而增加，即边坡的稳定性随内摩擦角的降低而降低，也说明摩擦角越小越容易形成整体滑坡、崩塌等病害。

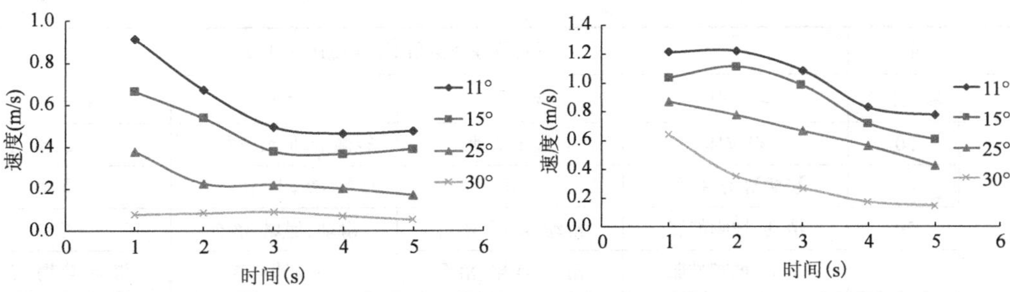

图 5-21 不同摩擦角下运动速度时程曲线

(2)边坡病害类型分析

图 5-22 给出了土石混合体边坡的两种病害类型,图 a)边坡坡度较缓,病害类型以滑动为主,破坏先由表层岩体开始逐渐向深层发展,形成滑坡或坍塌病害;图 b)边坡坡度较陡,病害类型以崩塌为主,坡顶首先出现张拉裂缝,裂缝沿节理面逐渐向下发展,当抗滑力不能满足边坡稳定条件时边坡出现滑动,由于坡度较陡,滑出坡体的岩块在自重作用下坠落翻滚,形成崩塌。

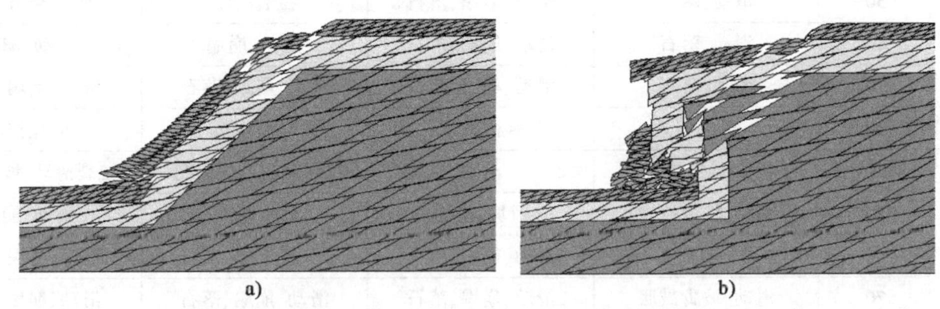

图 5-22 土石混合体边坡病害类型图

通过模拟分析将各种情况下土石混合体边坡的破坏形式进行统计,见表 5-11。从表中可以看到坡高、坡度、节理摩擦角对碎裂结构边坡病害类型的影响。由于滑坡和坍塌与裂隙发育深度和底部岩土性质有关,这里不再作详细区分,统一称为滑动破坏。

土石混合体边坡破坏类型统计表 表 5-11

边坡形态		不同节理摩擦角下边坡的破坏形式			
坡高(m)	坡度(°)	$\varphi_j=30°$	$\varphi_j=25°$	$\varphi_j=15°$	$\varphi_j=11°$
5	30	未破坏	未破坏	坡顶滑动、坡脚鼓胀	坡顶滑动、坡脚鼓胀
	40	坡顶轻微滑动	滑动、坡顶拉裂	滑动	滑动
	50	轻微拉裂滑动	滑动、局部崩塌	滑动、局部崩塌	滑动、局部崩塌
	60	滑动、坡脚鼓胀	滑动、崩塌、落石	滑动、崩塌、落石	滑动、崩塌、落石
	70	滑动	滑动、崩塌、落石	滑动、崩塌、落石	滑动、崩塌、落石

续上表

边坡形态		不同节理摩擦角下边坡的破坏形式			
坡高(m)	坡度(°)	$\varphi_j=30°$	$\varphi_j=25°$	$\varphi_j=15°$	$\varphi_j=11°$
10	30	未破坏	轻微滑动	轻微滑动、坡顶拉裂	拉裂、滑动
	40	轻微滑动、拉裂	滑动明显	滑动明显	滑动
	50	滑动、坡脚鼓胀	滑动、崩塌、落石	滑动、崩塌、落石	滑动
	60	滑动、坡脚鼓胀	滑动、崩塌、落石	滑动、崩塌、落石	滑动、崩塌、落石
	70	滑动	滑动、崩塌、落石	滑动、崩塌、落石	滑动、崩塌、落石
20	30	未破坏	坡顶滑动	拉裂滑动、坡脚鼓胀	拉裂滑动
	40	轻微拉裂	滑动明显	滑动	滑动
	50	滑动、落石	滑动、崩塌、落石	滑动、局部崩塌	滑动、局部崩塌
	60	滑动、落石	崩塌、滑动、落石	滑动、局部崩塌	滑动、局部崩塌
	70	滑动、落石	滑动、崩塌、落石	滑动、崩塌破坏严重	滑动、崩塌破坏严重
30	30	未破坏	轻微滑动	拉裂、坡脚鼓胀	拉裂、坡脚鼓胀
	40	轻微拉裂	滑动	拉裂滑动	拉裂滑动
	50	滑动、落石	滑动、崩塌、落石	拉裂滑动	拉裂滑动
	60	滑动、落石	滑动、崩塌、落石	滑动、崩塌	滑动、崩塌
	70	滑动、落石	滑动、崩塌、落石	滑动、崩塌、落石	滑动、崩塌、落石
40	30	未破坏	轻微滑动	轻微拉裂	明显拉裂
	40	轻微拉裂	滑动	拉裂滑动、坡脚鼓胀	拉裂滑动、坡脚鼓胀
	50	滑动、轻微拉裂	滑坡、崩塌	滑动、崩塌	滑动、崩塌
	60	滑动、崩塌、落石	滑动、崩塌、落石	滑动、崩塌、落石	滑动、崩塌、落石
	70	滑动、坡脚鼓胀	滑动、崩塌、落石	滑动、崩塌、落石	滑动、崩塌、落石

①从整体来看,土石混合体边坡的模拟破坏主要有三种形式,即滑动、崩塌和落石。

②当节理摩擦角与坡度相等同为30°时边坡未发生破坏,而坡度大于摩擦角时坡体均有不同程度破坏,分析其原因主要是:土石混合体边坡从材料上看仍近似于岩质边坡,所以其破坏与否仍然取决于节理的抗剪强度,而碎裂结构边坡节理切割严重,岩体破碎,宏观上整个边坡的稳定性决定于微观岩体的节理抗剪强度,所以坡体内摩擦角与节理的摩擦角近似,并且节理切割越细两者越接近。

③坡高对边坡破坏的影响主要体现在随边坡高度增加,坡体自重增大,破坏规模扩大,但破坏形式及破坏程度基本不受坡高因素的影响。

④坡高和节理摩擦角不变,当坡度增大时,破坏剧烈程度明显增加,且伴随滑动发生更多类型的破坏,如崩塌、落石。若坡度小于40°,土石混合体边坡一般发生拉裂滑动破坏;坡度在40°~60°之间,边坡除了发生滑动以外,还有可能发生崩塌;当坡度大于60°时,边坡多出现崩塌、落石破坏。三种病害没有明显的界限,并且病害常是多种类型的组合情况。

⑤边坡外形相同，当节理摩擦角小于坡度并逐渐减小时，破坏程度明显增加，且规模有所增大，但对病害类型基本没有影响。

5)位移判据分析

表5-12给出了土石混合体边坡在相同迭代步数(步时)时边坡关键点的最大位移量，括号中是观察到的整体变形破坏现象(类型同表5-11)。从表中可以看到坡高、坡度、节理摩擦角对土石混合体边坡关键点的最大位移量的影响程度。

土石混合体边坡关键点最大位移统计表 表5-12

边坡形态		不同节理摩擦角下边坡关键点的最大位移量(m)			
坡高(m)	坡度(°)	$\varphi=30°$	$\varphi=25°$	$\varphi=15°$	$\varphi=11°$
5	30	0.006(未破坏)	0.090(未破坏)	1.330(破坏)	1.600(破坏)
	40	0.087(破坏)	0.380(破坏)	1.000(破坏)	2.000(破坏)
	50	0.180(破坏)	0.400(破坏)	0.900(破坏)	1.334(破坏)
	60	0.360(破坏)	0.800(破坏)	1.400(破坏)	1.700(破坏)
	70	0.540(破坏)	0.900(破坏)	1.900(破坏)	2.100(破坏)
10	30	0.012(未破坏)	0.012(破坏)	0.660(破坏)	1.400(破坏)
	40	0.067(破坏)	0.360(破坏)	0.900(破坏)	1.900(破坏)
	50	0.400(破坏)	0.800(破坏)	1.600(破坏)	2.000(破坏)
	60	0.710(破坏)	1.200(破坏)	2.100(破坏)	2.400(破坏)
	70	1.200(破坏)	1.500(破坏)	2.700(破坏)	3.200(破坏)
20	30	0.015(未破坏)	0.140(破坏)	4.600(破坏)	5.400(破坏)
	40	0.230(破坏)	1.000(破坏)	2.950(破坏)	3.000(破坏)
	50	0.760(破坏)	2.100(破坏)	3.100(破坏)	2.900(破坏)
	60	0.920(破坏)	2.000(破坏)	3.600(破坏)	3.800(破坏)
	70	0.880(破坏)	1.500(破坏)	3.500(破坏)	3.610(破坏)
30	30	0.016(未破坏)	0.095(破坏)	4.300(破坏)	7.000(破坏)
	40	0.220(破坏)	1.200(破坏)	3.200(破坏)	5.200(破坏)
	50	0.950(破坏)	1.600(破坏)	2.700(破坏)	2.700(破坏)
	60	0.900(破坏)	0.630(破坏)	2.600(破坏)	3.100(破坏)
	70	0.530(破坏)	2.000(破坏)	3.300(破坏)	3.400(破坏)
40	30	0.024(未破坏)	0.100(破坏)	2.600(破坏)	4.400(破坏)
	40	0.250(破坏)	1.500(破坏)	4.000(破坏)	5.400(破坏)
	50	0.400(破坏)	2.100(破坏)	4.200(破坏)	6.200(破坏)
	60	1.820(破坏)	5.300(破坏)	6.500(破坏)	8.100(破坏)
	70	2.550(破坏)	4.300(破坏)	6.900(破坏)	8.100(破坏)

①表中给出的关键点最大位移量与观察到的破坏现象基本一致,那么相应可认为当位移量小于0.1m时关键点位置仅发生变形未破坏;而当位移量大于0.1m时发生破坏,且随位移量增大,破坏规模越大,破坏越明显。

②随坡高增加,最大位移量增大,从破坏形式上分析,主要表现在破坏规模增加,引起岩块运动距离增大。

③随坡度增加,在重力作用下下滑力增大,块体运动速度加大,从而在相同步长岩块位移量增大。

④随节理摩擦角减小,岩体抗滑力降低,块体运动速度增大,从而使岩块位移量增大。

综上所述,土石混合体边坡的稳定性和病害类型受坡高、坡度和节理的摩擦角综合影响。坡高、坡度增大或节理的摩擦角减小都会引起边坡稳定性降低。边坡的病害类型主要为滑动(含坍塌)、崩塌和落石,三种病害并没有明显的界限,通常会同时出现多种破坏,但通过模拟结果大致归纳为:坡度小于节理摩擦角(约为20°)一般不易发生破坏;坡度在20°~40°,边坡一般发生拉裂滑动破坏;坡度在40°~60°之间,边坡除了发生滑动以外,还有可能发生崩塌;而当坡度大于60°时,既能发生滑坡病害,崩塌、落石病害的发生概率也会增大。

四、岩质边坡病害类型预测

1.病害类型分析

1)滑移型崩塌

滑移型崩塌破坏是岩质边坡失稳的主要形式之一,其破坏一般发生于同向缓倾结构面发育贯通或后缘有张拉裂面的岩质边坡坡顶或坡腰位置,滑块两侧临空或被节理切割,局部岩体在重力作用下拉裂、剪切产生滑移。由于滑面位置较高,滑块滑出后翻滚而下,形成崩塌。其破坏过程主要是边坡部分岩体在外力和自重的作用下,沿结构面的剪切滑移、拉裂或整体的累积变形和破裂所致。因此,岩体的稳定性主要取决于岩体结构面的性质和空间组合以及结构体的性质。

2)倾倒型崩塌

倾倒型崩塌破坏是岩质边坡的又一种主要失稳类型,常见于较陡的反倾向层状结构边坡。弯曲倾倒多发生于非常发育的陡倾层理面所分割的连续岩柱、岩面,当变形达到一定程度时,产生横向张拉裂缝,进而发生倾倒破坏。若存在次生缓倾结构面,则更容易发生倾倒。

通常影响反倾向岩质边坡弯曲倾倒变形的主要因素包括岩性、岩体结构及结构面的空间组合形式;反倾向层状岩体弯曲倾倒变形的发生与发展,与岩层倾角和边坡几何形态有着密切的关系;构造断裂破坏程度、坡角下切作用、风化作用是反倾向层状结构边坡发生弯曲倾倒变形的重要因素;活动时间因素和岩体的流变特性、地应力和外荷载、人类工程活动等,也会对边坡的弯曲倾倒变形产生重要的影响。

根据工程经验,反倾向岩质边坡的变形破坏特征可归结为以下两点:

(1)岩层倾角小于30°的层状结构岩体构成的反向缓倾层状边坡,在自重作用下岩层向临空面产生的弯矩小,这类反倾向边坡一般不会发生弯曲变形。其边坡变形破坏主要取决于边坡的岩体结构和某些特定的内、外动力因素,破坏形式多表现为层面拉裂、沿次生结构面滑移或崩塌,且由于不同边坡的岩性和结构差异,变形破坏的主控因素和表现形式也各异。

(2)岩层倾角大于30°的反向陡倾层状边坡,在不存在贯通同向缓倾结构面及其组合构成潜在滑移楔体的条件下,弯曲倾倒变形是这类边坡变形破坏的主要形式。岩性及其边坡岩体结构的差异,控制着弯曲倾倒变形破坏的类型。

3)平面形滑动

平面滑动破坏是岩质边坡最常见的一类病害类型,滑体沿与边坡同向缓倾(大于结构面摩擦角)的直线或折线结构面滑移,滑面一般是岩体内发育贯通的岩层面或软弱结构面。滑动面及张裂缝的走向平行于坡面,或有一定的交角(30°之内)。破坏发生时,首先在坡顶出现张裂缝(若结构面贯通,则结构面张开或错动),张裂缝向下竖直发育,降雨时,雨水沿张裂缝进入滑动面并沿滑动面渗透,在重力作用下沿坡面的剪出口流出,劣化滑动面岩土性质,并起到润滑作用。在滑动岩块自身的重量、滑动面上水压所产生的浮托力以及张裂缝中的静水压力三力的作用下,将发生平面滑动。这类病害通常由于开挖造成滑面剪出口出露于坡面,滑体两翼有临空面或被贯通度较好的节理切割并与母岩脱离,是平面滑动形成的条件,如图5-23所示。

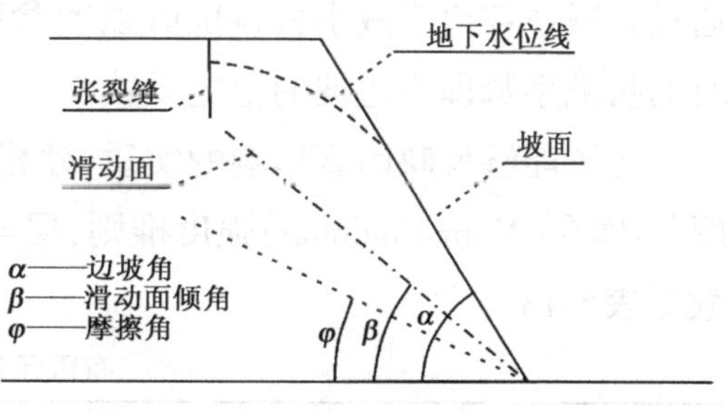

图5-23 平面破坏滑动条件分析图

4)楔形体滑动

楔形破坏也是层状岩质边坡的常见病害类型。楔体是由两组或两组以上的结构面对岩体切割而形成的,滑体同时沿两组结构面的交线发生滑移,且交线的倾角大于结构面摩擦角而缓于边坡坡角,并且剪出口出露于坡面。在工程开挖过程中,边坡表面由于卸荷作用,岩体松弛,强度降低,加以坡面不平整,局部岩块极易具备临空条件,在开挖边坡的表面经常会发生岩块以平面或楔形破坏形式的剥落现象,其体积由几立方米至几百立方米不等。影响楔体稳定的因素有结构面贯通度、滑面交线倾角、滑体自身重力、底滑面的抗剪强度参数、滑面上的水压力和外荷载等。

5)溃屈滑移

孙广忠通过实践经验得出溃屈破坏多发生在坡高 200 ~ 300m 以上的顺层高陡(大于 40°)且岩层相对较薄(10cm 以内)的边坡,故在较低矮的公路边坡中很少见到。此类破坏岩层在自重作用下,首先沿某一软弱结构面滑动,从外形上看,坡体后缘拉裂,产生顺层下错,局部出现陷落带,同时靠近坡角的岩层产生向临空面的弯曲,进而导致折断破坏。溃屈发生时上部岩体随溃屈岩层下界面充水条件的不同,可能缓慢蠕变下滑,也可能快速滑动,最后剩下弯折岩层的残根。

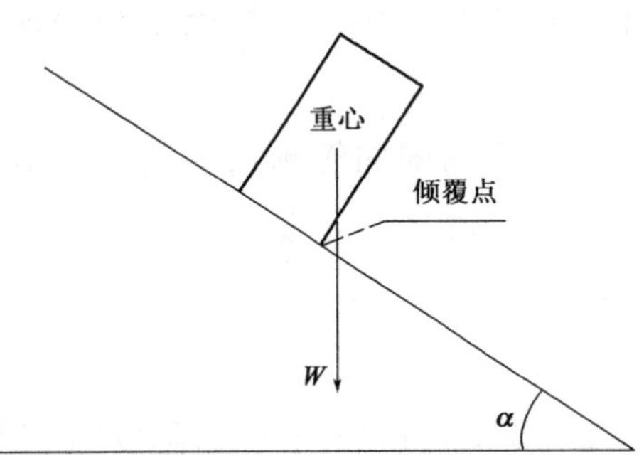

图 5-24　极限平衡法判断边坡破坏类型

2. 病害类型预测

岩块的重力作用线在倾覆点内侧,岩块多发生滑动;若重力作用线在倾覆点外侧,岩块发生倾倒的可能性较大(图 5-24)。对于滑动的岩块,若处在边坡较高位置,则滑动的同时很有可能发生翻滚形成崩塌或落石。

通过岩土有限元软件迈达斯(midas GTS)建立岩质边坡模型,设岩体及结构面变形为弹塑性本构关系,计算坡形参数(坡高、坡角、层厚、层倾角)、岩块物理力学参数(重度、弹模 E、泊松比 μ、黏聚力 c、内摩擦角 φ)及结构面力学参数(法向刚度模量 K_n、剪切刚度模量 K_t、黏聚力 c_j、摩擦角 φ_j)对层状边坡稳定性影响的敏感性。计算采用 GTS 的强度折减算法,即通过折减系数逐渐减小材料抗剪强度参数(c、$\tan\varphi$)直到变形应力超过折减后的强度,此时的折减系数即为边坡的稳定系数。

为了能够反映因素影响的实质,建模时作出一定条件简化,采用二维模型,模型服从摩尔-库仑(Mohr-Coulomb)强度准则,层与层之间设为古德曼(Goodman)接触单元,材料参数见表 5-13。

有限元计算材料参数选取　　　　表 5-13

岩块参数	重度 γ(kN/m³)	弹模 E(MPa)		泊松比 ν	黏聚力 c(kPa)	内摩擦角 φ(°)
	27	30000		0.15	500	40
结构面参数	法向刚度模量 K_n(MPa/m)		剪切刚度模量 K_t(MPa/m)		内聚力 c_j(kPa)	摩擦角 φ_j(°)
	4500		2000		0/10	20/10

计算时,模型首先都会在自重作用下产生挤密沉降变形(图 5-25),通过 GTS 软件试算,沉降量为 5%,例如模型坡高 50m,则可能沉降 2.5m,从而使边坡坡度减缓,一定程度上增加了稳定性。

用有限元软件 GTS 计算节理面贯通的岩质边坡时,单元网格划分越细,边坡安全系数越小,局部变形越大(图 5-25),主要是因为细小网格计算时在岩块尖角处或局部突出部位易出现应力集中,容易变形破坏,此时算出的安全系数可能不再是针对整个坡体的,而是局部某个最易破坏的位置。所以,用有限元模拟贯通节理的岩质边坡时,并非网格划分越细越好,应根据具体情况尽量采用合适的较大网格划分,目的是忽略局部微小变形破坏对计算结果的影响,同时也能避免计算岩块内部的应力应变而耗费大量时间。那么设置多大单元尺寸合适呢?当研究边坡整体稳定性时可以划分为较大的网格,如果考虑还会有落石等灾害时,可以根据危害性大小划分为较细密的网格,例如,对于公路边坡,小岩块就可能会对公路及行人造成威胁,而对水利工程,有一定规模的岩体下滑才会形成灾害,那么公路边坡计算时可采用较细的划分方法。通过对实际边坡试算发现,建模时单元划分与节理切割程度越相近计算结果越接近真实情况。当然同一边坡岩体被切割的程度并不均匀,所以要想让模型完全符合实际情况难度很大。

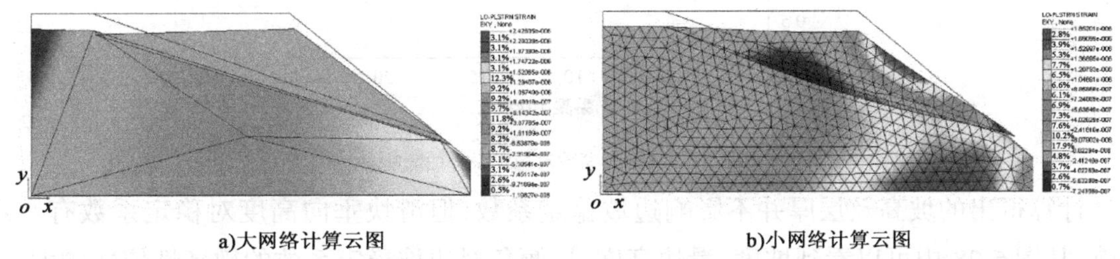

图 5-25 网格稀密对边坡变形的影响

针对多条层理、不同层厚计算得到边坡的稳定系数,均为定值,说明层理数及层厚对同向缓倾边坡稳定性无影响,且最可能滑动面为靠近坡脚、剪出口出露的贯通层面,滑块高度为剪出口至坡顶的垂向高度(图 5-26)。改变岩块的物理力学参数(重度 γ、弹模 E、泊松比 μ、黏聚力 c、内摩擦角 φ),边坡的稳定性不变,说明同向缓倾边坡稳定性只与结构面物理力学性质有关,这也是因为结构面的力学参数远低于岩块的力学参数。

1)数值模拟层状结构边坡的滑动破坏

(1)当假设结构面完全贯通时,试算得出岩石参数不会影响边坡的稳定系数,则其稳定性只与坡形和层间力学参数有关。

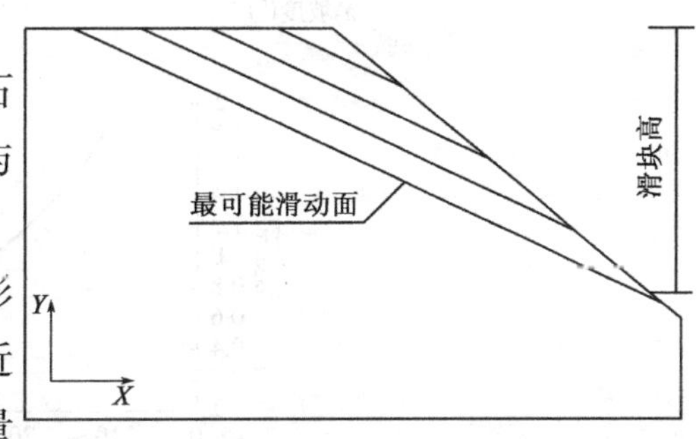

图 5-26 岩体不同摩擦角对安全系数的影响

图 5-27 为结构面参数对边坡稳定系数的影响,从图中可以看出,刚度模量对稳定系数影响近似成对数分布,与其他影响因素相比,在刚度模量变化范围内稳定系数的增减量比较小,即刚度模量对稳定系数的影响较小。内摩擦角和黏聚力对稳定系数的影响呈线性分布,且从数值上看,黏聚力对稳定系数的影响程度较大,但实际应用中为安全起见,常将结构面的黏聚力设为很小的值甚至为零。

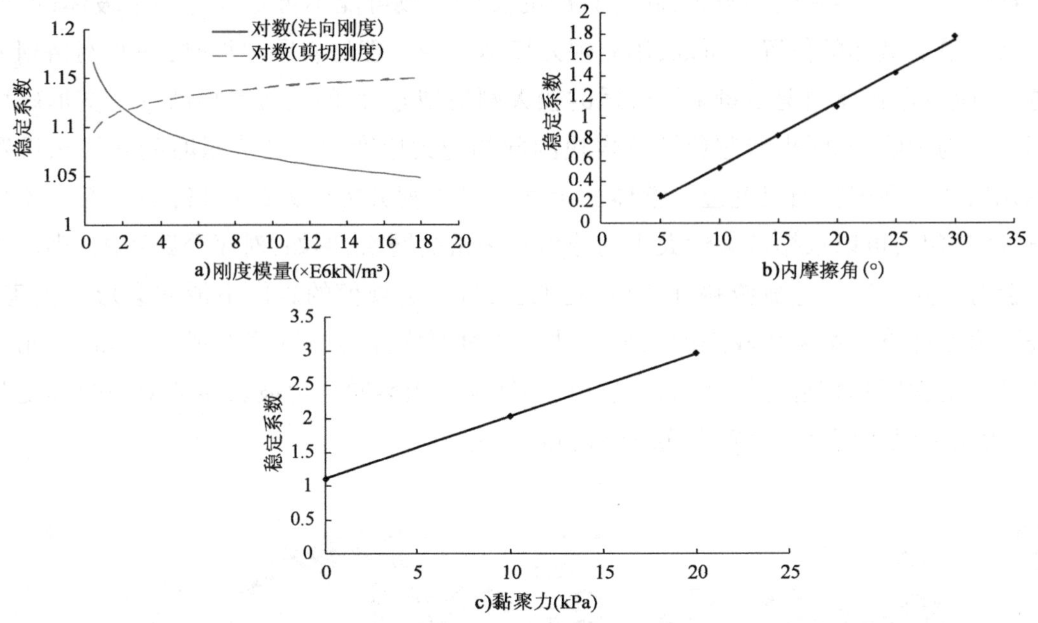

图 5-27　结构面参数对稳定系数的影响

计算得出的坡高及层厚并不影响边坡稳定系数，但滑块垂向高度对稳定系数有一定影响，从图 5-28 中可以看到坡度、滑块高度、层倾角对边坡稳定系数的敏感性依次增大。

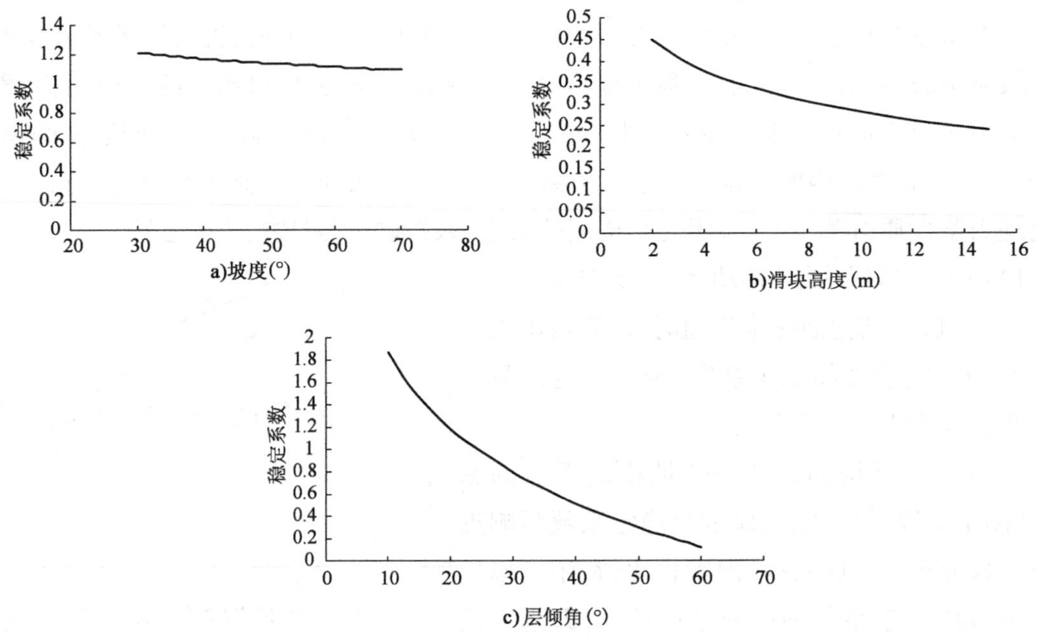

图 5-28　坡形对稳定系数的影响

(2)结构面未完全贯通时，稳定系数还会受到结构面联结度(未贯通度)的影响。

图 5-29 为受拉、受剪结构面联结度对边坡稳定系数的影响曲线。从数值分析结果可

知，受剪结构面的联结度对稳定系数的影响大于受拉结构面的联结度。受拉结构面联结度从 0 ~ 20% 变化时，稳定系数迅速增大，当联结度大于 20% 时，稳定系数基本不再增加。受剪结构面联结度从 0 ~ 20% 变化时，稳定系数也迅速增大，当联结度大于 20% 时，稳定系数变化趋缓。

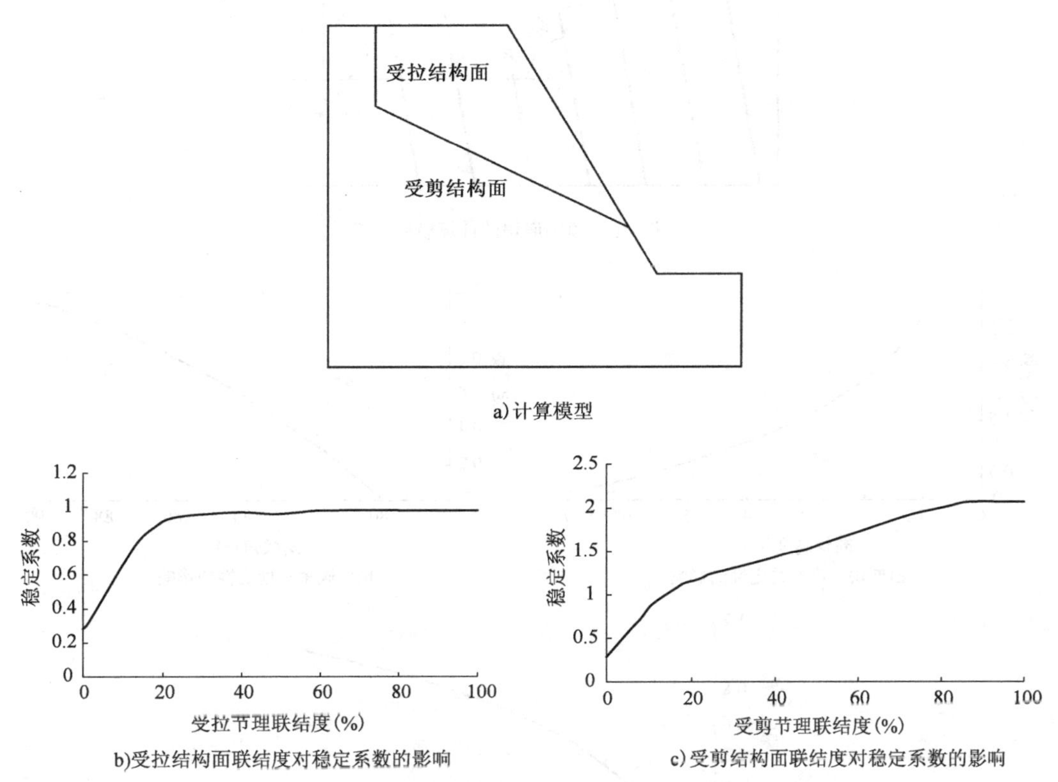

图 5-29 结构面联结度对稳定系数的影响

另外，在计算受剪结构面联结度对稳定系数的影响时，发现联结位置越靠近剪出口，其安全度越大，所以工程防护时应尽量从前缘支护，以节省开支。总而言之，结构面联结度可以增加边坡的稳定性，但对其准确测量却是比较困难的，所以在实际公路工程中较小的边坡可以考虑降低联结度的权重，也为工程增加安全储备。

2）数值模拟岩质边坡的倾倒崩塌破坏

滑移型崩塌计算过程类似于滑动破坏，在此不再赘述。下面主要针对倾倒型崩塌的控制因素对边坡稳定性的影响程度采用有限元方法进行研究。

图 5-30 给出了计算折断倾倒型崩塌的模型，为突出其主要因素（坡形因素）将模型进行简化。原坡形包括虚线部分，考虑到工程可能开挖等情况或外界因素的影响，计算时去掉前部块体的有利支承，则边坡稳定性只与层倾角、层厚、断块高度有关，计算结果如图 5-31所示。

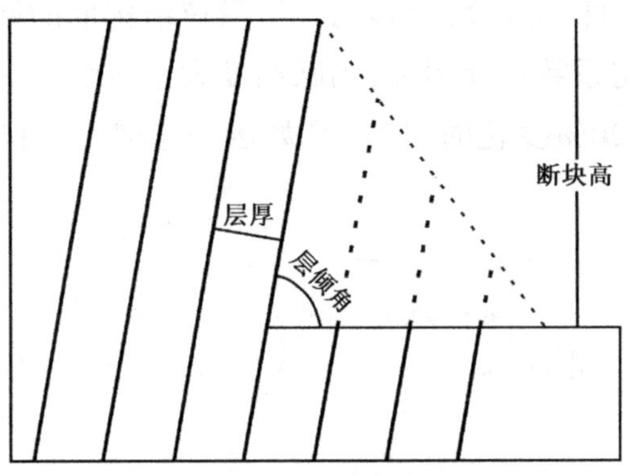

图 5-30　倾倒崩塌的计算模型

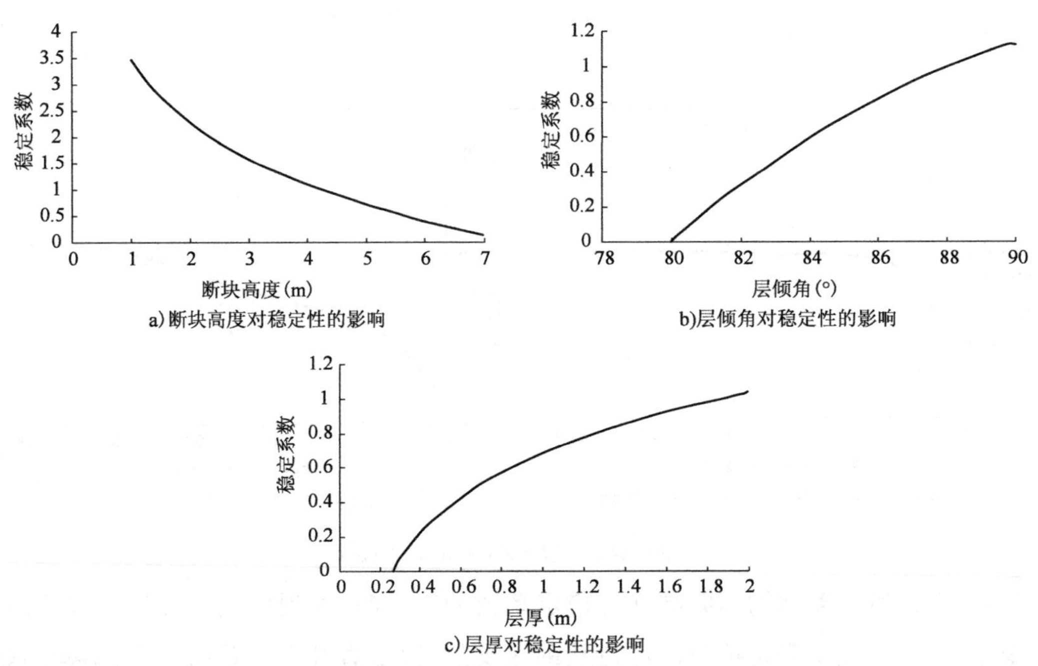

图 5-31　坡形因素对倾倒崩塌边坡稳定性的影响

从坡形因素对发生倾倒崩塌病害的边坡稳定性的影响结果来看，滑块高度越高，边坡稳定性越差，曲线呈反比函数图形，层倾角(0°～90°)、层厚越大，边坡稳定性越好，两者影响曲线近似对数函数。

综上所述，岩质边坡的病害类型相对较多，其中坡面破坏主要是根据坡体表面的易碎易落岩块的调查，结合实际经验进行判断。整体破坏可参考图 5-32 进行初步预测。我们在总结大量资料后发现，公路开挖引起岩质边坡发生整体滑动的可能性较小，多数是在开挖过程中产生的卸荷裂隙引起局部崩塌、落石。但实际边坡其复杂程度是难以估计的，同一边坡可能发生多种破坏类型，因此，需要针对不同破坏类型采用多种方法进行综合评价。

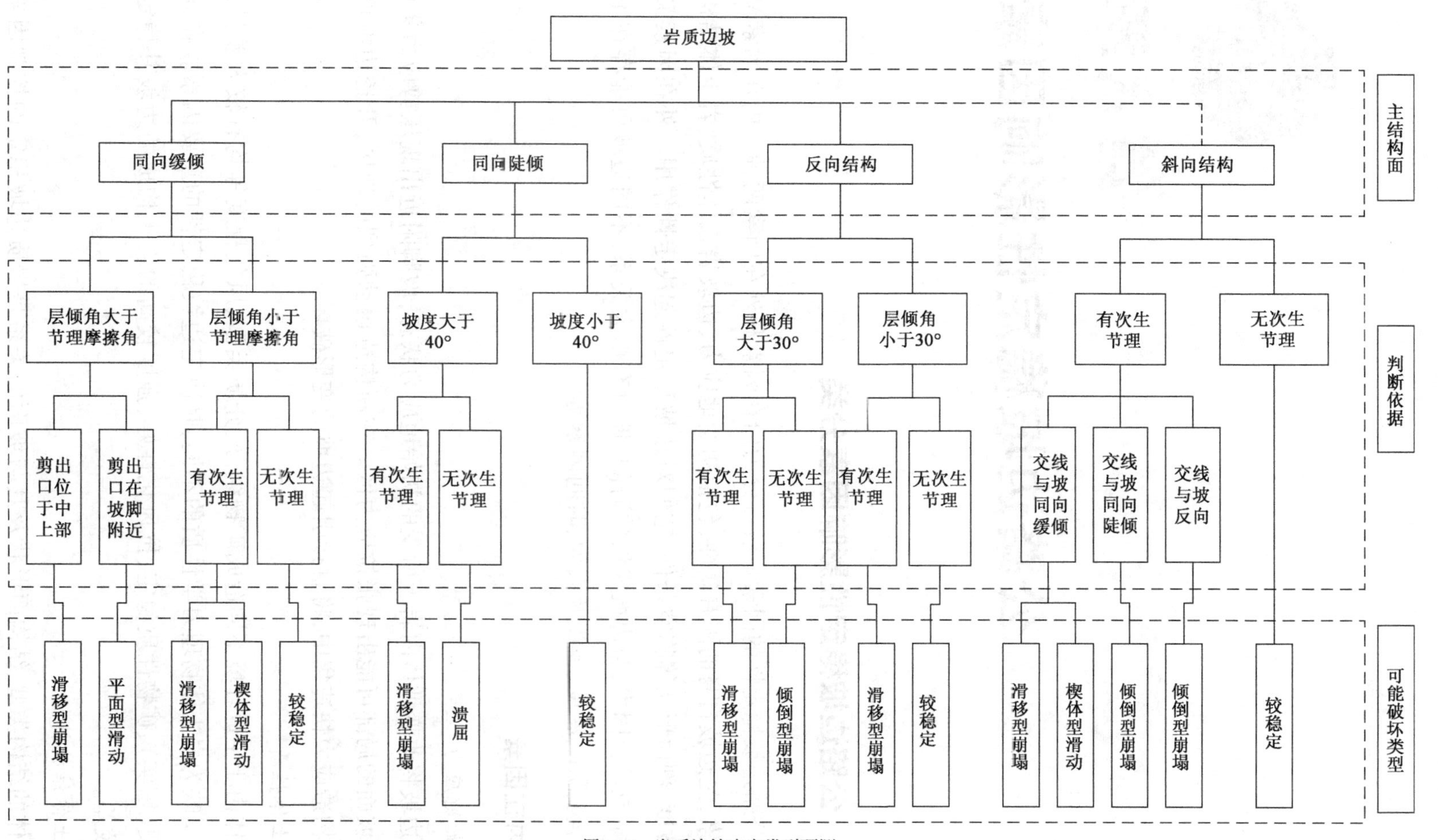

图5-32　岩质边坡病害类型预测

第六章
公路边坡稳定性影响因素

第一节　公路边坡稳定性影响因素分类

影响公路边坡稳定性的因素一般可分为内在因素和外在因素两种。内在因素又可称作固有因素，是边坡自身的固有属性，包括初始地应力、边坡岩土体性质、岩土体结构特征及坡高、坡度、剖面形状等临空条件，它们对边坡稳定性起决定性作用。外在因素又可称作可变因素或环境因素，与边坡成坡的时间、地点有很大关系，不同边坡可能存在不同的外在因素，包括水、温度、地震及人为、时间因素等。

一、内在因素

1. 初始地应力

挖填边坡将改变坡体内岩土所受的初始地应力状态，坡脚附近出现压剪应力集中带，而坡顶和坡面的局部可能出现张拉应力区。在新构造运动强烈的地区，开挖边坡可能使岩体中的构造应力快速集中，将直接引起边坡的变形破坏。

2. 岩土体性质

岩土体由于生成环境不同造成矿物组分、介质类型、风化程度等均有较大差异，在工程上直接反映为岩土体物理力学性质的不同，是决定边坡稳定性的重要因素。在同条件下，由坚硬(密实)、矿物性质稳定、抗风化性好、强度较高的岩土构成的边坡其稳定性较好，反之较差。

3. 岩土体结构特征

岩土体的结构类型、结构面形状及其与坡面的关系是岩质边坡稳定的控制因素。包括节理、劈理、裂隙的发育程度及分布规律,结构面充填、胶结情况以及软弱面、破碎带的分布与斜坡的相互关系,下伏岩土面的形态和坡向、坡度等。

4. 坡形特征及临空条件

临空面和两侧冲沟的存在以及边坡的高度、坡度、坡面凹凸形状、开挖剖面形状等都是直接与边坡稳定有关的因素。

二、外在因素

1. 水的作用

地表水的入渗使岩土体质量增大,岩土体因遇水软化使抗剪强度降低,并使孔(裂)隙水压力升高;地下水的渗流还会对岩土体产生动水压力,水位的升高将产生浮托力;此外,水对边坡的侵蚀使其失去侧向或底部支撑等,这些都对边坡的稳定不利。

2. 风化作用

风化作用使岩土的强度减弱、裂隙增加,影响到斜坡的形状和坡度,使地面水易于侵入,改变地下水的渗流状态等。沿结构面裂隙风化时,降低结构面强度,使岩土体脱落或沿边坡崩塌、滑移、堆积等。

3. 地震作用

在地震作用下,除了岩土体受到地震加速度的作用而增加下滑力外,岩土体受震动压密,孔隙水压力增加和岩土体强度降低都对边坡的稳定不利。

4. 人为因素

边坡的不合理开挖或加载,大量施工用水的渗入及爆破等都能造成边坡失稳。

5. 时间因素

岩土体的长历时流变性质是影响边坡稳定及边坡加固措施的一个重要因素。公路边坡不仅要考虑短期的稳定,更要考虑岩土体长期受到较高应力作用下随时间出现缓慢应变,这种变形又包括其他各种因素随时间变化的影响。

第二节　内在因素对公路边坡稳定性的影响

一、岩土体性质对边坡稳定性的影响

岩土体性质对边坡稳定性的影响主要包括岩土块体性质及结构面性质,通过前文所述,弹性模量和泊松比等变形参数只对边坡变形过程有一定影响,对边坡整体稳定性影响不大,且边坡岩土体破坏主要受控于强度参数,岩土破坏又以压剪破坏为主。下面主要针对边坡岩土体抗剪强度参数进行研究。

1. 岩土体抗剪强度参数的影响

1) 均质土边坡

均质土边坡固定坡高 $H=40\text{m}$、内摩擦角 $\varphi=35°$时,只考虑黏聚力变化对边坡稳定系数的影响。计算结果如图6-1所示。由图6-1可以得出,当坡度 $\beta_1=65°$时,土体的黏聚力与稳定系数近似呈线性关系,且随着黏聚力增大,稳定系数不断增大,两者之间的关系式可近似表示为:$F_S=0.0142c+0.3813$。图6-2给出了不同坡度时稳定系数与黏聚力的关系,曲线的趋势相同,但随坡度减小稳定系数增大。

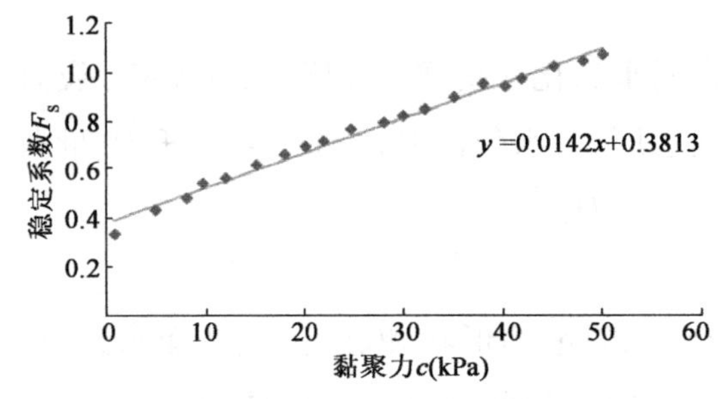

图6-1　边坡稳定系数与黏聚力关系

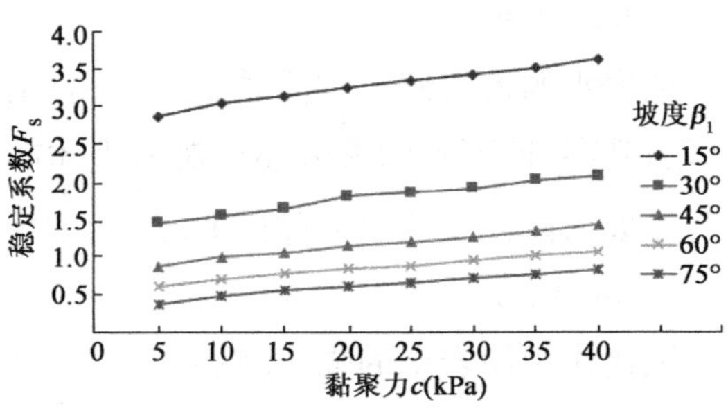

图6-2　不同坡度时边坡稳定系数与黏聚力关系

固定坡高 $H=40\text{m}$、黏聚力 $c=35\text{kPa}$,只考虑内摩擦角 φ 对边坡稳定系数的影响,计算结果如图6-3所示。由结果可见,土体的内摩擦角与稳定系数也呈线性关系,且随着内摩擦角增大,稳定系数不断增大,两者之间的关系式可近似表示为:$F_S=0.026\varphi+0.2948$。图6-4给出了坡高 $H=40\text{m}$、黏聚力 $c=20\text{kPa}$ 时,不同坡度下稳定系数与内摩擦角的关系。坡度越缓,稳定系数随内摩擦角增大而增大的幅度越大,而坡度越大,内摩擦角的增大对边坡整体稳定性影响的敏感性降低。

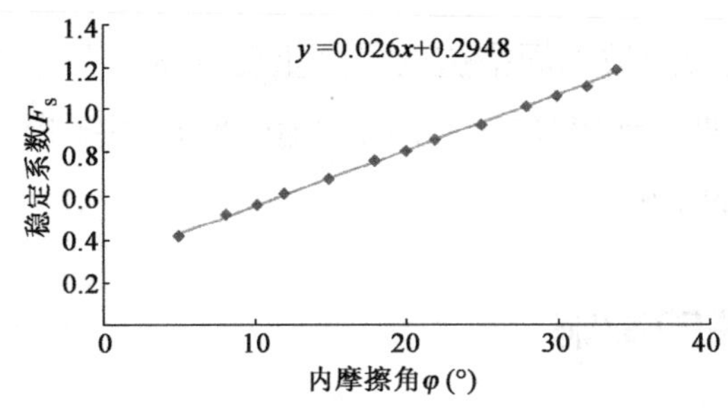

图6-3　边坡稳定系数与内摩擦角关系

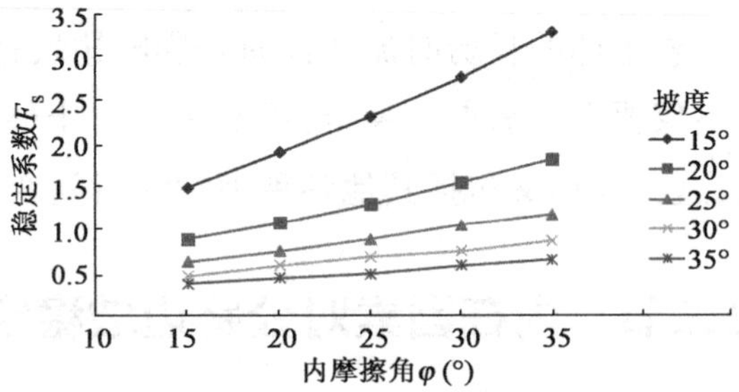

图6-4　不同坡度时边坡稳定系数与内摩擦角关系

2) 二元结构边坡

固定坡高 $H=5\text{m}$、坡度 $\beta_1=30°$,接触面顺向缓倾,倾角 $\beta_2=4°$时,可得在接触面抗剪强度参数 c_2、φ_2 一定的情况下,不同内摩擦角 φ_1 时边坡稳定性与黏聚力 c_1 的关系(图6-5)。由结果可见,二元结构边坡的安全系数随着覆盖层内聚力的增加基本呈略上凸线性增加的趋势。

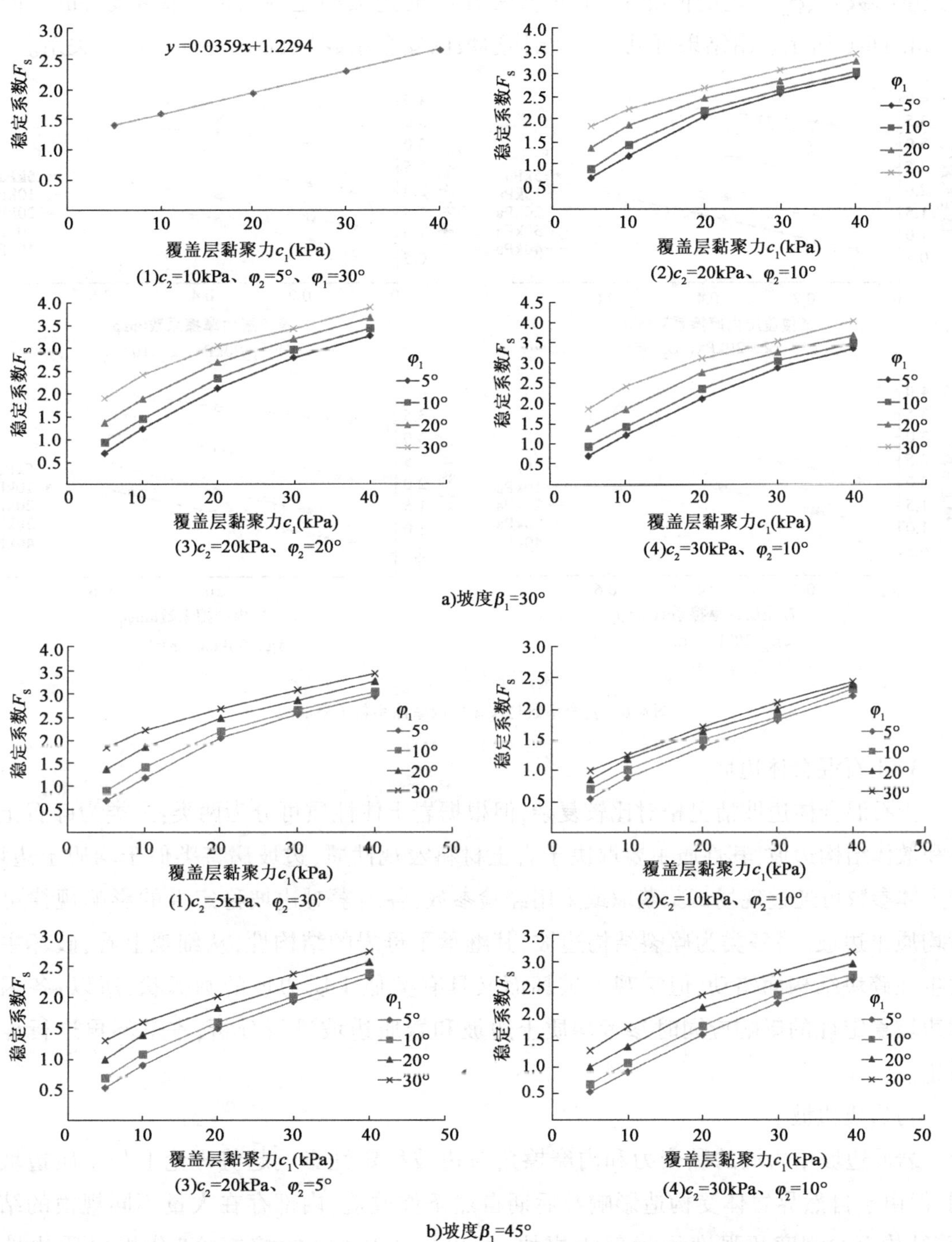

图 6-5 稳定系数与覆盖层黏聚力关系曲线

同样，当坡高 $H=5\text{m}$、坡度 $\beta_1=30°$，接触面顺向缓倾，倾角 $\beta_2=4°$时，可得在接触面抗剪强度参数 c_2、φ_2 一定的情况下，不同黏聚力 c_1 时边坡稳定性与内摩擦系数 $\tan\varphi_1$ 的关系，如图6-6所示。由结果可见，二元结构边坡的安全系数与 $\tan\varphi_1$ 基本呈线性关系。

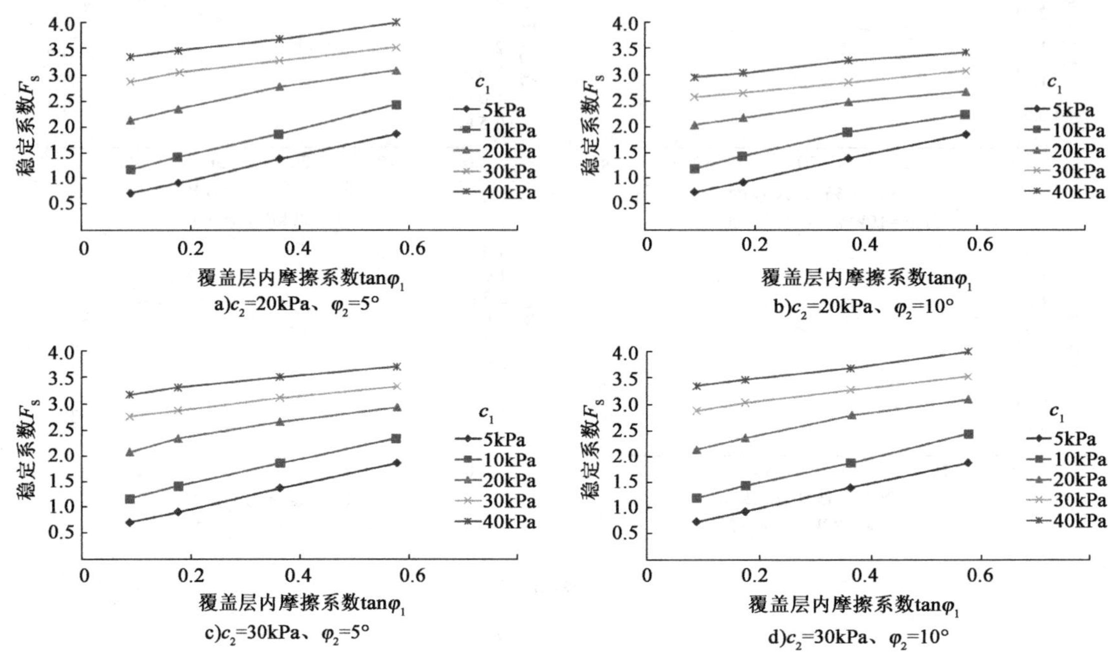

图6-6　安全系数与覆盖层内摩擦系数关系曲线

3）土石混合体边坡

土石混合体边坡情况相对比较复杂，但根据岩土体性质可分为两类：一类为碎石土边坡和散体结构边坡，其性质主要取决于岩土材料宏观性质，边坡病害类似于均质土边坡，岩土体参数可通过现场试验获取或采用经验参数，各因素对边坡稳定性的影响规律可参考均质土边坡；另一类为碎裂结构边坡，其继承了母岩的结构性，从细观上看，破坏主要发生在碎块结构面错动，但宏观上破坏面又具有类似土质边坡的圆弧状，所以，各因素对边坡稳定性的影响应同时参考均质土边坡和岩质边坡进行分析，本书不再进行详细讨论。

4）岩质边坡

岩质边坡中岩块的黏聚力和内摩擦角对边坡稳定性影响趋势理论上与土质边坡相同，但由于自然界岩体受构造影响及后期自然条件改造，内部存在大量不同规模的结构面，结构面的刚度及强度均远低于岩块，所以应采用“结构控制论”分析岩质边坡稳定性。

综上所述，边坡岩土体的抗剪强度参数——黏聚力 c_1 和内摩擦角 φ_1 是边坡稳定性的敏感因素,稳定系数 F_S 随黏聚力 c_1 和内摩擦系数 $\tan\varphi_1$ 的增大均呈线性增大,变化明显,所以,加固边坡时提高边坡材料强度可以得到较好的效果。

2. 结构面抗剪强度参数的影响

对于存在顺倾结构面(或软弱夹层)的岩土体边坡,结构面抗剪强度是影响边坡稳定性的重要因素,对于岩质边坡在第五章已做过详细分析,这里仅以二元结构边坡中接触面和岩土体性质差异较大的情况为例进行分析计算。

1)接触面黏聚力 c_2 的影响

图6-7给出了坡高 $H=30\text{m}$,坡角 $\beta_1=50°$,接触面夹角 $\beta_2=12°$,上覆岩土内摩擦角 $\varphi_1=24°$,黏聚力 c_1 分别为22kPa、36kPa、45kPa,接触面摩擦角 $\varphi_2=16°$,黏聚力 c_2 变化时对边坡稳定性的影响曲线。由图6-7可见,边坡的稳定系数随黏聚力 c_2 近似呈对数函数关系。因为此处设置的二元结构边坡破坏时前缘沿接触面,而后缘形成于上覆岩土中,故黏聚力 c_1 越大,边坡稳定系数也越大,稳定性越好。

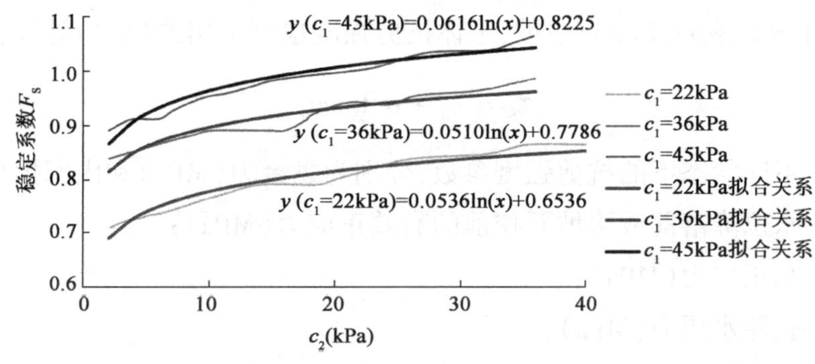

图6-7　稳定系数与接触面黏聚力 c_2 的关系曲线

2)接触面摩擦角 φ_2 的影响

在上例的基础上,固定上覆岩土黏聚力 $c_1=45\text{kPa}$,接触面黏聚力 $c_2=27\text{kPa}$ 时,接触面摩擦系数 $\tan\varphi_2$ 对边坡稳定性的影响曲线如图6-8所示。边坡的稳定系数与接触面摩擦系数呈对数正相关关系。

综上所述,边坡岩土体中的结构面或土岩接触面对边坡稳定性影响较大,在岩质边坡中结构面更是决定边坡是否失稳的判断标准。边坡稳定系数 F_S 随接触面黏聚力 c_2 和摩擦系数 $\tan\varphi_2$ 的增大均呈对数关系增大,变化较明显。结构面的强度与结构面的贯通度及面内填充物性质相关。

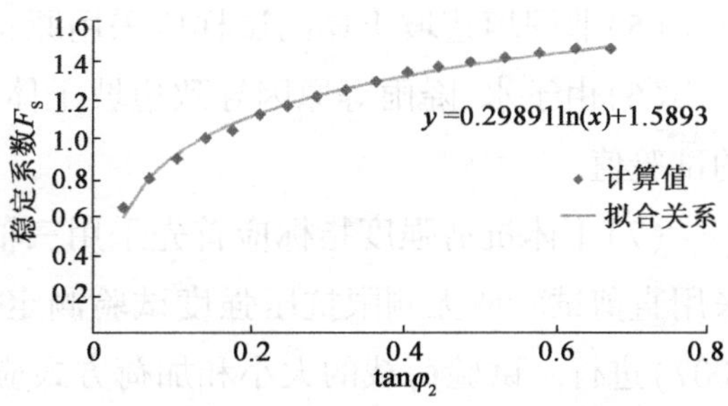

图6-8　稳定系数与接触面摩擦系数 $\tan\varphi_2$ 的关系曲线

3. 岩土体抗剪强度指标的取值原则

1）土体抗剪强度指标的取值原则

（1）对安全等级为一级、二级的边坡应同时采用试验、工程地质类比法或反演分析等方法综合分析确定土体抗剪强度指标。三级及其以下边坡的土体抗剪强度指标可采用工程地质类比、反演分析等方法确定。

（2）边坡土体的抗剪强度指标宜采用式(6-1)计算：

$$\tau_{\mathrm{f}} = c' + \sigma' \tan\varphi' \tag{6-1}$$

$$\sigma' = \sigma - u \tag{6-2}$$

对黏性土边坡，在水位降落和边坡开挖情况下，土体的抗剪强度也可采用式(6-3)计算：

$$\tau_{\mathrm{f}} = c_{\mathrm{cu}} + \sigma' \tan\varphi_{\mathrm{cu}} \tag{6-3}$$

对填筑施工期的黏性土填筑边坡，土体抗剪强度也可采用式(6-4)计算：

$$\tau_{\mathrm{f}} = c_{\mathrm{u}} + \sigma' \tan\varphi_{\mathrm{u}} \tag{6-4}$$

式中：c'、φ'——不同状态下的抗剪强度参数，分别为黏聚力(MPa)和内摩擦角(°)；

σ'——水位降落前或边坡开挖前的有效正应力(MPa)；

σ——总正应力(MPa)；

u——孔隙水压力(MPa)；

c_{cu}，φ_{cu}——土体固结不排水剪总强度指标，分别为黏聚力(MPa)和内摩擦角(°)；

c_{u}，φ_{u}——土体不排水剪总强度指标，分别为黏聚力(MPa)和内摩擦角(°)。

（3）对于非饱和的一级黄土边坡及部分重要的二级边坡，应对其总应力指标和有效应力指标及指标使用进行专门研究。

（4）采用试验方法测定土体抗剪强度指标时，可将性质相近的图层概化为一层土，概化后的各土层均应取样并进行试验，主要土层的抗剪强度试验组数不宜少于6组。

（5）非回填边坡土体的试样应采用原状土样。

（6）由于水、降雨等原因导致边坡土体含水率增大并接近饱和时，还应测取饱和状态的试验值。

（7）土体抗剪强度指标应首先采用三轴压缩试验测定。二级及其以下等级边坡，也可采用直剪试验或无侧限抗压强度试验测定。试验应按《公路土工试验规程》(JTG E40—2007)进行。试验荷载的大小和加荷方式应与边坡施工和运用的实际情况相一致。

（8）膨胀土边坡抗剪强度指标宜采用反复剪切试验测定其残余强度。

(9)天然土体抗剪强度取值应考虑土体裂隙、含水率变化等因素的影响。

(10)对已滑移的边坡,其滑动面的抗剪强度指标应采用残余强度值,或取反演分析强度值。

2)岩体抗剪强度指标的取值原则

(1)边坡岩体抗剪强度指标的确定应遵守下列规定:

①一级边坡宜采用现场试验、室内试验、反演分析和工程地质类比等方法,综合分析确定抗剪强度指标。

②二级边坡可采用室内试验、反演分析和工程地质类比等方法,综合分析确定抗剪强度指标。

③三级边坡可采用反演分析和工程地质类比法确定岩体抗剪强度指标,必要时可进行室内试验。

(2)试验样品应具有代表性,试验荷载的大小应与边坡实际受力情况一致或接近。

(3)应根据边坡岩层性质进行岩层概化,对性质不同的主要岩层应分层取样。一级和二级边坡每一主要岩层及代表性结构面的抗剪强度试验组数不宜少于6组。

(4)边坡岩体的抗剪强度应按式(6-5)计算:

$$\tau_f = c' + \sigma' \tan\varphi' \tag{6-5}$$

式中:τ_f——抗剪强度(MPa);

c'——有效黏聚力(MPa);

φ'——有效内摩擦角(°)。

(5)岩质边坡中不同性质的结构面抗剪强度指标取值应符合下列规定:

①硬质结构面应取峰值强度的偏小值;

②软弱夹层及软弱结构面应取屈服强度;

③泥化夹层应取残余强度。

(6)概化为同一岩层的岩体综合抗剪强度指标宜按式(6-6)和式(6-7)计算:

$$c = \sum_{i=1}^{n} k_i c_i + \sum_{j=1}^{n} k_j c_j \tag{6-6}$$

$$\tan\varphi = \sum_{i=1}^{n} k_i \tan\varphi_i + \sum_{j=1}^{n} k_j \tan\varphi_j \tag{6-7}$$

式中:c,φ——岩体的黏聚力(MPa)和内摩擦角(°);

c_i,φ_i——岩块的黏聚力(MPa)和内摩擦角(°);

c_j,φ_j——结构面的黏聚力(MPa)和内摩擦角(°);

k_i,k_j——岩块和不连续结构面在潜在滑动面上所占的比例,一级边坡宜根据地质勘察结果综合分析确定,其他级别的边坡可根据工程类比确定。

二、岩土体结构对边坡稳定性的影响

岩土体中结构面的存在,降低了岩体的整体强度,增大了坡体的变形性能,强化了岩土体的流变力学特性,从而增加了岩土体的不均匀性、各向异性和非连续性等性质,而岩土体的结构面组合形式对边坡稳定性更是起到了举足轻重的影响作用。

1. 均质土边坡

均质土边坡即是材料性质相对均匀,不存在结构影响的边坡体,但实际由于岩土生成环境不同造成不同时期的地层之间岩土体仍存在一定差异性,当其性质差异较大时,变形破坏类似于二元结构边坡。此外,黄土具有垂直结构性,容易形成垂直发育的竖向节理,而膨胀土容易形成与临空面平行的张拉裂缝,破坏了坡体的完整性,降低边坡的稳定性,此处不进行详细讨论,具体可参阅相关文献。

2. 二元结构边坡

图6-9给出了二元结构边坡接触面顺向倾角 β_2 对边坡稳定性的影响曲线,计算模型坡高 $H=30\text{m}$,坡度 $\beta_1=75°$,覆盖层黏聚力 $c_1=22\text{kPa}$、内摩擦角 $\varphi_1=24°$,接触面黏聚力 $c_2=11\text{kPa}$、摩擦角 $\varphi_2=12°$。由图6-9可见,边坡的稳定系数与 $\tan\beta_2$ 近似呈线性逆相关,即随接触面倾角的增大而减小。

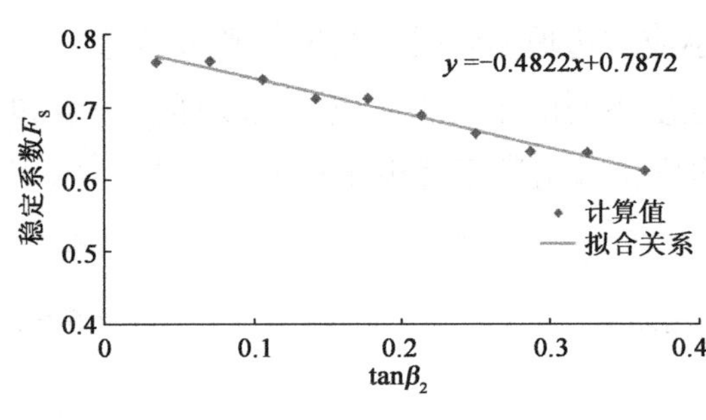

图6-9 稳定系数与接触面倾角 β_2 的关系曲线

3. 土石混合体边坡

如前所述,土石混合体边坡中碎石土边坡、散体结构边坡已不具有结构规律性,碎裂结构边坡中的残积物虽保留了母岩的结构面,但受风化作用和人类活动影响,形成了更多的不规则结构面,使岩土宏观变形破坏机理更接近于土质,岩土体结构性表现不明显。

4. 岩质边坡

由于岩体形成环境的差异,在长期风化、卸荷作用下,造成岩质边坡有其特殊的复杂性,表现为岩体的非连续、非均质和各向异性,结构性表现明显,但受技术人员主观认知差异,同一边坡由不同技术人员建立的地质模型各不相同,不同边坡的地质模型就更难统一。所以,在对某处边坡进行研究时,应先进行详细的勘查统计,将每一条控制结构面调查清楚,然后建立适合于计算的地质模型。在建立层状结构边坡地质模型时为了突出主要结构面,简化次要结构面,可简化考虑为边坡仅受一组或两组结构面切割的平面应变模型,则边坡的稳定性除了与岩石和结构面的物理力学性质密切相关,还主要取决于结构面的空间组合形式。结构面与岩块相比更易受水、地震及人类活动等外在因素的影响而性质劣化。

第五章中分析岩质边坡病害类型时已将岩土结构性对边坡稳定性的影响进行了计算分析，但由于自然条件下，形态特征、结合性、充填性和贯通性等特征对结构面力学性质影响差异极大，当用结构面分析岩质边坡的稳定性时，还应注意下列问题。

1）岩体结构面

结构面的几何形态特征可归纳为以下三种：

（1）平直结构面最易导致破坏，包括一般层理、片理、原生节理和剪切破裂面等。

（2）波浪起伏结构面可适当提高抗剪强度，如具波痕的层理，轻度揉曲的片理，沿走向和倾向方向均呈舒缓波状的压性、压扭性结构面等。

（3）曲折形结构面应区别对待：可以是张性张扭性结构面，具交错层理和龟裂纹层面，也包括一般已有裂隙而发育的次生结构面以及沉积间断面等。

结构面的结合状态分为闭合和张开两种。结构面闭合时，岩块间表现为刚性接触，其结构面的抗剪强度取决于结构面的形态、起伏差、粗糙度和两侧岩块的性质。结构面张开时，岩块间不能充分接触，结构面的抗剪强度没有得到充分发挥，岩体力学性能大大减弱，从而降低了边坡的自稳能力。

有充填的结构面，其力学性质差别很大，主要取决于充填物质的成分和充填厚度。一般来讲，软质充填例如黏土充填，特别是充填物中有片状矿物时，其力学性质较差。当充填物为石英、方解石等脉体时，其强度较高。

结构面的贯通性对边坡稳定性的影响也很大。有些结构面延展性较强，在一定工程范围内切割整个岩体，对边坡整体稳定性造成较大影响；而有些结构面比较短小，互相不贯通，可能引起局部失稳破坏。在未完全贯通的结构面，岩桥强度也影响边坡稳定性。

2）软弱结构面

结构面上的物质软弱破碎，含泥物质及水理性质不良的黏土矿物，在水的作用下，抗剪强度迅速降低，对岩体稳定性影响最大，因此应充分分析其矿物物质组成及形态特征。

3）软硬相间结构面

边坡体由软硬岩交替组成时，由于岩性的差异，边坡的不同部位病害程度有所差别。当软硬岩垂直成层交替（多形成于强构造区）组成边坡时，一般软岩部位易发生崩塌破坏，硬岩部位稳定性较好。当软硬岩水平成层交替时，属于二元结构坡体。若为上硬下软坡体结构，软岩在上覆岩层压力的作用下，产生塑性流动并向临空方向挤出，导致上覆较坚硬的岩层拉裂、解体和不均匀沉陷。即使岩层水平，边坡也会发生平推式的破坏。若为上软下硬形坡体结构，除软弱岩层易产生局部失稳外，下伏硬岩的稳定性一般相对较好。边坡体由软硬岩等厚互层组成，坡体结构为水平-缓倾顺层坡体结构，边坡破坏受软弱岩层的控制,边坡可能会沿软弱层发生滑移破坏。若为中~陡倾顺层坡体结构,由于岩层倾角较大,工程上应尽可能沿岩层层面开挖,以满足边坡稳定的坡比要求,少切穿岩层开挖。若硬岩暴露于坡外,则边坡稳定性通常较好,反之,稳定性较差。边坡岩体由软硬岩不等厚互层组成,边坡的破坏类型受软弱岩层的控制。若边坡为顺层坡体结构,当软岩规模占优势时,硬岩相当于加筋作用,边坡的岩土体强度得到一定程度的提高,但软硬岩接触面强度低于硬岩和软岩。当硬岩规模占优势时,边坡的病害受软弱夹层的控制,若接触面临空,易出现整体滑移破坏。

通过计算,岩体结构面的交线倾向和倾角对稳定性也有较大影响。当结构面交线倾向和边坡倾向平面夹角小于30°时(即顺向坡)影响最为明显,随结构面交线倾角增大呈反函数或线性减小关系。

三、坡面临空条件对边坡稳定性的影响

公路边坡的坡面临空条件主要从边坡的坡高、坡度及剖面的几何形状等因素分析其对边坡稳定性的影响。

1. 坡高对边坡稳定性的影响

1)坡高对边坡影响的调查统计

坡高越大,在重力条件下产生的力也越大,必然导致边坡更容易失稳破坏。根据西安地质调查中心对延安宝塔区斜坡灾害调查结果,以调查区全区1:5万DEM图为基础提取坡高数据,进行统计分析,计算各个坡高区间在全区所占的比率,如图6-10a)所示。按照坡高区间内斜坡破坏点数量[图6-10b)],求出不同坡度区间发生破坏的比率[图6-10c)]。

由图6-10可见,坡高与其破坏的发生存在明显的控制关系。自然条件下,公路边坡坡高多在20~70m之间,而边坡破坏一般多发生在坡高40~120m的边坡上(大于120m的边坡数量较少)。若按比率看,随着坡高增大,发生滑坡的比率也逐渐增大,呈指数增长模式。当坡高达到70m时,斜坡破坏的比率为0.01%;当坡高达到100m时,破坏比率骤然增大到0.1%。

2)坡高对边坡剪应变的影响

坡高并不改变应力等值线图,但坡内各处的应力值,均随坡高增高而线性增大。

针对不同坡高情况的边坡进行计算分析,得到的结果如图6-11所示。

结果表明,随着坡高的增加,边坡的剪应变范围和最大值也越来越大,坡脚处剪应变增加最为明显,同时边坡稳定性逐渐降低。

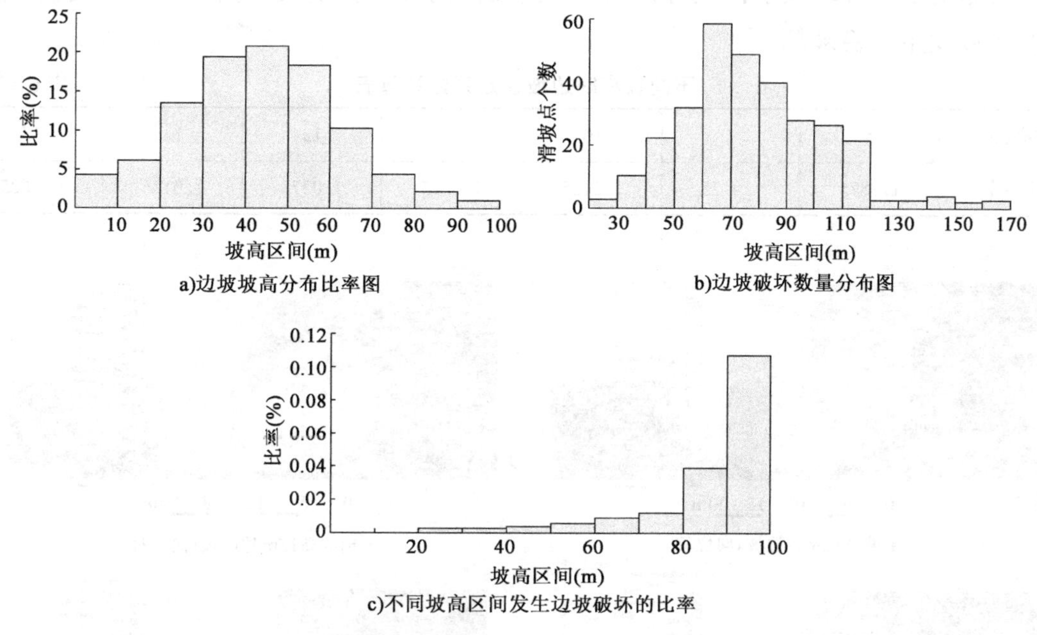

图 6-10　不同坡高边坡破坏情况统计

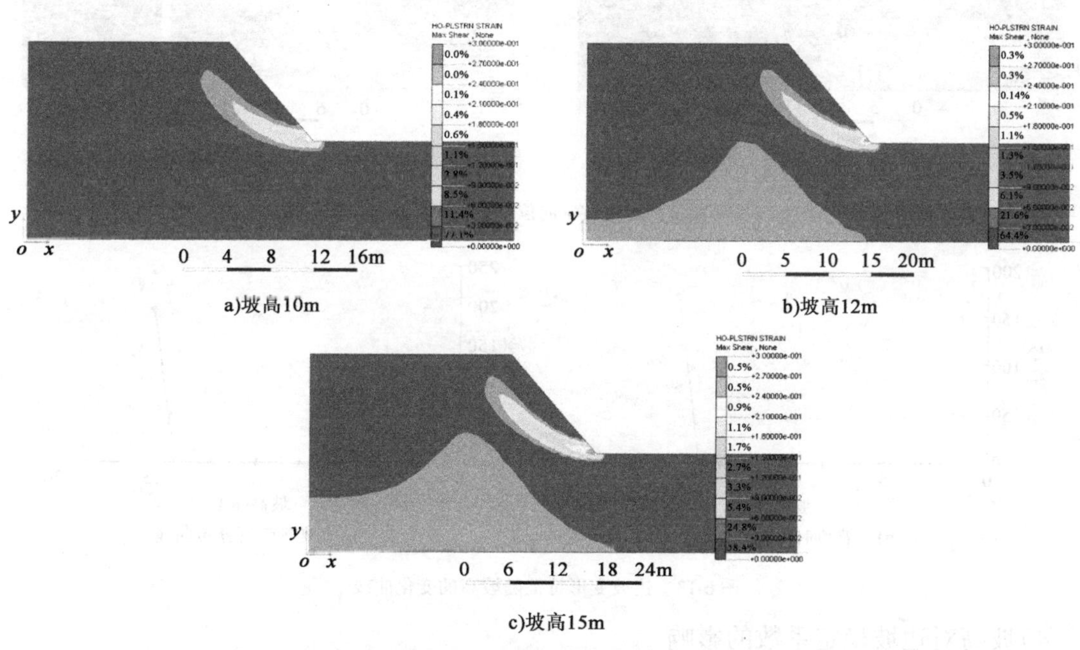

图 6-11　不同坡高时边坡剪应变分布图

3）坡高对边坡位移的影响

如表 6-1、图 6-12、图 6-13 所示，当坡高小于 15m 时，边坡稳定系数大于 1，即边坡处于稳定状态时，坡体内部位移量及剪应变值随坡高的增大而增大，但增幅较小；当边坡为

15m 时,稳定系数继续减小,小于临界值 1 时,坡体内部位移量及剪应变均发生突变,急剧增加,边坡发生失稳破坏。

不同坡高时边坡稳定系数计算表 表 6-1

坡高(m)	5	8	10	12	13	14	15
稳定系数 K	1.8875	1.4125	1.2125	1.0875	1.0375	1.0125	0.9625

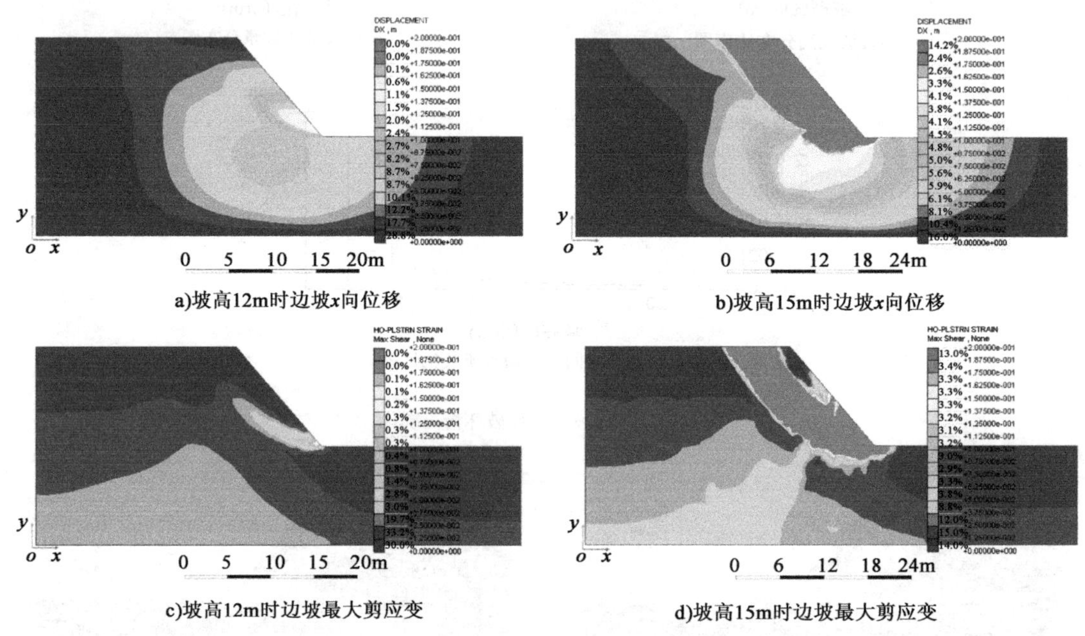

a)坡高12m时边坡x向位移　b)坡高15m时边坡x向位移

c)坡高12m时边坡最大剪应变　d)坡高15m时边坡最大剪应变

图 6-12　不同坡高时边坡 x 向位移及最大剪应变分布云图

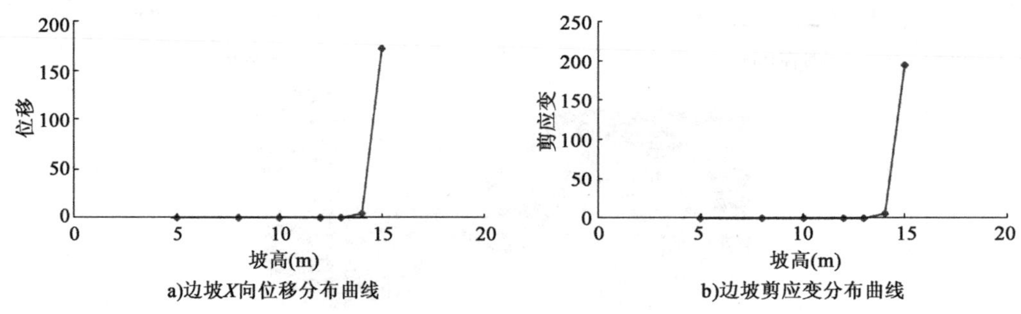

a)边坡X向位移分布曲线　b)边坡剪应变分布曲线

图 6-13　边坡变形特征随坡高的变化曲线

4)坡高对边坡稳定系数的影响

对均质土边坡,不考虑其他影响因素,只考虑坡高 H 对边坡稳定系数的影响,进行计算。图 6-14 表明,边坡坡高与稳定系数呈幂函数形式,随坡高增大,稳定系数不断减小。两者之间的关系式可表示为:$K = 3.95H^{-0.508}$。图 6-15 给出了不同坡度下坡高对稳定系数的影响,其曲线趋势相同。

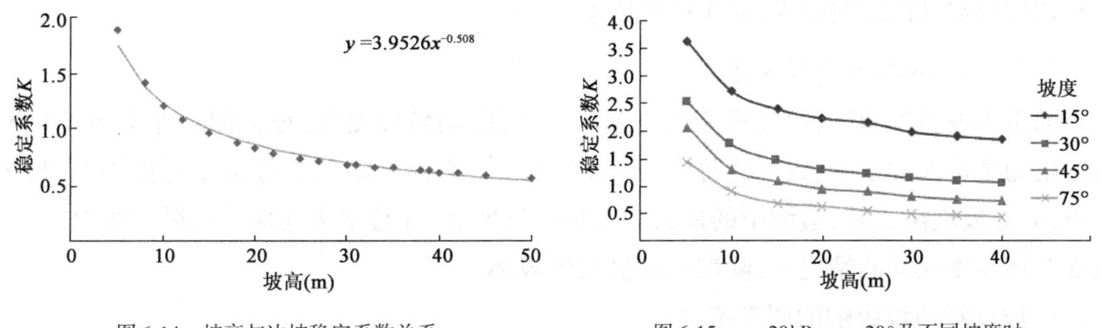

图 6-14 坡高与边坡稳定系数关系　　图 6-15 $c=20\text{kPa}$、$\varphi=20°$ 及不同坡度时

二元结构边坡坡高对边坡稳定性的影响，即覆盖层厚度对边坡稳定性的影响。现取边坡的坡度 $\beta_1=30°$，覆盖层黏聚力 $c_1=40\text{kPa}$，内摩擦角 $\varphi_1=20°$，接触面黏聚力 $c_2=10\text{kPa}$，摩擦角 $\varphi_2=10°$，接触面倾角 $\beta_2=4°$，并分别计算坡高为 5～40m 时的稳定性。图 6-16a)～图 6-16c)给出了不同边坡覆盖层厚度时边坡的变形和塑性区分布情况，边坡主要沿接触面滑动，并在覆盖层内张拉产生弧形滑面。

图 6-16d)给出了不同边坡覆盖层厚度时边坡的稳定系数曲线。二元结构边坡的稳定系数与覆盖层厚度呈幂函数关系，其大小随边坡坡高的增大而减小。

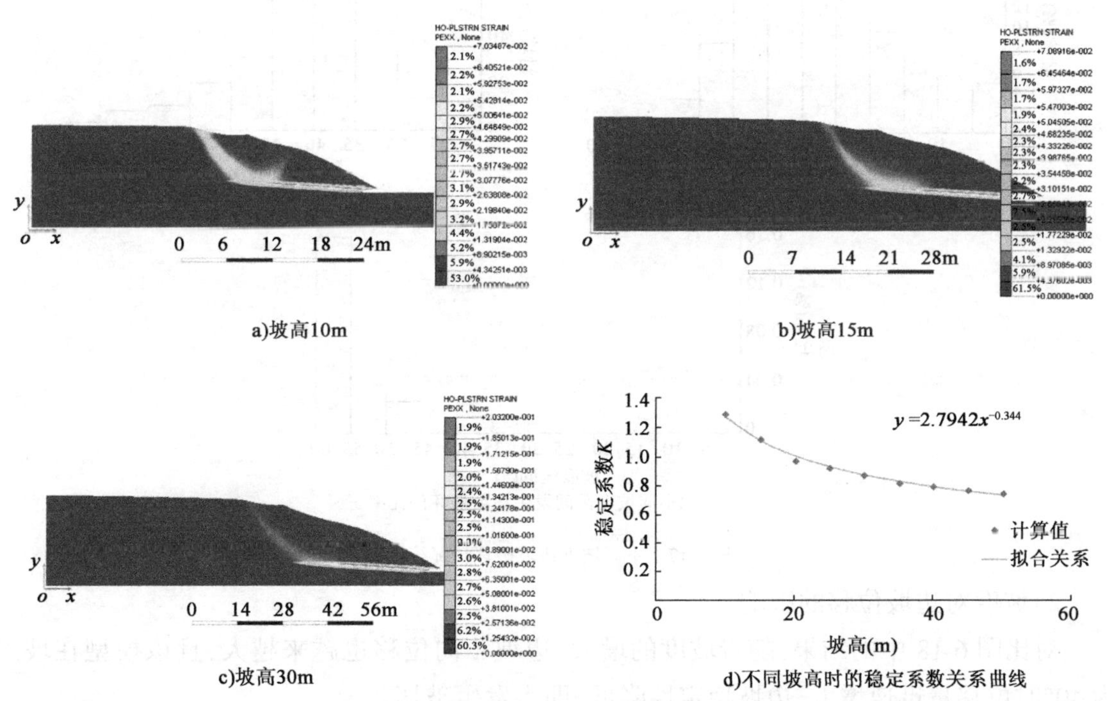

图 6-16 不同坡高时边坡的变形云图及稳定系数关系

综上所述，边坡稳定性随坡高增加呈幂函数减小，在 20m 以下，边坡的稳定性变化较大；坡高大于 20m，稳定系数的变化趋势趋缓。而公路边坡中坡高多在 20m 以下，所以，坡

高对边坡稳定性的影响较大,属于敏感因素。

2. 坡度对边坡稳定性的影响

通常边坡坡度越陡,边坡稳定性越差。一方面,随坡度变陡,坡面附近张力带范围和深度也随之扩大和增强,成坡过程中,上部土体向临空面运动的趋势也变得更加明显;另一方面,边坡坡度越陡,边坡中的最大应力越靠近坡面,并且最大剪应力也随之增高,而在坡面土体强度相同的情况下,陡坡更容易发生破坏。

1)坡度对边坡影响的调查统计

根据西安地质调查中心对延安宝塔区斜坡灾害的调查结果,以调查区全区 1:5 万 DEM 图为基础,提取坡度数据,计算各个坡度区间在全区所占的比率[图 6-17a)]。按照坡度区间内滑坡点数量[图 6-17b)],求出各个坡度区间发生斜坡破坏的统计比率[图 6-17c)]。坡度低于 30°时,边坡破坏发生比率较低;坡度在 30°~50°之间,边坡发生破坏比率 <0.04%,并随着坡度的增大而升高;当坡度 >50°时,斜坡发生破坏的比率陡然猛增至 0.15%。说明随边坡坡度增加,边坡稳定性越差,同时当坡度大于 55°时,稳定性显著下降。

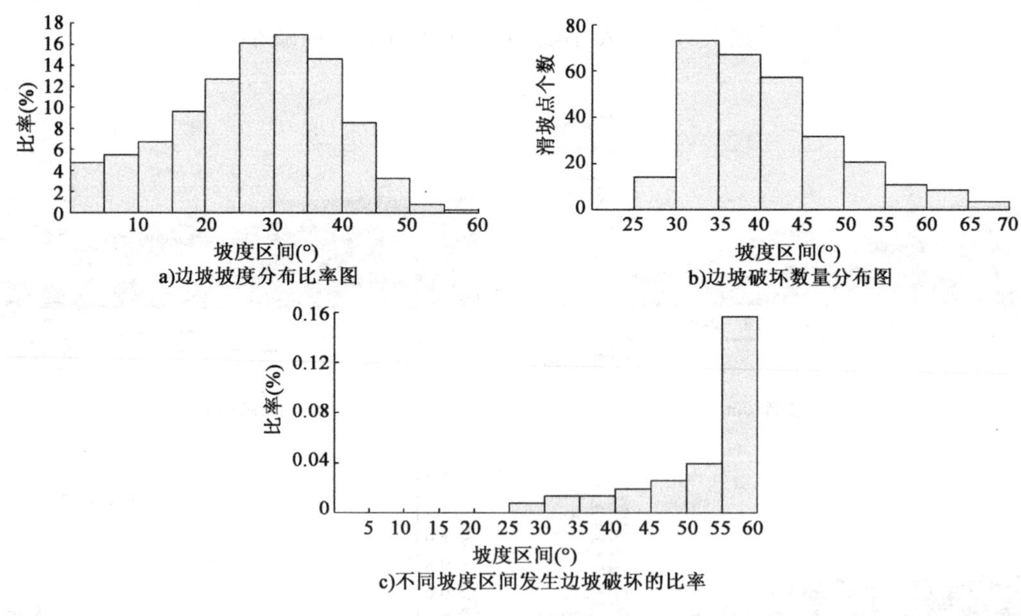

图 6-17 不同坡度边坡破坏情况统计

2)坡度对边坡位移的影响

对比图 6-18 中的结果,随着坡度的增大,边坡 x 向位移也越来越大,且该模型在坡度为 40°时位移量迅速增大,边坡稳定性降低,即将发生破坏。

3)坡度对边坡剪应力的影响

如图 6-19 所示,随着坡度的增大,边坡剪应变的范围和数值也越来越大,且该模型在坡度为 40°时剪应变迅速增大,边坡稳定性急剧降低。

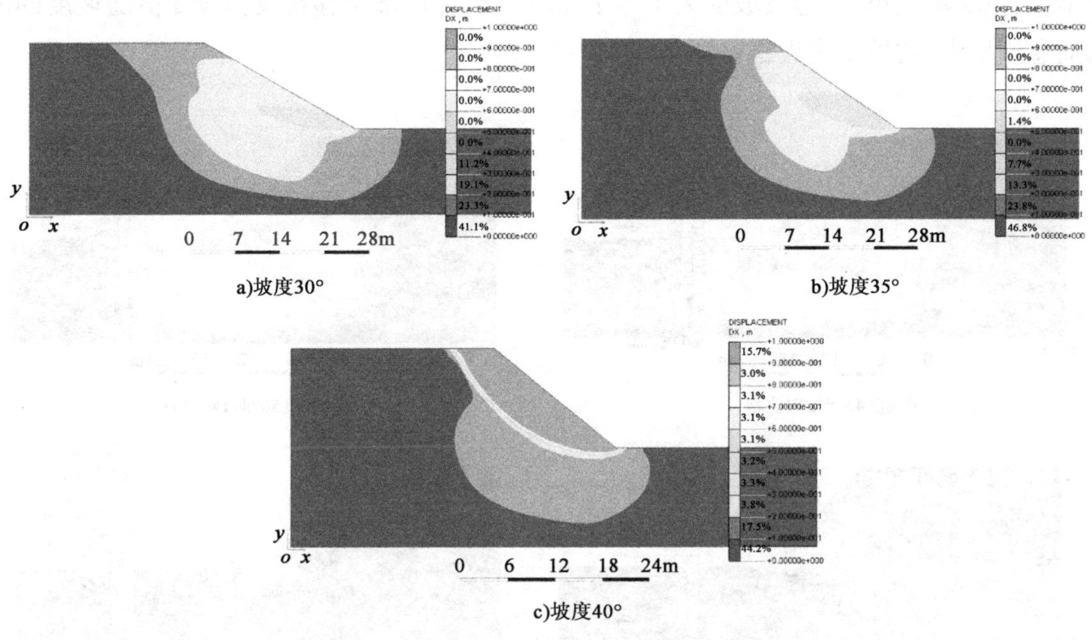

a)坡度30°　　b)坡度35°

c)坡度40°

图 6-18　不同坡度时边坡 x 向位移分布图

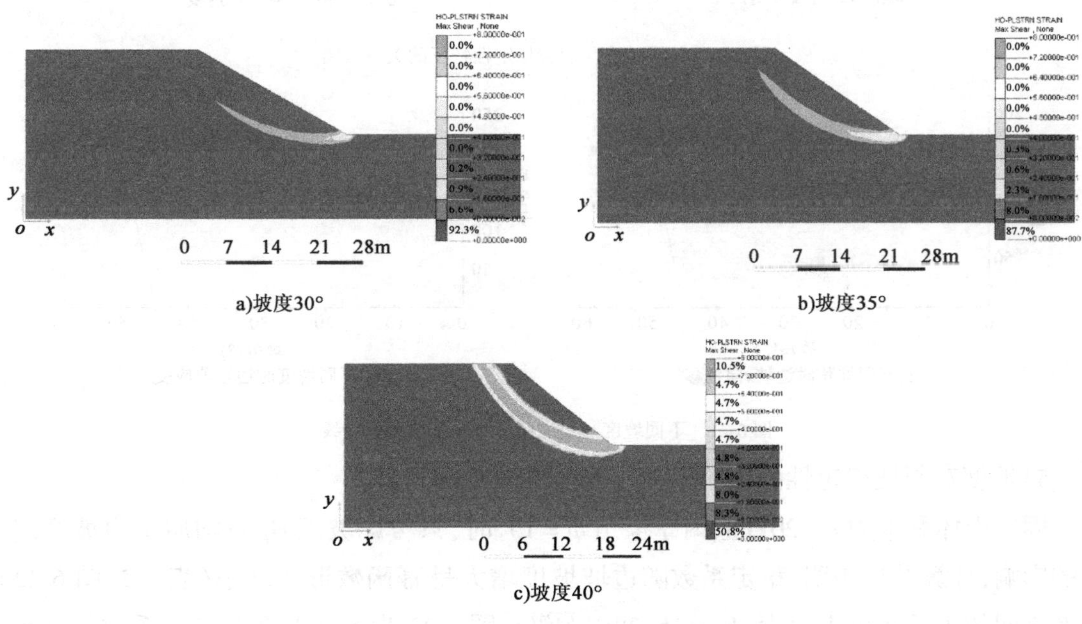

a)坡度30°　　b)坡度35°

c)坡度40°

图 6-19　不同坡度时边坡剪应力分布云图

4）坡度对斜坡位移及剪应变的影响

采用有限元方法，对模型进行非线性静态分析，得到其位移及应变情况，结果如图 6-20、图 6-21 所示。当边坡坡度小于 50°时，坡体内部位移量及剪应变值随坡度的增大而增大,但增幅较小;当边坡坡度大于等于50°时,坡体内部位移量及剪应变值随坡度的增大而急剧增大,边坡发生失稳破坏。

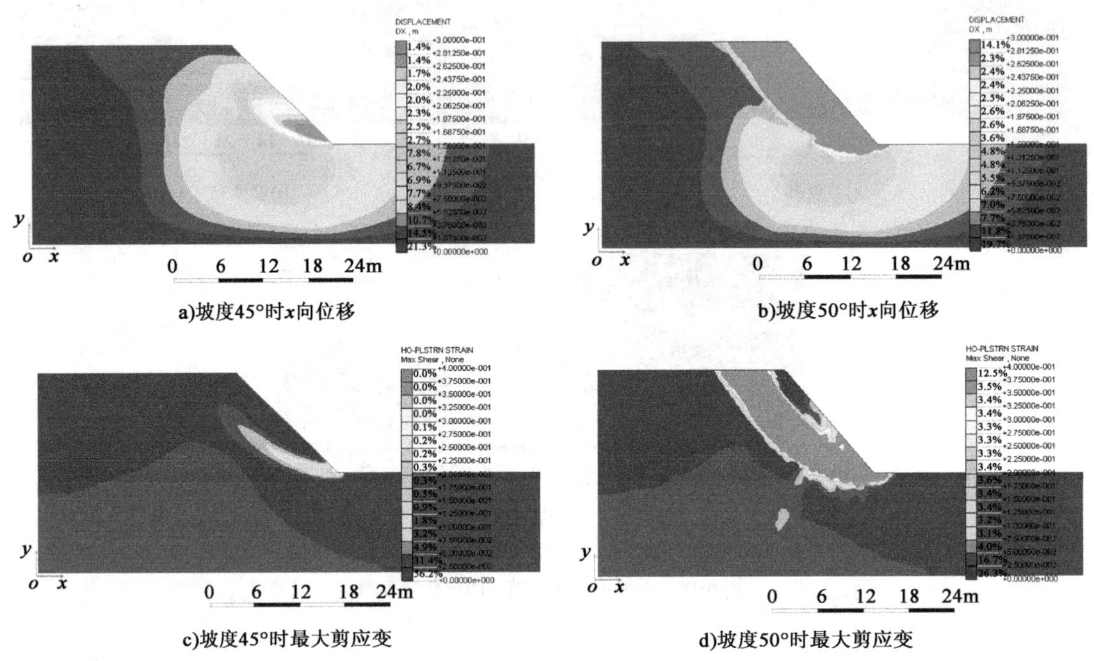

a)坡度45°时x向位移 b)坡度50°时x向位移

c)坡度45°时最大剪应变 d)坡度50°时最大剪应变

图6-20 不同坡度与边坡稳定性特征的关系云图

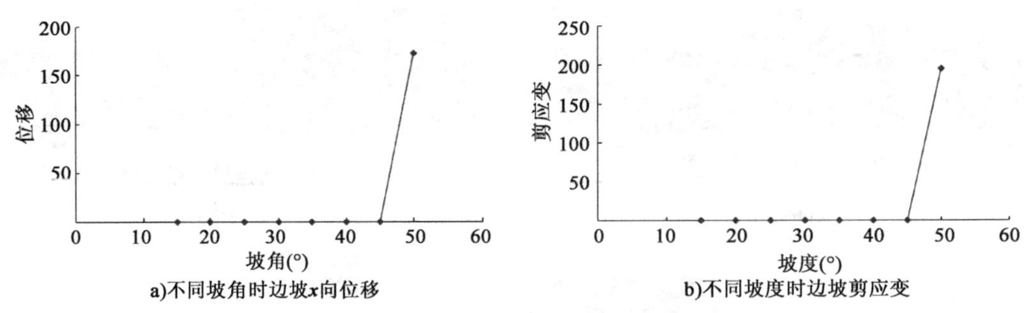

a)不同坡角时边坡x向位移 b)不同坡度时边坡剪应变

图6-21 不同坡度与边坡稳定性特征的关系曲线

5)坡度对斜坡稳定性的影响

固定土体黏聚力$c=20\text{kPa}$、内摩擦角$\varphi=15°$时,只考虑坡度β_1对均质土边坡稳定系数的影响,计算结果表明,稳定系数随边坡坡度增大呈幂函数形式减小(表6-2、图6-22)。两者之间的关系式可表示为:$F_S=15.28\beta_1^{-0.7247}$。图6-23为不同坡度时稳定系数与坡高的关系,曲线趋势相同。

不同坡度时边坡稳定系数结果表 表6-2

坡度(°)	15	20	25	30	35	40	45	50
稳定系数F_S	2.1625	1.7875	1.5375	1.3625	1.2375	1.1375	1.0375	0.9325

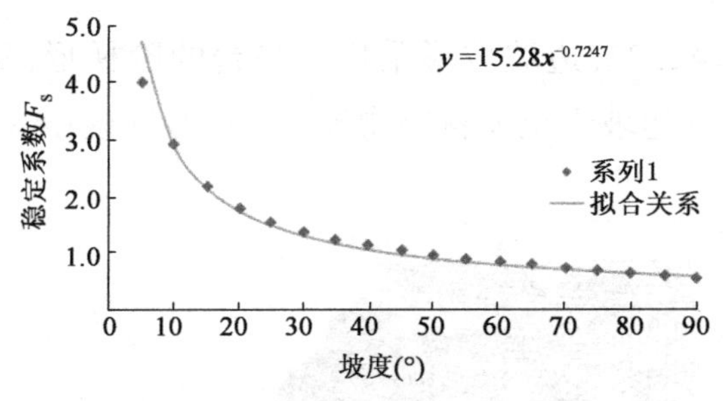

图 6-22 边坡稳定系数与坡度关系

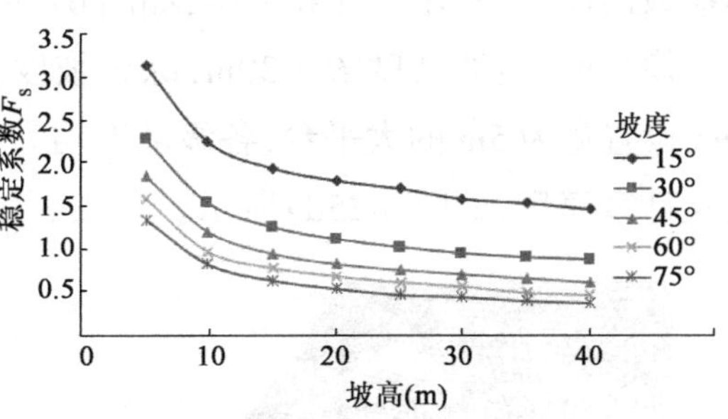

图 6-23 不同坡度时边坡稳定系数与坡高关系

图 6-24 给出了坡高 $H=30$m，覆盖层黏聚力 $c_1=22$kPa，内摩擦角 $\varphi_1=24°$，接触面黏聚力 $c_2=11$kPa，摩擦角 $\varphi_2=12°$，接触面倾角 $\beta_2=10°$时，土-岩二元结构边坡计算结果，覆盖层不同坡度 β_1 对边坡稳定性的影响曲线。由图 6-24 可知，边坡的稳定系数与坡度关系和均质土边坡相同，即随坡度的增加而减小。

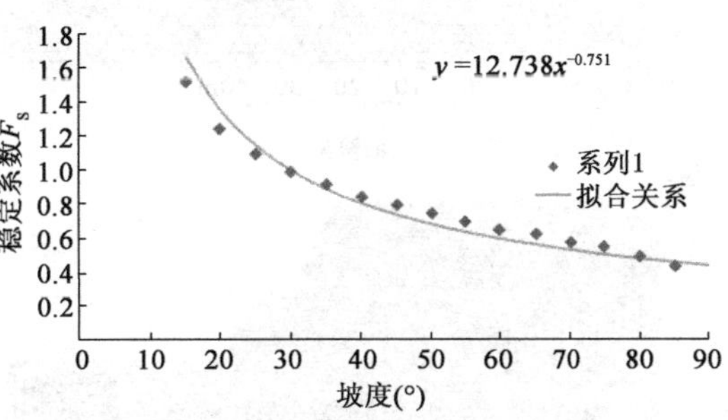

图 6-24 稳定系数与覆盖层坡度关系曲线

综上所述，坡度变化不但决定了边坡的破坏类型（详见第五章），对边坡的稳定性最为敏感。边坡的稳定系数随坡度增大呈幂函数减小，坡度小于 50°时变化较大，大于 50°时变化趋缓。

3. 剖面几何形状对边坡稳定性的影响

公路边坡经过人工开挖其剖面形状多呈直线阶梯状边坡、弧状边坡，下面就两类边坡形式对稳定性的影响进行计算分析。

1）阶梯状坡面对边坡稳定性的影响

为了研究阶梯形边坡的稳定性，建立如下四种计算模型：

模型一：边坡高度 $H=30$m，坡度 $\beta=53.4°$为一坡到顶的直线形边坡。边坡岩土体材料物理力学参数见表 6-3，建立计算模型，如图 6-25a）所示。

材料物理力学参数　　表 6-3

重度 γ（kN/m³）	弹性模量 E（kPa）	泊松比 ν	黏聚力 c（kPa）	内摩擦角 φ（°）
19	10000	0.3	30	28

模型二：边坡高度 $H=30$m，综合坡度 $\beta=53.4°$，边坡坡形采用小平台的阶梯形，每 10m 设置宽为 2.5m 的小平台，各级坡度均为 60°。边坡岩土体材料物理力学参数同模型一，建立计算模型，如图 6-25b）所示。

模型三：边坡高度 $H=30$m，综合坡度 $\beta=53.4°$，边坡坡形采用大平台的阶梯形，在边坡中部（高 15m 处）设置宽为 5m 的大平台，各级坡度均约为 60°。边坡岩土体材料物理力

学参数同模型一,建立计算模型,如图6-25c)所示。

模型四:边坡高度 $H=30\text{m}$,综合坡度 $\beta=42.3°$,边坡坡形采用大平台的阶梯形,每10m设置宽为5m的大平台,各级坡度均为60°。边坡岩土体材料物理力学参数同模型一,建立计算模型,如图6-25d)所示。

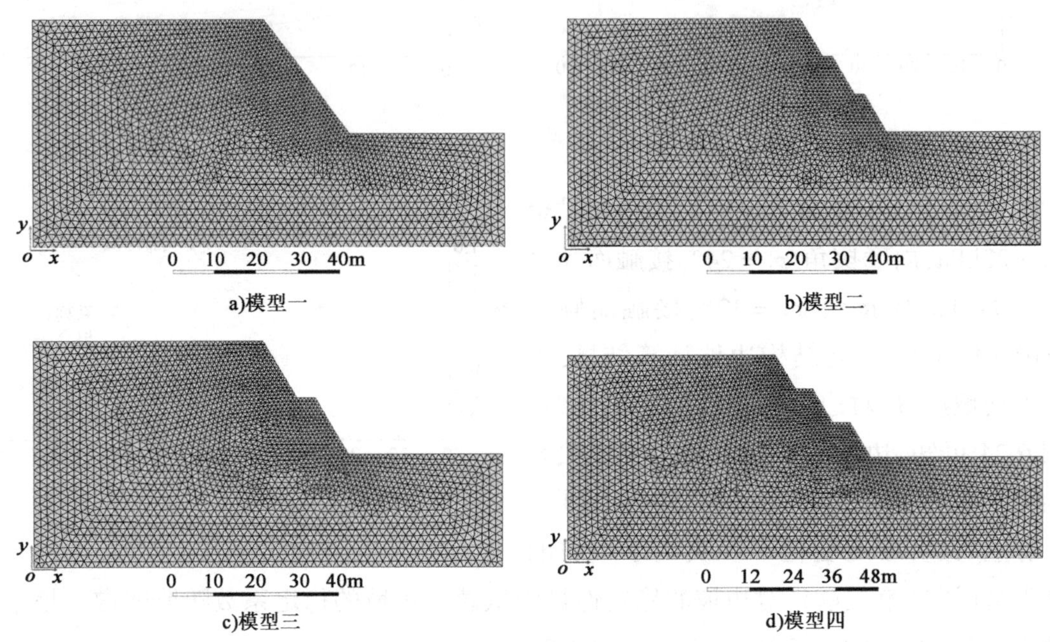

图6-25 不同坡形的均质土边坡计算模型示意图

采用强度折减法对四种模型进行稳定性计算,所得结果见表6-4,剪应变云图如图6-26所示。

不同模型的稳定系数　　表6-4

模型	模型一	模型二	模型三	模型四
稳定系数 F_S	1.0125	1.0375	1.0375	1.1625

对比以上结果可知,在边坡其他条件相同的情况下,采用阶梯形坡面,可以一定程度上提高边坡的稳定系数,这是因为阶梯状边坡从坡形上相当于开挖上部坡体减少坡脚压力,同时反压坡脚提高抗滑力;但在综合坡率一定的情况下,平台的数量和宽度对边坡整体稳定系数影响甚小,可以忽略;在各级边坡坡率相同的情况下,增加平台的数量和宽度,则边坡的综合坡率降低,边坡稳定性系数有所提高。综上所述,对于公路开挖路堑边坡,适当增加平台数量和增大平台宽度,对边坡的稳定是有利的。

采用小平台阶梯状边坡,其优点是可以对坡面水起缓冲作用,截留坡面少量剥落的土块,减小坡脚压力;采用大平台阶梯状边坡,除具有小平台的优势外,还可以降低应力集中,减小坡脚压力,增强边坡稳定性,同时截留更多坡面剥落及少量坍方体。对于均质土边坡,采用大平台分级在防止坍塌灾害中使用较多。但应注意的是,大平台阶梯状边坡开挖量大,应综合考虑工程造价的影响,还须验算各级边坡自身的稳定性。

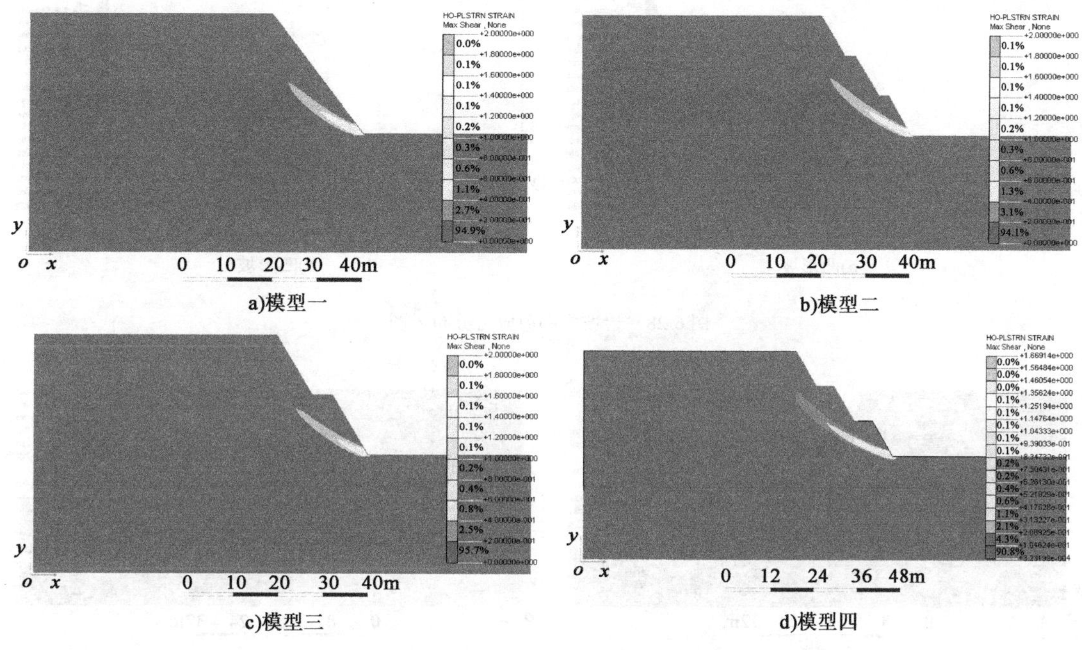

图 6-26 不同坡形下剪应变分布示意图

2)凹凸形坡面对边坡稳定性的影响

在实际工程中,受原始地貌限制,开挖成凹凸形坡面对稳定性也有一定影响。建立计算模型如下:边坡坡高 $H=20\text{m}$,综合坡度 $\beta=60°$,分别建立微凸、微凹形边坡模型,如图 6-27所示。

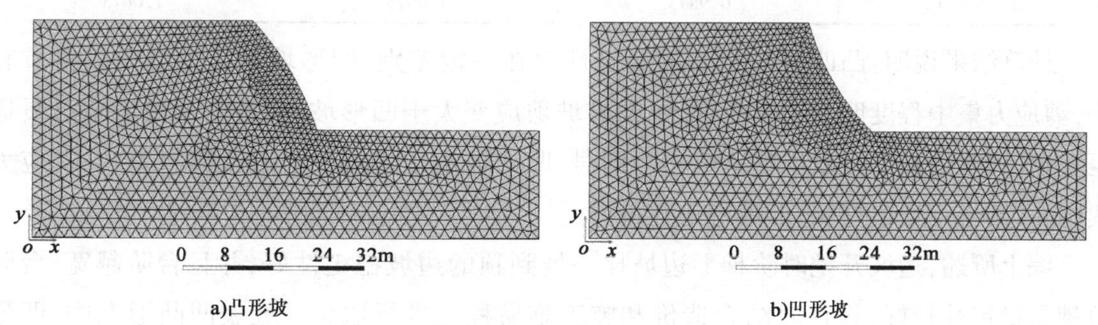

图 6-27 凸凹形边坡计算模型图

边坡稳定性分析采用计算参数见表 6-5。

材料物理力学参数表 表 6-5

重度 γ(kN/m³)	弹性模量 E(kPa)	泊松比 ν	黏聚力 c(kPa)	内摩擦角 φ(°)
18.5	10000	0.3	30	25

边坡剪应力、剪应变分布云图如图6-28、图6-29所示。

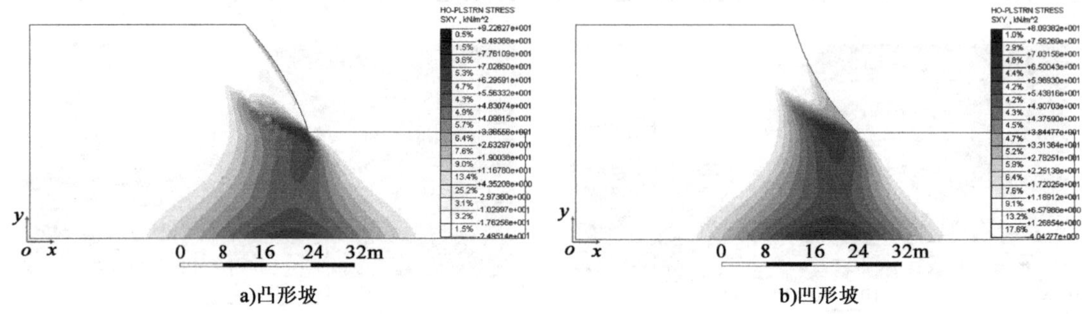

a)凸形坡　　b)凹形坡

图6-28　边坡内部剪应力分布云图

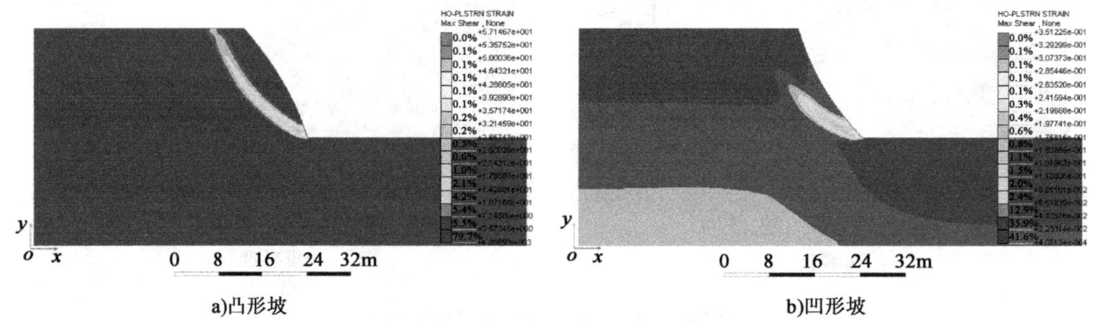

a)凸形坡　　b)凹形坡

图6-29　边坡内部剪应变分布云图

运用有限元强度折减法与直线坡对比计算,得到其稳定系数,见表6-6。

稳定系数计算结果　　表6-6

坡表形态	凸形坡	直线坡	凹形坡
稳定系数 F_S	0.9875	1.0375	1.0875

计算结果说明:凸凹坡形边坡的稳定性存在一定差别,凹形坡由于上部土体自重较小,剪应力集中程度明显小于凸形坡;凸形坡剪应变大于凹形坡,模型内部剪应变已贯通至坡顶,说明边坡已经发生整体变形。同时,凹形坡由于边坡下滑段土体自重较小,应力集中小,其稳定性最好,凸形坡稳定性最差。

综上所述,边坡开挖时阶梯形边坡比一坡到顶的边坡稳定性好,并且台阶越宽、台阶数越多稳定性越好,设计时结合造价和施工难易程度进行取舍。坡表凹凸形态中,凹形坡、直线坡、凸形坡稳定性依次减小。

四、均质土边坡稳定系数计算图表

针对均质土边坡稳定性受控因素黏聚力 c、内摩擦角 φ、坡高 H 和坡度 β 进行工况组合,采用数值模拟进行计算,得到不同工况下边坡的稳定系数,对计算结果进行整理分析。

均质土 $c/(\gamma H\tan\varphi)=0.01$ 边坡稳定系数的计算结果见表 6-7。

计 算 结 果 表 6-7

β(°)	φ(°)							
	5	10	15	20	25	30	35	40
15	0.3625	0.7275	1.1075	1.505	1.9275	2.3875	2.895	3.47
30	0.1825	0.365	0.555	0.7525	0.9675	1.1975	1.4525	1.7375
45	0.1175	0.2375	0.3575	0.4875	0.625	0.7725	0.9375	1.125
60	0.0775	0.1575	0.2375	0.3225	0.4125	0.51	0.6175	0.7425
75	0.0525	0.105	0.16	0.2175	0.28	0.345	0.42	0.5025

均质土 $c/(\gamma H\tan\varphi)=0.05$ 边坡稳定系数的计算结果见表 6-8。

计 算 结 果 表 6-8

β(°)	φ(°)							
	5	10	15	20	25	30	35	40
15	0.4275	0.86	1.3075	1.7775	2.2775	2.8175	3.4175	4.0975
30	0.235	0.4725	0.7175	0.975	1.25	1.5475	1.8775	2.25
45	0.1575	0.3175	0.4825	0.6575	0.8425	1.0425	1.2625	1.515
60	0.115	0.2325	0.355	0.4825	0.6175	0.7625	0.9275	1.11
75	0.0875	0.1725	0.2625	0.3575	0.4575	0.5675	0.6875	0.825

均质土 $c/(\gamma H\tan\varphi)=0.10$ 边坡稳定系数的计算结果见表 6-9。

计 算 结 果 表 6-9

β(°)	φ(°)							
	5	10	15	20	25	30	35	40
15	0.49	0.9875	1.5025	2.04	2.615	3.2375	3.925	4.7025
30	0.28	0.5625	0.8575	1.1625	1.49	1.845	2.24	2.6825
45	0.1975	0.40	0.6075	0.825	1.0575	1.31	1.5875	1.9025
60	0.1525	0.305	0.4625	0.6325	0.8075	1.00	1.2125	1.455
75	0.1175	0.2375	0.3575	0.4875	0.625	0.7725	0.9375	1.125

对不同工况下边坡稳定系数结果进行整理，做出均质土边坡稳定性计算图表(图 6-30)。在野外对边坡进行调查时，根据边坡的形态及其物质组成，可以根据计算图表快速得出边坡的稳定系数取值范围，从而对边坡的稳定性进行现场初步评估。

五、边坡稳定系数回归模型

1. 均质土边坡

针对均质土边坡稳定性受控因素黏聚力 c、内摩擦角 φ、坡高 H 和坡度 β 进行工况组合，采用数值模拟进行计算，得到不同工况下边坡的稳定系数，考虑稳定系数与各因素的

数学关系,建立回归模型如下:

$$F_S = a_0 + a_1 \times H^{-0.508} + a_2 \times \beta^{-0.7247} + a_3 \times c + a_4 \times \varphi \tag{6-8}$$

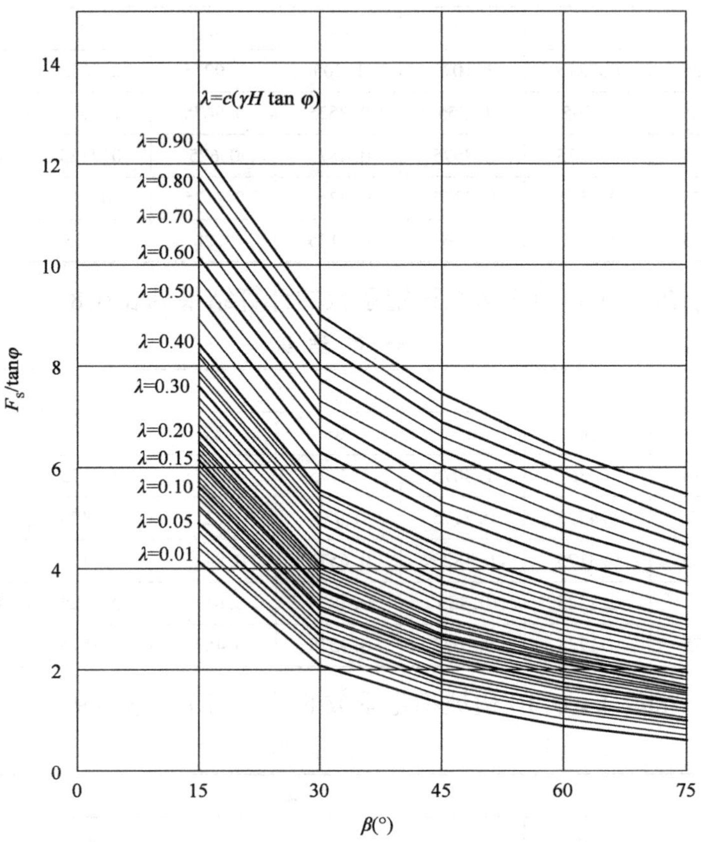

图 6-30　均质土边坡稳定性计算图(有限元强度折减法)

选取不同的样本点进行数值模拟计算,结果见表 6-10。

计算样本点　　表 6-10

序号	H(m)	β(°)	c(kPa)	φ(°)	F_S	序号	H(m)	β(°)	c(kPa)	φ(°)	F_S
1	50	60	46	33	0.9125	11	30	90	50	30	0.7375
2	44	50	37	30	1.0875	12	10	28	40	30	3.2375
3	34	70	35	33	0.8875	13	22	75	33	26	0.8375
4	29	48	50	36	1.7125	14	38	65	18	22	0.5375
5	36	50	28	24	0.8875	15	8	30	12	18	1.4625
6	26	85	45	18	0.6875	16	18	33	47	21	1.9375
7	5	45	20	22	2.1875	17	16	43	26	19	1.2125
8	12	30	10	13	0.9125	18	24	20	15	27	1.9875
9	15	10	5	10	1.3375	19	28	35	22	25	1.2375
10	20	55	18	24	0.8625	20	27	38	24	20	1.0375

续上表

序号	H(m)	β(°)	c(kPa)	φ(°)	F_S	序号	H(m)	β(°)	c(kPa)	φ(°)	F_S
21	31	40	30	23	1.1375	35	47	82	50	35.5	0.7625
22	33	41	32	25	1.1875	36	48	18	8	22.5	1.5125
23	35	49	36	27	1.1125	37	49	32	14	18.5	0.8125
24	37	52	38	28	1.0625	38	6	12	6	12.5	1.7875
25	41	64	23	17	0.4875	39	9	25	7	14.5	1.1125
26	42	67	25	34	0.7625	40	7	88	21	24.5	1.0625
27	43	69	29	35	0.7875	41	13	63	31	26.5	1.3625
28	32	15	27	16	1.7375	42	14	54	19	12	0.7625
29	23	22	41	15	1.6875	43	17	61	9	16.5	0.5125
30	25	73	43	21	0.8625	44	19	53	11	25.5	0.7875
31	21	77	44	31	1.0875	45	15	66	34	5	0.7375
32	11	80	49	32	1.7375	46	39	57	39	29	0.9875
33	45	15	42	28.5	2.8875	47	40	62	48	35	1.1375
34	46	25	17	26.5	1.4625						

通过对所选样本点进行回归分析，得到如下结果：

$$F_S = 1.639 - 0.0223 \times H^{-0.508} - 0.0246 \times \beta^{-0.7247} + 0.0189 \times c + 0.0359 \times \varphi \tag{6-9}$$

以上两式中：F_S——边坡稳定系数；

a_i——多元回归系数；

H——坡高（m）；

β——坡度（°）；

φ——内摩擦角（°）；

c——黏聚力（kPa）。

2. 二元结构边坡

同样，可建立二元结构边坡稳定系数与各控制因素关系的多元回归模型，回归模型的表达式见式(6-10)：

$$F_S = a_0 + a_1 \ln H - a_2 \ln \beta_1 - a_3 \tan \varphi_1 + a_4 c_1 + a_5 \ln(\tan \varphi_2) + a_6 \ln c_2 + a_7 e^{-0.7\beta_2} \tag{6-10}$$

采用数值模拟计算样本点，各控制因素的取值及计算结果见表6-11。

各控制因素取值及计算结果 表 6-11

序号	H(m)	β_1(°)	c_1(kPa)	φ_1(°)	c_2(kPa)	φ_2(°)	β_2(°)	F_S
1	5	15	5	5	1	3	1	0.7625
2	6	17	7	6	3	4	2	0.6125
3	7	19	9	7	5	5	2.5	0.9375
4	8	20	11	8	7	6	3	1.0125
5	9	21	13	9	9	7	3.5	1.0875
6	10	22	15	10	10	8	4	1.1625
7	11	23	16	11	11	9	4.5	1.1625
8	12	24	17	12	12	10	5	1.1625
9	13	26	18	13	13	11	5.5	1.1625
10	14	28	19	14	14	12	6	1.1625
11	15	30	20	15	15	13	6.5	1.1375
12	16	32	21	16	16	14	7	1.1375
13	17	34	22	17	17	15	7.5	1.1375
14	18	36	23	18	18	16.5	8	1.1125
15	19	38	24	19	19	17	8.5	1.0875
16	20	40	25	20	20	17.5	9	1.0875
17	21	42	26	21	21	18	9.5	1.0625
18	22	44	27	22	22	18.5	10	1.0625
19	23	46	28	23	23	19	10.5	1.0375
20	24	48	29	24	24	19.5	11	1.0375
21	25	50	30	25	25	20	11.5	1.0125
22	26	52	31	26	26	20.5	12	1.0125
23	27	54	32	27	27	21	12.5	1.0125
24	28	56	33	28	28	21.5	13.5	0.9875
25	29	58	34	29	29	22	14	0.9875
26	30	60	35	30	30	22.5	15	0.9625
27	31	62	36	31	31	23	16	0.9625
28	32	64	37	32	32	23.5	17	0.9375
29	33	66	38	33	33	24	18	0.9375
30	34	68	39	34	34	24.5	19	0.9125
31	35	70	40	35	35	25	20	0.9125
32	36	72	42	36	36	25.5	21	0.8875
33	37	74	44	37	37	26	22	0.8875
34	38	76	46	38	38	26.5	23	0.8875
35	39	78	48	39	39	27	24	0.8875

续上表

序号	H(m)	β_1(°)	c_1(kPa)	φ_1(°)	c_2(kPa)	φ_2(°)	β_2(°)	F_S
36	40	80	50	40	40	27.5	25	0.8625
37	41	82	52	41	41	28	26	0.8625
38	42	84	54	42	42	28.5	27	0.8375
39	43	86	56	43	43	29	28	0.8125
40	44	88	58	44	44	29.5	29	0.8125
41	45	90	60	45	45	30	30	0.7875

根据表6-11的各样本取值,进行多元线性回归分析,可得出各回归系数,回归结果见式(6-11)。

$$F_S = 4.201 + 0.238\ln H - 1.817\ln\beta_1 - 0.849\tan\varphi_1 + 0.00582c_1 + 0.557\ln(\tan\varphi_2) + 1.227\ln c_2 + 5.588e^{-0.7\beta_2} \quad (6\text{-}11)$$

式中:F_S——边坡稳定系数;

H——覆盖层坡高(m);

β_1——覆盖层坡度(°);

φ_1——覆盖层的内摩擦角(°);

c_1——覆盖层的黏聚力(kPa);

φ_2——接触面的内摩擦角(°);

c_2——接触面的黏聚力(kPa);

β_2——接触面倾角(°)。

第三节　外在因素对公路边坡稳定性的影响

一、水文条件对边坡稳定性的影响

水文条件对边坡稳定性的影响主要体现在两个方面,地表水通过大气降水形成地表径流,对表层岩土体的冲刷作用导致边坡坡面破坏,同时地表水也会顺岩土体的节理裂隙逐渐下渗,转化为地下水,与原有地下水一起,对边坡的稳定性产生较大的影响,形成深部的整体失稳。本节着重研究地下水对边坡稳定性的影响。

地下水根据埋深情况又可分为上层滞水、潜水和承压水(层间水)。

(1)上层滞水:包气带中局部隔水层或弱透水层上积聚的具有自由水面的重力水。

(2)潜水:在地面以下第一个隔水层以上的含水层的水,距地面较近,在重力作用下可沿隔水层由高到低流动。

(3)承压水(层间水):在地面以下任意两个隔水层之间含水层中的地下水。由于静水水头高于含水层,故产生一定的静水压力对上部岩体起承托作用,承压水的静止水头均高于含水层,甚至当水头高于地面时,它可以通过岩土体节理裂隙冒出地面而成自流泉水。

边坡灾害的产生与边坡的水文条件密切相关,地表水一般引起边坡坡面破坏,如水土流失、坡面风化;而地下水对边坡的不利影响将会导致边坡的整体失稳,其影响主要包括:①水对边坡岩土体具有软化作用,使其抗剪强度降低,并且岩土中水还对结构面起到润滑作用;②水进入坡体,无疑会增大边坡岩土体的重度,增大边坡滑体的下滑力;③水在边坡岩体内渗流时,产生动水压力,若渗流量过大,坡体开挖过程中将受到影响;④在岩体内特别是滑面材料内形成一定类型的地下静水压力,例如孔隙压力、渗透压力等。在岩土体蠕动变形过程中,孔隙水压力会增大,加速了滑面变形而造成坡体失稳;⑤水还会改变膨胀岩土体性质,以及水的冻胀作用。

为了研究渗流情况下边坡稳定性的变化情况,采用有限元建立计算模型如下:

模型一(无渗流情况):边坡坡高为20m,坡度为45°,模型在地面线以下延伸20m,坡顶向左侧延伸距离为40m;边界条件仅在两侧施加侧向约束,底部施加固定约束,如图6-31a)所示。

模型二(有渗流情况):模型尺寸及参数同前,并考虑渗流的影响,首先施加渗流边界,左侧总水头高为40m,右侧沿地面线总水头降为20m,坡面为排水边界,计算该工况下的孔隙水压力然后施加于模型各节点之上,再对边坡稳定性进行计算,如图6-31b)所示。

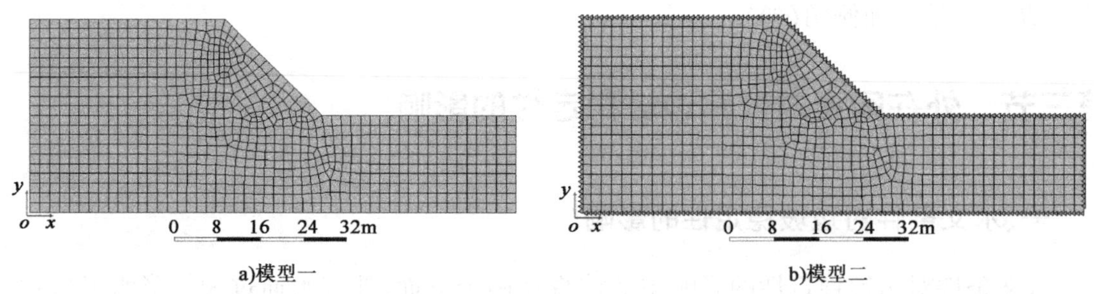

图6-31 有无渗流情况下边坡计算模型示意图

所得计算结果对比如图6-32～图6-34所示。边坡稳定系数结果见表6-12。

边坡稳定系数结果表 表6-12

模型	模型一	模型二
稳定系数 F_S	1.1375	0.8625

岩土体中的渗流是非常复杂的,本计算并不能代表各种渗流过程,但可以由此获取一些有益结论:有渗流情况下的均质土边坡应力集中现象更为明显,同时在边坡顶部出现了

水平拉应力;渗流情况下模型剪应变的范围和大小远大于无渗流时边坡的剪应变,塑性区已贯通至坡顶,稳定系数显著降低,这是由于地下水增加了边坡的下滑力,降低了边坡的有效抗滑力,同时劣化了岩土材料力学性质,从而降低坡体的稳定系数。

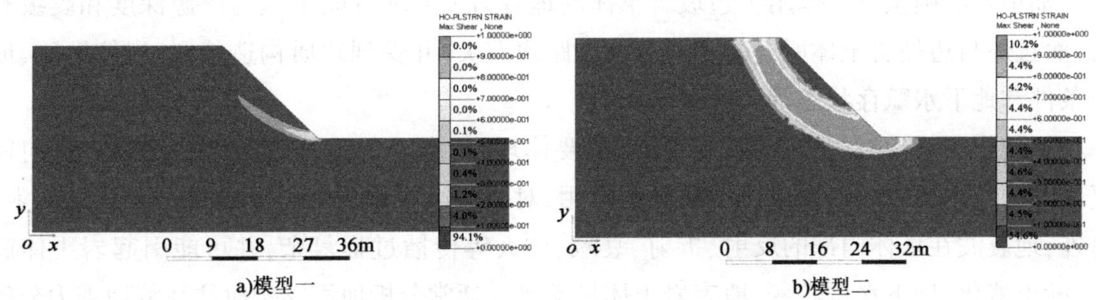

a)模型一　　b)模型二

图 6-32　有无渗流情况下边坡剪应变分布图

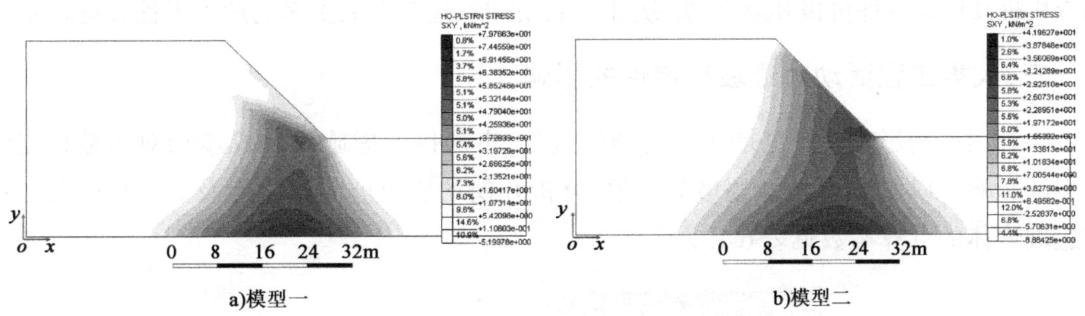

a)模型一　　b)模型二

图 6-33　有无渗流情况下边坡剪应力分布图

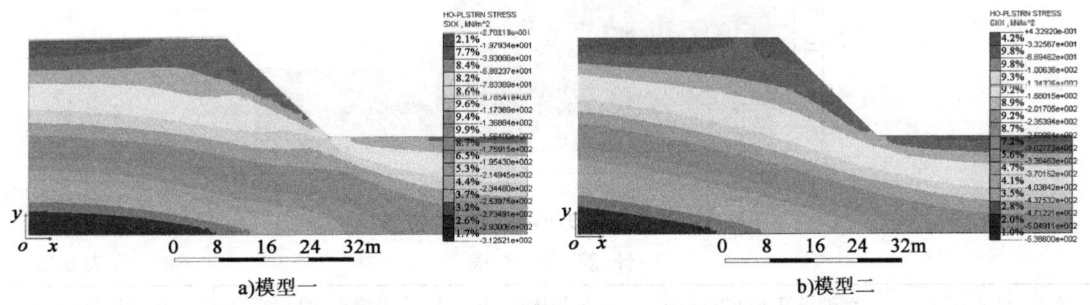

a)模型一　　b)模型二

图 6-34　有无渗流情况下边坡主应力分布图

由于边坡体内的地下水多来源于大气降水的入渗补给,所以在测定边坡的水文条件时,不但要考虑雨量、雨强,更应该注意降雨的历时和入渗量,由此设计合理的边坡截排水措施。

综上,边坡的水文条件是影响边坡稳定性的重要因素,是边坡病害的诱发条件。对大多数边坡病害来说,治水才是治理边坡的关键,采用合理的截排水是增加边坡稳定性的重要治理措施。

二、地震作用对边坡稳定性的影响

地震作用是影响边坡稳定性的又一重要因素,但是自然地震的发震时间、地点及地震震级都很难准确预测。作用于边坡岩土体的地震力强度和方向不但与震源深度和震级有关,而且还与边坡岩土体所处的相对方位和距离有关,并受到地质构造特征、岩体性质、地形条件和地下水赋存状态等多方面的影响。

地震作用对边坡的稳定性不利影响主要体现在:由于地震产生的水平向和竖直向往复运动的作用力对边坡形成拉压和抛掷作用,对公路边坡的病害形成也是一种诱发因素。另外,地震波在坡体内部的反射、折射、衰减、放大等传播过程复杂,并可能引起岩土体震陷、砂土液化、地下水位骤变、地表岩土体松动等。通常分析地震影响时往往将地震力分解为垂直向和水平向的分力进行静力分析,从而选择合理的加固治理措施。实际边坡的地震响应机理及稳定性评价极其复杂,要做到合理的防护,还需开展更多的地震工程影响研究。

三、人类工程活动对边坡稳定性的影响

人为因素的影响同样也是非常复杂的过程,本次仅考虑施工开挖步骤对边坡稳定性产生的影响。以图 6-35 所示边坡为对象,分析开挖均质土坡的稳定性及其破坏过程。设定边坡岩体的计算参数见表 6-13。

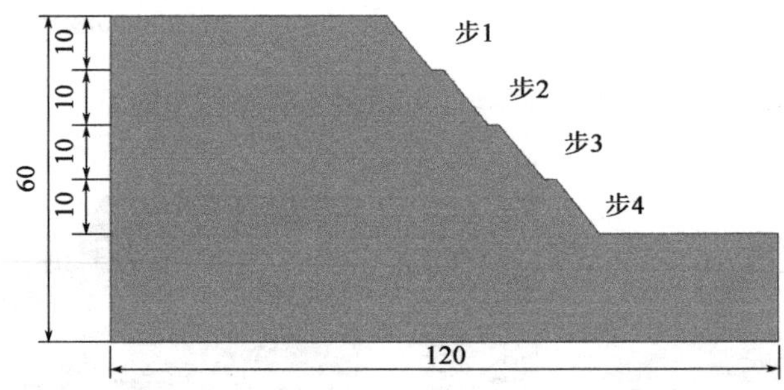

图 6-35 均质土边坡计算模型(尺寸单位:m)

计 算 参 数 表　　表 6-13

重度 γ(kN/m^3)	弹性模量 E(kPa)	泊松比 ν	黏聚力 c(kPa)	内摩擦角 φ(°)
18.5	10000	0.3	30	25

边坡几何尺寸如图 6-35 所示,模型中坡率为 1:0.8,平台宽度为 2m,每级边坡高度为 10m。

从上往下依次开挖边坡,得到在不同开挖高度下边坡的剪应力分布如图 6-36 所示。

分析以上结果可以得出,随着边坡开挖高度的增加,剪应力增加。剪应力在靠近坡面处逐渐偏转,在边坡表面附近与坡面平行。在坡脚区域逐渐出现了应力集中现象,且随着边坡开挖高度的增加,坡脚处剪应力集中程度加剧。

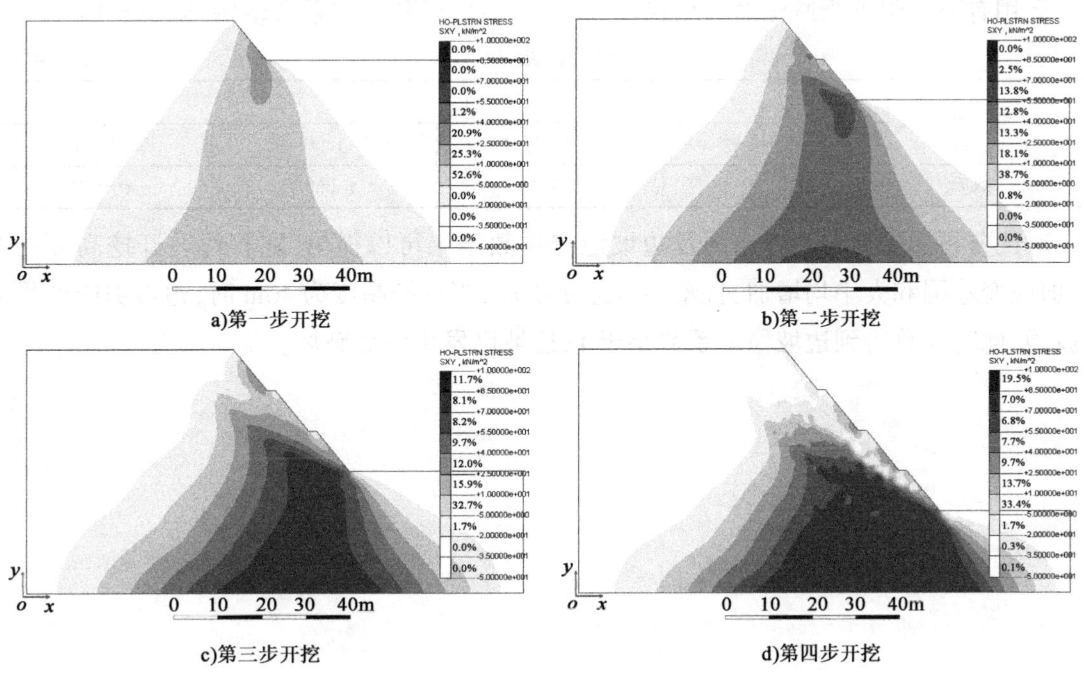

图 6-36　不同开挖步骤下的剪应力分布图

分步开挖对应的边坡坡体剪应变分布如图 6-37 所示。

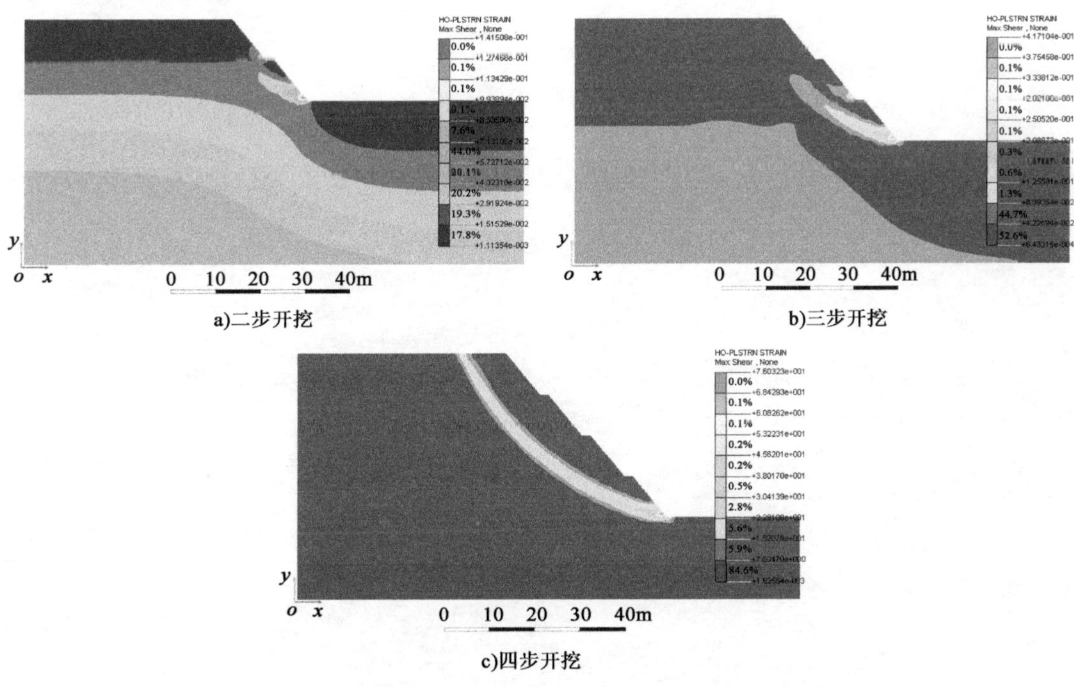

图 6-37　不同开挖步骤下的剪应变分布图

运用有限元强度折减法对边坡稳定性进行计算,得到稳定系数结果,见表6-14。

计 算 结 果　　表6-14

稳　定　性	工　况			
	一 步 开 挖	二 步 开 挖	三 步 开 挖	四 步 开 挖
稳定系数 F_S	1.8125	1.3125	1.0875	0.9875

对比分析边坡剪应变分布图及边坡稳定系数结果可以得出,随着边坡开挖高度的增加,剪应变范围和大小均增加,且塑性区逐步扩展,当开挖高度为40m时,边坡剪应变贯通至坡顶,此时计算得到边坡稳定系数小于1,边坡已发生失稳破坏。

第七章 公路边坡稳定性评价方法

第一节 评价准则及方法

一、评价步骤

岩土体结构的复杂性、多样性以及赋存环境的差异,决定了其失稳模式是多种多样的。因此,在研究某一公路边坡的稳定性时,首先划分边坡类型、判断特定的地质条件下可能的病害模式,针对具体的病害模式再通过数学、力学和试验分析方法,计算边坡的稳定系数,以此制订相应的治理措施及监测方案。通常评价公路边坡稳定性按以下流程进行,如图7-1所示。

1. 室内资料搜集与分析

室内资料搜集与分析主要包括项目管理资料和技术资料两部分。管理资料包括项目往来文件、相关委托书(合同)、批复文件等;技术资料包括项目相关的地质环境条件资料,前期评估、勘察、设计报告,项目所在区域附近的工程项目报告等。

2. 现场勘查与量测

调查现场及近场边坡发育特征情况,对边坡进行测量与调绘,必要时应采用地质勘探、物探等方法获取边坡内部地质资料。

3. 边坡变形破坏病害模式

根据边坡地形地貌、地层岩性与岩土体结构等现场调查情况,并结合所搜集资料,确定边坡变形破坏病害模式。

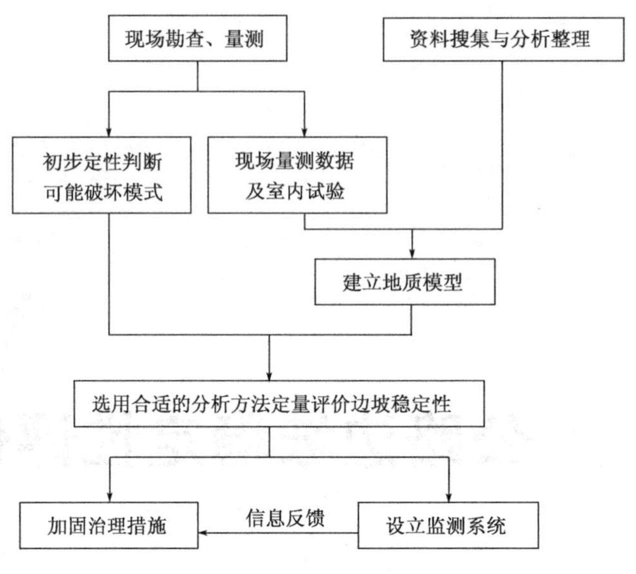

图 7-1　边坡稳定性评价流程图

4. 现场及室内试验

对边坡岩土体采样并进行室内试验,确定岩土材料力学参数;对于重大工程边坡及大型边坡,为更加真实地反映边坡岩土体的力学特征,还应进行现场试验。

5. 建立地质模型

对现场和室内搜集的资料进行整理分析,建立地质模型。地质模型越接近实际情况,结果越准确。

6. 定量评价边坡稳定性

对边坡可能发生的破坏模式选用适当的方法逐一进行评价,最终确定边坡最有可能的破坏方式及其稳定性。

7. 加固治理措施

根据评价结果制订适合的多种治理措施,选择既安全又节约的方法作为最终治理措施。

8. 设立监测系统

对规模大、危害大的边坡,还应设立监测系统,监测边坡变形;将信息及时反馈给边坡治理人员,以便动态调整加固治理措施。

二、评价准则

通常通过岩土本构关系可得到岩土体的变形性质,而能否发生破坏除采用力学强度判据的强度准则外，现在越来越多地采用变形速率判据、位移量与变形极限判据和可靠度分析。每种评价准则均有其特点。

1. 力学强度判据

用常规的数值分析法计算出边坡稳定系数，当稳定系数小于1或为某一临界值时，便认为边坡在力学强度方面是不稳定的。由于各种复杂效应的影响，不稳定边坡力学概念上的失稳与实际产生滑动之间往往存在差别和时效问题，因此，用该判据预测边坡的滑动可作为评价边坡稳定发展趋势的依据。基于岩土强度理论的力学强度判据主要用于分析评价边坡稳定安全度以及进行相应的加固设计，也可用于边坡岩土力学参数的反演分析。

实践证明，这一简单易行、传统常规的稳定判据，在相关边界条件、计算分析方法以及参数取值合理的条件下，能较好地反映边坡的实际稳定程度，是边坡工程治理的重要稳定判据。

2. 变形速率判据

变形速率判据主要是依据监测体系提供的统计信息和分析曲线，判定边坡某一时段所处的稳定状态（稳态或非稳态）以及变形发展阶段（发生、发展、加速或减缓、失稳或趋稳以及收敛稳定）。但实际变形速率的阈值在不同类型、不同岩土的边坡中也存在较大差异，所以变形速率判据更依赖大量的工程经验，加之岩土体本身存在蠕变性，有的软质材料边坡能在低速率下长期蠕变而发生破坏，所以，变形速率判据多用于评价坚硬岩土边坡。

3. 位移量与变形极限判据

边坡岩土材料所能承受的累积位移（变形）量是有限的，临界位移量同变形速率一样，与岩土类型、性质、坡形及坡体结构等因素相关，有赖于大量工程经验综合确定。位移量与变形极限判据常用于完整性较好的岩质边坡。

根据边坡变形的时间序列作变形曲线，由变形曲线的发展端作时间轴的垂线，与时间轴交点的时间作为滑坡时间（图7-2），这种评价方法反演起来相对简单，但正向发展时破坏前的累积变形量和时间轴关系在不同类型边坡中差异也比较大，所以，位移量评价准则往往与其他准则共同判定边坡的稳定性。

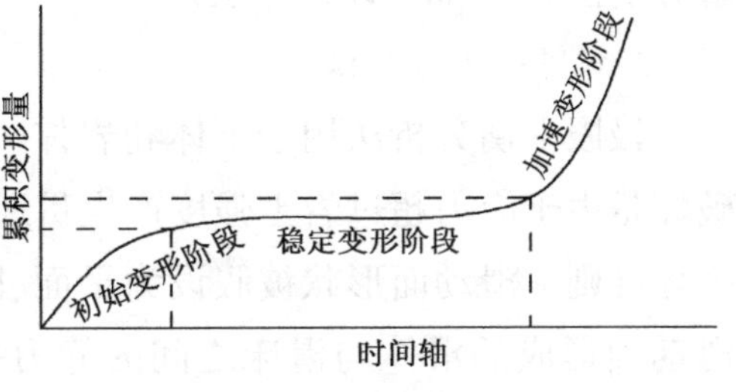

图7-2 累积变形量判据示意图

位移总量既可用于边坡稳定程度的控制指标，又可用于对监测资料进行分析评判。这两方面的作用均因边坡工程的复杂性而使得数值的确定极其困难，需获取大量统计样本，开展分类整理分析才能有所突破。当用于边坡稳定程度的控制指标时，计算分析中可通过模拟施加支护措施，视其效应变化量达到相应临界值时的变形总量来初步拟定，实际监测边坡破坏的成果经分析修正后，可用于该地区类似边坡进行极限变形评价。

4. 可靠度分析判据

从经典概率方法蒙特卡罗(Monte Carlo)统计试验法、罗森布鲁斯(Rosenbluth)点估计法、傅立叶快速变换法，到更高计算效率的一次二阶矩理论的应用，可靠度分析法已取得了快速发展与应用，但在实际工程中应用并不广泛。制约可靠度分析评价方法的因素主要体现在以下几方面：首先如何与现行规程规范相互协调、配套与取舍；其次统计分析过程是相对复杂的分析运算，此外，统计学本身必须依赖大量数据样本资料。所以，在公路边坡病害治理过程中，可靠度分析判据只作为辅助判定边坡稳定性的方法。

三、评价方法

随着公路边坡研究的深度和广度不断增加，边坡稳定性评价方法也由定性分析向定量分析、定性定量综合分析方向发展。近年来，一些研究稳定性问题的新方法和新理论运用于边坡稳定性研究中，促进了边坡稳定性评价方法的新发展。基于以上稳定性评价准则，将现有的各种评价方法归为四类，即定性分析方法、极限平衡分析法、数值模拟分析法及非确定性分析法。

1. 定性分析方法

定性分析方法主要是通过工程地质勘察，对影响边坡稳定性的主要因素、可能的变形破坏方式及失稳的力学机制等的分析，对已变形地质体的成因及其演化史进行分析，从而给出被评价边坡一个稳定性状况及其可能发展趋势的定性说明和解释。其优点是能综合考虑影响边坡稳定性的多种因素，快速地对边坡的稳定状况及其发展趋势作出评价。常用的方法主要有以下几种：工程地质类比法、查表法、模型分析法及适用于岩质边坡的图解分析法和HSMR评价方法。

2. 极限平衡分析法

极限平衡分析法用于土体和岩体时的基本思想有所不同。对土体而言，一般认为其破坏是由于应力超过岩土强度产生贯通弱面而发生滑动破坏，滑动面(带)内的土体服从破坏准则。滑动面形状被假设为平面、圆弧面、对数螺旋面或其他不规则面，通过考虑由滑动面形成的滑体与滑床之间的静力平衡，确定沿这一滑动面发生滑动时的破坏荷载。有的方法考虑隔离体的整体平衡，有的方法把隔离体分成若干竖向的土条，并对条间力作一定简化，然后考虑每一土条的静力平衡，这样可以求出一系列滑面发生滑动时的破坏荷载。目前适用于滑动破坏的稳定性分析有多种极限平衡条分法，如瑞典法条分(Fellenius)法、毕肖普(Bishop)法、简布(Janbu)法、摩根斯顿-普莱斯(Morgenstern-Prince)法、斯宾塞(Spencer)法、萨尔玛(Sarma)法、王复来法、陈祖煜法等。

对于岩体则认为其破坏多是由已形成的不连续结构面控制,其极限平衡仍然采用经典力学模型进行计算,近年来很多学者[50~54]所提出的强度折减法已得到工程界的认可,并广泛用于实际工程,取得了较好的效果。

3. 数值模拟分析法

对于边坡有限变形失稳模式,主要分析方法基于数值计算手段。岩土数值模拟一般分为连续介质模拟(有限元、边界元、显式有限差分法等)和非连续介质模拟(块体理论、离散元、刚体弹簧元、块体元、界面元、不连续变形分析方法等)两大类别。20 世纪 90 年代初,由石根华等发展的数值流形方法在理论上初步实现了连续与非连续数值方法的统一。数值模拟思想包括三个部分:首先将研究对象离散化,分成形状规则的小块单元,然后根据外力作用情况对每一个小单元进行分析,求取单元之间节点的受力变形,最后将单元计算结果结合起来对总体进行分析,得到整个研究对象的受力变形。

4. 非确定性分析法

非确定性分析法主要采用边坡稳定可靠性分析评价准则。20 世纪 70 年代中后期,加拿大能源与矿业中心和美国亚利桑那大学等开始把概率统计理论应用到边坡岩体的稳定性分析中来。用可靠度比用安全系数在一定程度上更能客观、定量地反映边坡的安全性。我国的《岩土工程勘察规范》(GB 50021—2001)明确指出,大型边坡设计除了计算边坡稳定系数来评价稳定性外,尚宜进行边坡稳定的可靠性分析,并对影响边坡稳定性的因素进行敏感性分析。只要求出的可靠度足够大,亦即破坏概率足够小,就认为边坡工程的设计是可靠的。近年来,该方法在岩土工程中的研究与应用发展很快。但该方法的缺点是:计算前所需的大量统计资料难以获取,各因素概率模型及其数字特征的合理选取问题还没有得到解决。另外,其计算较一般极限平衡方法更显困难和复杂。下面对近年来常用的方法简述如下。

(1)随机过程方法。随机过程方法包含时间序列分析法,它是一种纯数学的理论模型方法。例如,对边坡的力学行为及其变形位移进行随机预报,通常都要求建立随时空域变化的概率方程,并求解。

(2)模糊数学法。模糊数学法用于边坡稳定分析主要体现在两个方面:一是采用模糊极值理论进行边坡稳定分析;二是用隶属度概念对边坡岩体稳定质量进行分级评判。近年来,模糊数学在工程中的应用取得了丰硕成果,研究方法日趋成熟。

(3)灰色系统预测滑坡失稳分析方法。主要采用灰色预测和灰色类聚分析方法,对边坡稳定性进行合理的评价。

(4)遗传算法确定岩质边坡最危险滑裂面。遗传算法模仿了生物界的遗传过程。这一方法的基本思想是:如果把任意滑裂面折线的每一个折点看作基因,则滑裂面折线相当于由折点基因串联在一起的染色体,这样,首先通过蒙特卡罗法随机生成数套"候选滑裂面折线”,就可构成一个具有不同染色体个体的种群。在这个种群里,每一滑裂面个体将模仿生物进化中优胜劣汰的自然选择法则进行生存竞争,为了更加适应稳定系数必须向最小逼近的具体要求,每一滑裂面个体除自身产生一定的随机变异(局部形态微调)外,还与种群中的其他个体进行基因交换(部分区段交换),以取长补短。在每一次循环中,稳定系数较大的滑裂面将只有很小的机会继续生存和繁殖后代,最终被淘汰。而稳定性系数较小的滑裂面将有最好的机会继续生存并繁殖后代。因为这种变异、交换、淘汰及繁殖的进化过程将持续进行,而后代又总在不断继承父代的最好特征并随机地进行自身进一步的优化改进,所以,最终种群中的各滑裂面染色体都将逐渐适应要求,进化收敛为一簇稳定系数最小的类似个体,即最危险滑裂面。可见,遗传算法模拟了生物进化中稳定优化的繁殖和选择过程,并把一组模型中适者生存的原则和随机化的信息交换结合在了一起。

这类方法难推广的原因有两个:一是缺乏大量实际应用经验以证明其正确性与适用范围;二是很多方法从理论上说是多学科的交叉运用,这种复杂性是一般技术人员难以理解和掌握的,有待于与计算机结合,编成程序以供技术人员直接使用。

第二节　定性评价方法

边坡定性评价方法是在对边坡调查的基础上,通过直观现象判断和简单分析边坡可能的失稳模式来评价其稳定性,该方法具有快速预判、简单分析的特点,一般应用于边坡稳定性评价的初期,或附近存在已做过详细研究的边坡作为类比参考。定性评价方法其实是在大量搜集边坡及所在地区的地质资料的基础上,综合考虑影响边坡稳定的各种因素,通过工程地质类比法或图解分析法对边坡病害、稳定性状况及发展趋势作出评估和预测。

一、工程地质类比法

工程地质类比法是将已有的天然边坡或人工边坡的研究经验(包括稳定的或破坏的),用于新边坡的稳定性分析,如坡比取值、计算参数反演、处理措施借鉴等。类比法具有经验性和地区性的特点,应用时必须全面分析已有边坡与待研究边坡两者之间的地貌、地层岩性、结构、水文地质、自然环境、变形主导因素及发育阶段等方面的相似性和差异性,同时还应考虑工程的规模、类型及其对边坡的特殊要求等。

1. 边坡成因类比分析

边坡受岩性、地质构造、风化卸荷、地下水赋存状况、地震、气候条件、坡向等多因素影响,根据边坡病害发育的地质环境条件,边坡施工及运营过程中的各种破坏迹象,及其基本规律和稳定性影响因素等进行综合分析,推断边坡施工及运营过程对边坡特征、稳定性的影响,并对总体现状、发展趋势、变形破坏危害等影响作出评价和预测。成因类比分析方法更多地适用于边坡调查初期或对非重要边坡的快速预判,这种分析方法多依赖技术人员的经验判断。在此初判基础上进行进一步调查研究。一般性认知如下:

(1)在重力因素的作用下,通常稳定的高坡要比稳定的低坡平缓,即稳定性与坡高、坡度呈反比函数关系。

(2)影响斜坡稳定的地质环境条件和边坡特征相同时,人工边坡较自然斜坡可维持较陡的坡度。

(3)坡度β相同的情况下,坡高H和坡面投影长度L一般存在以下关系:

$$H = L \cdot \tan\beta \tag{7-1}$$

采用边坡成因类比分析可按照以下步骤进行:

(1)在一定研究区域内调查统计,选取与待研究边坡的坡向、岩性、构造以及地下水赋存状态等条件相同或相近的边坡。

(2)将同一区域环境条件下的边坡按坡高划分成若干档,在各段坡高的较陡区段量取其相应的坡面水平投影长,筛选该档坡高的最小坡面投影长度,可近似得到边坡的最大稳定坡度作为临界坡度。如此可获得对应不同档坡高的一系列临界坡度。

(3)将这些数对标在双对数坐标纸上,绘出光滑曲线,并由此向曲线两端外插,得到完整的临界坡高、坡度曲线,可用来快速判断边坡稳定性。

2. 相似工程经验类比

借鉴已建、在建工程的实践经验,即利用已有工程边坡的稳定性状况及其影响因素以及有关研究成果等方面的经验,尤其是相似的已发生变形破坏的工程边坡,按相似性类比应用于所要研究边坡的稳定性分析。

采用相似工程经验类比法选取的经验值存在局限性,仅适用于地质条件简单的中、小型边坡,或供宏观预判参考。

3. 观测地质现象判断边坡稳定性

可根据地貌形态的演变判断边坡的稳定性,因为边坡病害发展的不同阶段具有不同的地貌特征。例如从构造分析入手判断边坡是否稳定,往往可以节约时间、节省勘探工作量。另外还可以从各种影响边坡稳定性的因素的变化及其组合情况来判断边坡稳定性的变化趋势等。若存在下列条件时可适当降低边坡稳定性预判结果:

(1)边坡及其临近地段已有滑坡、崩塌、塌陷等不良地质现象存在;

(2)土质边坡中网状裂隙发育,或边坡由膨胀岩土组成;

(3)地层渗透性差异大,地下水在弱透水层或基岩面上积聚流动,断层及裂隙中有承压水出露,坡面上有泉水出露;

(4)坡上有天然或人工水池或湖沼,有水流冲刷坡脚或因河水位急剧升降引起岸坡内动水压力强烈作用;

(5)边坡处于强震区,或临近地段曾有或拟采用大爆破施工。

二、图表法

图表法总体上可分为两类:一类是经验图表法,即大量经验值的统计图表,可直接套用;另一类是通过图解分析边坡稳定性。

1. 经验值法

通过长期的经验总结,给出不同类型边坡的坡高、坡度或岩土强度参数参考值,在实际评价中,当资料匮乏时,可按照经验参数取值。

1)均质土边坡

在保证边坡稳定的前提下,我们编制了各类均质土边坡的坡高、坡度容许值表。在实际工作中,可以根据工程地质条件参考下列各表(表7-1~表7-4),在范围内合理取值。

黏性土边坡容许坡率值 表7-1

岩土类别	岩土性质	容许坡率值	
		坡高在5m以内	坡高在5~10m
粉土	$S_r \leqslant 0.5$	1:1.00~1:1.25	1:1.25~1:1.50
一般黏性土	坚硬	1:0.75~1:1.00	1:1.00~1:1.25
	硬塑	1:1.00~1:1.25	1:1.25~1:1.50
老黏性土	坚硬	1:0.35~1:0.50	1:0.50~1:0.75
	硬塑	1:0.50~1:0.75	1:0.75~1:1.00

砂性土边坡容许坡率值 表7-2

土的名称	土的密实程度	不同坡高的容许坡率值	
		小于20m	大于20m
粗砂	密实	1:1.5	1:1.75~1:2
	中密	1:1.5~1:1.75	—
中砂	密实	1:1.5~1:1.75	1:2~1:2.25
	中密	1:1.75	—
粉细砂	密实	1:1.75~1:2.25	—
	中密	1:2~1:2.25	—

黄土边坡容许坡率参考值　　表 7-3

工程分区	工程分类		不同坡高的容许坡率值				
			≤6m	6~12m	12~20m	20~30m	30~40m
Ⅰ东南地区	新黄土(马兰黄土)Q_3-Q_4	坡积	1:0.5	1:0.5~1:0.75	1:0.75~1:1.0	—	—
		洪、冲积	1:0.2~1:0.3	1:0.4~1:0.6	1:0.5~1:0.75	1:0.75~1:1.0	—
	新黄土(马兰黄土)Q_3		1:0.3~1:0.4	1:0.4~1:0.6	1:0.6~1:0.75	1:0.75~1:1.0	1:1.0~1:1.25
	老黄土(离石黄土)Q_2		1:0.1~1:0.3	1:0.2~1:0.4	1:0.3~1:0.5	1:0.5~1:0.75	1:0.75~1:1.0
Ⅱ中部地区	新黄土(马兰黄土)Q_3-Q_4	坡积	1:0.5	1:0.5~1:0.75	1:0.75~1:1.0	—	—
		洪、冲积	1:0.2~1:0.3	1:0.3~1:0.5	1:0.5~1:0.75	1:0.75~1:1.0	—
	新黄土(马兰黄土)Q_3		1:0.3~1:0.4	1:0.4~1:0.5	1:0.5~1:0.75	1:0.75~1:1.0	1:1.0~1:1.25
	老黄土(离石黄土)Q_2		1:0.1~1:0.3	1:0.2~1:0.4	1:0.3~1:0.5	1:0.5~1:0.75	1:0.75~1:1.0
	红色黄土(午城黄土)Q_1		1:0.1~1:0.2	1:0.2~1:0.3	1:0.3~1:0.4	1:0.4~1:0.6	1:0.6~1:0.75
Ⅲ西部地区	新黄土(马兰黄土)Q_3-Q_4	坡积	1:0.5~1:0.75	1:0.75~1:1.0	1:1.0~1:1.25	—	—
		洪积、冲积	1:0.2~1:0.4	1:0.4~1:0.6	1:0.6~1:0.75	1:0.75~1:1.0	—
	新黄土(马兰黄土)Q_3		1:0.4~1:0.5	1:0.5~1:0.75	1:0.75~1:1.0	1:1.0~1:1.25	1:1.25
	老黄土(离石黄土)Q_2		1:0.1~1:0.3	1:0.2~1:0.4	1:0.3~1:0.5	1:0.5~1:0.75	1:0.75~1:1.0
Ⅳ北部地区	新黄土(马兰黄土)Q_3-Q_4	坡积	1:0.5~1:0.75	1:0.75~1:1.0	1:1.0~1:1.25	—	—
		洪积、冲积	1:0.2~1:0.4	1:0.4~1:0.6	1:0.6~1:0.75	1:0.75~1:1.0	—
	新黄土(马兰黄土)Q_3		1:0.3~1:0.5	1:0.5~1:0.6	1:0.6~1:0.75	1:0.75~1:1.0	1:1.25
	老黄土(离石黄土上部)Q_3^2		1:0.1~1:0.3	1:0.2~1:0.4	1:0.3~1:0.5	1:0.5~1:0.75	1:0.75~1:1.0
	老黄土(离石黄土下部)Q_3^1		1:0.1~1:0.2	1:0.2~1:0.3	1:0.3~1:0.4	1:0.4~1:0.6	1:0.6~1:0.75

注:1. 本表所列数值系由公路科研、生产等单位的调查研究成果,并参照铁路、水利等有关部门的资料,经分析、汇总整理而成。

2. 当边坡高度 $H>20$m 时,应进行力学验算。

3. 本表所提供的参考值,系指一般均质黄土,无不良水文地质及工程地质现象的容许坡率值。

膨胀土边坡容许坡率参考值　　表 7-4

膨胀土类别	边坡高度(m)	边坡坡率
弱膨胀土	<6	1:1.5
	6~10	1:1.5~1:2.0
中等膨胀土	<6	1:1.5~1:1.75
	6~10	1:1.75~1:2.0
强膨胀土	<6	1:1.75~1:2.0
	6~10	1:2.0~1:2.5

2)土石混合体边坡

在没有资料的情况下可以参考土石混合体边坡容许坡率的经验值进行稳定性初步判断,见表 7-5。

土石混合体边坡容许坡率值 表 7-5

碎石土的密实度	不同坡高的容许坡率值	
	坡高在 5m 以内	坡高在 5～10m
稍密	1:0.75～1:1.00	1:1.00～1:1.25
中密	1:0.50～1:0.75	1:0.75～1:1.00
密实	1:0.35～1:0.50	1:0.50～1:0.75

3)岩质边坡

在没有资料的情况下可以参考岩质边坡容许坡率的经验值进行稳定性初步判断,见表 7-6。

岩质边坡容许坡率值 表 7-6

边坡岩体类型	风化程度	不同坡高的容许坡率值		
		$H<8\mathrm{m}$	$8\mathrm{m}\leqslant H<15\mathrm{m}$	$15\mathrm{m}\leqslant H<25\mathrm{m}$
Ⅰ类	微风化	1:0.00～1:0.10	1:0.10～1:0.15	1:0.15～1:0.25
	中等风化	1:0.10～1:0.15	1:0.15～1:0.25	1:0.25～1:0.35
Ⅱ类	微风化	1:0.10～1:0.15	1:0.15～1:0.25	1:0.25～1:0.35
	中等风化	1:0.15～1:0.25	1:0.25～1:0.35	1:0.35～1:0.50
Ⅲ类	微风化	1:0.25～1:0.35	1:0.35～1:0.50	—
	中等风化	1:0.35～1:0.50	1:0.50～1:0.75	—
Ⅳ类	中等风化	1:0.50～1:0.75	1:0.75～1:1.00	—
	强风化	1:0.75～1:1.0	—	—

注:引自《工程地质手册》(第五版)。

岩质边坡设计还可根据岩石的种类、特征、风化破碎程度以及边坡高度等多因素选取容许坡率值,见表 7-7。

岩质边坡坡度与高度参考数值 表 7-7

岩石种类与特征	岩石风化程度	岩石破碎程度	边坡坡度与高度值		
			高 15m 以内	高 30m 以内	高 40m 以内
酸中性侵入岩类坚固的花岗岩、正长岩、闪长岩及其过渡型岩石,全结晶细粒至中粒单一或同时出现或无岩脉侵入	微风化至中等风化	节理少至节理较多	1:0.1～1:0.2	1:0.1～1:0.3	1:0.2～1:0.4
		节理发育	1:0.2～1:0.3	1:0.2～1:0.5	1:0.5～1:0.75
		节理极发育	1:0.3～1:0.5	1:0.5～1:0.75	—
	强风化	节理少至节理较多	1:0.3	1:0.3～1:0.5	1:0.75～1:1
		节理发育	1:0.5	1:0.7	—
		节理极发育	1:0.75	1:0.75～1:1	—

续上表

岩石种类与特征	岩石风化程度	岩石破碎程度	边坡坡度与高度值		
			高15m以内	高30m以内	高40m以内
基性侵入岩类,单一或多种,同时出现一次或多次侵入,辉长岩、辉岩、辉绿岩,块状坚硬	微风化至中等风化	节理少至节理较多	1:0.2~1:0.3	1:0.3~1:0.5	1:0.5
		节理发育	1:0.3~1:0.5	1:0.5	1:0.5
		节理极发育	1:0.5	1:0.75	—
	强风化	节理少至节理较多	1:0.3	1:0.5	1:0.75~1:1
		节理发育	1:0.5	1:0.75	—
		节理极发育	1:0.75	1:1	—
喷出火山岩类,流纹岩、安山岩、玄武岩、凝灰岩	微风化至中等风化	节理少至节理较多	1:0.2~1:0.3	1:0.3~1:0.5	1:0.5
		节理发育	1:0.3~1:0.5	—	1:0.75
		节理极发育	1:0.5	1:0.75	—
	强风化	节理少至节理较多	1:0.2~1:0.3	1:0.3~1:0.5	1:0.75~1:1
		节理发育	1:0.5	1:0.75	—
		节理极发育	1:0.5	1:1	—
砂岩、砾岩、厚层块状钙铁硅质胶结,结构致密	微风化至中等风化	节理少至节理较多	1:0.1~1:0.2	1:0.2~1:0.3	1:0.3~1:0.5
		节理发育	1:0.2~1:0.4	1:0.3~1:0.5	1:0.5
		节理极发育	1:0.4~1:0.5	1:0.5	—
	强风化	节理少至节理较多	1:0.3~1:0.4	1:0.5	1:0.75
		节理发育	1:0.4~1:0.5	1:0.75	—
		节理极发育	1:0.5~1:0.75	1:0.75~1:1	—
砂岩、砾岩、中薄层泥质、钙质胶结不完整,结构不密实	微风化至中等风化	节理少至节理较多	1:0.3~1:0.5	1:0.5	1:0.5~1:0.75
		节理发育	1:0.5	1:0.5~1:0.75	1:0.75~1:1
		节理极发育	1:0.5~1:0.75	1:0.75~1:1	—
	强风化	节理少至节理较多	1:0.5	1:0.5~1:0.75	1:0.75~1:1
		节理发育	1:0.75	—	—
		节理极发育	1:0.75~1:1	1:1~1:1.25	—
薄层砂岩、页岩、砾岩互层或页岩含泥质、炭质及黄铁矿等有害矿物者	微风化至中等风化	节理少至节理较多	1:0.5	1:0.5~1:0.75	1:0.75
		节理发育	1:0.5~1:0.75	1:0.75~1:1	1:1
		节理极发育	1:0.75~1:1	1:1~1:1.25	—
	强风化	节理较多	1:0.5~1:0.75	1:0.75	1:1
		节理发育	1:0.75~1:1	1:1	—
		节理极发育	1:1	1:1.25~1:1.5	—

续上表

岩石种类与特征	岩石风化程度	岩石破碎程度	边坡坡度与高度值		
			高 15m 以内	高 30m 以内	高 40m 以内
中薄层砂质页岩或其与砂岩、砾岩的互层(无夹层者)	微风化至中等风化	节理较多	1:0.5	1:0.5 ~ 1:0.75	1:0.75
		节理发育	1:0.5 ~ 1:0.75	1:0.75	1:0.75 ~ 1:1
		节理极发育	1:0.75	1:0.75 ~ 1:1	—
	强风化	节理较多	1:0.5 ~ 1:0.75	1:0.75	1:0.75 ~ 1:1
		节理发育	1:0.75	1:0.75 ~ 1:1	—
		节理极发育	1:0.75 ~ 1:1	1:1 ~ 1:1.5	—
石灰岩厚层,块状致密坚硬	微风化至中等风化	节理少至节理较多	1:0.1 ~ 1:0.2	1:0.2 ~ 1:0.3	1:0.3 ~ 1:0.5
		节理发育	1:0.2 ~ 1:0.3	1:0.3 ~ 1:0.5	1:0.5 ~ 1:0.75
		节理极发育	1:0.3 ~ 1:0.5	1:0.5	—
	强风化	节理少至节理较多	1:0.2 ~ 1:0.4	1:0.5	1:0.75
		节理发育	1:0.4 ~ 1:0.5	—	—
		节理极发育	1:0.5 ~ 1:0.75	1:0.75 ~ 1:1	—
白云岩、燧质、硅质、泥质、铁质石灰岩、磷灰岩或互层薄层,中层致密	微风化至中等风化	节理少至节理较多	1:0.2 ~ 1:0.3	1:0.3 ~ 1:0.4	1:0.4 ~ 1:0.5
		节理发育	1:0.3 ~ 1:0.4	1:0.4 ~ 1:0.6	1:0.5 ~ 1:0.75
		节理极发育	1:0.4 ~ 1:0.5	1:0.6	—
	强风化	节理少至节理较多	1:0.3 ~ 1:0.5	1:0.5	1:0.75
		节理发育	1:0.5	1:0.75	—
		节理极发育	1:0.75	1:1	—
角砾岩及凝灰岩角砾岩胶结不完整	微风化至中等风化	节理较多	1:0.3 ~ 1:0.4	1:0.4 ~ 1:0.5	1:0.5
		节理发育	1:0.4 ~ 1:0.5	1:0.5 ~ 1:0.75	1:0.75 ~ 1:1
		节理极发育	1:0.5	1:0.75	—
	强风化	节理较多	1:0.5	1:0.5 ~ 1:0.75	1:0.75 ~ 1:1
		节理发育	1:0.5 ~ 1:0.75	1:0.75 ~ 1:1	—
		节理极发育	1:0.75 ~ 1:1	1:1 ~ 1:1.25	—

注:1. 本表系岩石边坡调查资料汇编,由于影响岩石边坡的因素甚多,如气象、地震、水文地质条件以及建筑物的重要程度等,应对所在地区具体情况综合研究确定。
2. 构造破碎带或残积风化带的各种岩石,一般节理极发育,在边坡高度小于 20m 时,一般可采用 1:1 ~ 1:1.5 的边坡,极限状态可采用 1:0.75 的边坡。
3. 边坡数值栏无值者应对岩质边坡高度加以限制,避免发生变形。
4. 引自《工程地质手册》(第五版)。

当需要定量分析边坡稳定性时,岩体结构面强度参数 c、φ 可参考表 7-8 ~ 表 7-10 进行取值。

几种结构面的似摩擦角值 表 7-8

结构面特征	似摩擦角(°)
充填黏土的断层,岩壁风化	33
充填黏土的断层,岩壁轻微风化	37
新鲜花岗岩片麻岩不连续结构面	40
玄武岩与角砾岩接触面	45
致密玄武岩水平不连续结构面	38
玄武岩张开节理面	45

注:引自刘佑荣、唐辉明著《岩体力学》。

各种结构面的抗剪强度参数经验值 表 7-9

结构面类型	摩擦角(°)	黏聚力(kPa)
各种泥化的软弱面、滑石片岩片理面、云母片岩片理面等	9~20	0~50
黏土岩层面、泥灰岩层面、凝灰岩层面、夹泥断层、页岩层面、炭质夹层、千枚岩片理面、绿泥岩片理岩	20~30	50~100
砂岩层面、石灰岩层面、部分页岩层面、构造节理等	30~40	50~100 有时至 400
各种坚硬岩体的构造节理、砾岩层面、部分砂岩层面、部分石灰岩层面等	40~43.5 极限可达 49	80~220 极限可达 500

注:本表是根据相当数量的现场试验,沿软弱面施加剪力所得的岩体软弱面峰值抗剪强度资料而综合得出的。引自赵明阶、何光春、王多垠著《边坡工程处治技术》。

软弱夹层的抗剪强度参数经验值 表 7-10

软弱夹层性质	摩擦角(°)	黏聚力(kPa)
含阳起石的构造挤压破碎带	25	27
黏土页岩夹层	21	15
断层破裂带	19	0
膨润土薄层充填的页岩状石灰岩	7	15
膨润土薄层	11~16	93~119
节理中充填 30% 的黏土	45	100
节理中充填 40% 的黏土	27	0
碎石充填的节理	21~26	100~300
有黏土覆盖的节理	11~16	0~100
含角砾的泥岩	22	10

注:引自赵明阶、何光春、王多垠著《边坡工程处治技术》。

2. 图解分析

图解分析包括极射赤平投影、实体比例投影与摩擦圆等结构分析方法。该方法主要适用于层状和大块状等结构性较强的岩质边坡的稳定性分析,通过各种结构面产状可快速、直观地确定边坡结构的稳定性,判断不稳定块体的形状、规模及滑动方向。

对岩质边坡而言,最简单、快捷、直观的作图分析方法为极射赤平投影图解法及实体比例投影图解法,它们是利用赤平投影的原理,通过作图来迅速直观地表示出边坡变形破坏的边界条件,分析不连续面的组合关系,可能失稳岩体的形态及其滑动方向等,进而评价边坡稳定性,并为定量力学计算提供信息。

1)极射赤平投影图解法

极射赤平投影法是利用一个球体作为投影工具,通过球心作一平面,这个平面通过球体的赤道,称为赤平面。从球体的一个极点S或N(南极或北极)发出射线,称为极射。射线与赤平面的交点即为投影点。这种投影形式称为极射赤平投影。极射赤平投影的基本原理就是把物体放在球体的中心,将物体上各部分的位置投影在平面上,化立体为平面的一种方法。

采用极射赤平投影法初步判别岩质边坡稳定性时,可采用下半球等面积投影法;进行滑动破坏判别时,可采用大圆分析法或极点分析法,进行倾倒破坏分析时,多采用极点分析法。

(1)对于单组结构面(图7-3),宜按下列步骤进行边坡稳定性判别:

①按坡面的倾向 α_s、倾角 β_s 绘出边坡面大圆。

②绘出边坡的倾向线。

③在倾向线两侧绘出30°的倾斜线。

④按岩体结构面的摩擦角 φ 绘出摩擦圆。

⑤由30°的倾斜线、摩擦圆与坡面大圆围成的区域就是可能的滑动区。

⑥按结构面的产状绘出结构面大圆和倾向线。当结构面大圆和倾向线落入阴影区域时,则认为边坡可能失稳。

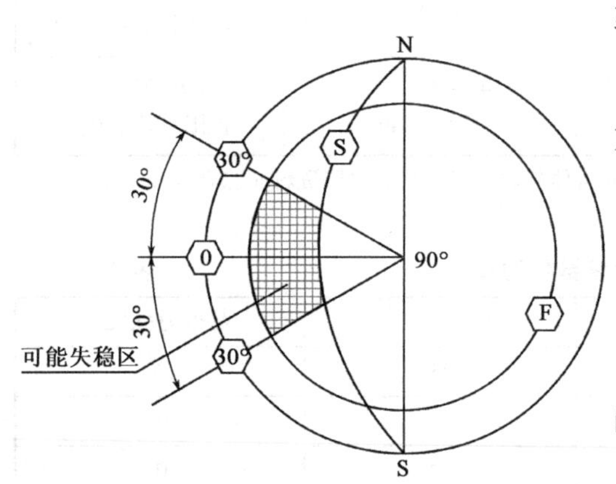

图7-3 采用大圆分析法判别存在单组结构面的岩质边坡失稳可能性的极射赤平投影图

(2)对于多组结构面组合(图7-4),宜按下列步骤作出极射赤平投影图:

①按坡面的倾向 α_s、倾角 β_s 绘出边坡面大圆。

②按岩体结构面的摩擦角 φ 绘出摩擦圆。

③按 $\beta_s \geqslant \beta \geqslant \varphi$ 的原则绘出可能的滑动区。

④按结构面的产状绘出结构面大圆。

任意两组结构面大圆的交点落入图7-4所示的滑动区,则应认为边坡可能失稳。

(3)采用极点分析法初步判别岩质边坡病害模式及稳定性时(图7-5)宜按下列步骤进行判别:

①按坡面的倾向 α_s、倾角 β_s 绘出边坡面大圆。

②按岩体结构面的摩擦角 φ 绘出摩擦圆。

③按边坡的倾向线和视倾角绘出边坡可能的滑动区。

④绘出可能的倾倒区。

⑤绘出结构面及其交线的极点。

⑥绘出的结构面及其交线极点落入图 7-5 所示的滑动区或倾倒区,则认为可能滑动或倾倒。

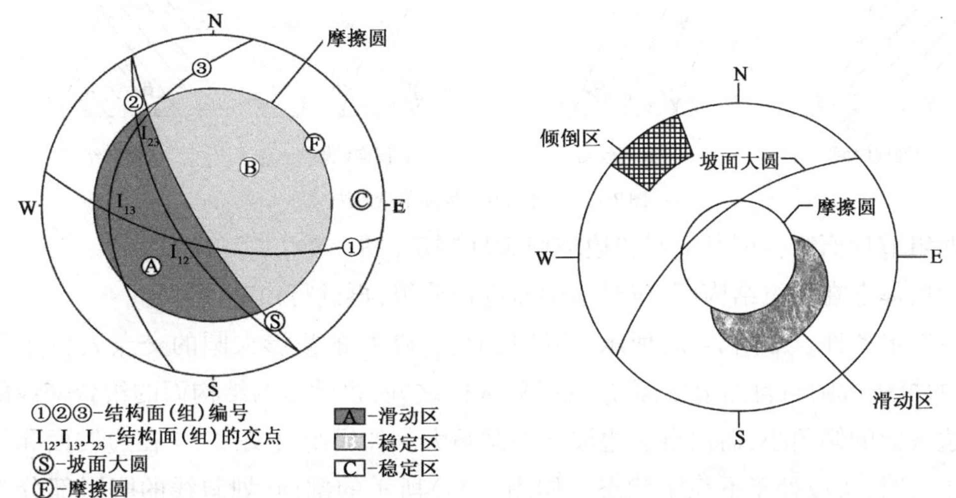

图 7-4 采用大圆分析法初步判别岩质边坡失稳可能性的极射赤平投影图

图 7-5 采用极点分析法初步判别岩质边坡失稳可能性的极射赤平投影图

(4)以层状边坡为例说明采用赤平投影法进行边坡稳定性判定的方法(图 7-6)。

①单节理面层状边坡的稳定性判定:

a. 不稳定条件。层面与边坡面的倾向相同,并且层面的倾角 β 比边坡面的倾角 α 缓,如图 7-6a)所示,边坡处于不稳定状态。坡面图上画线条的部分 ABC 为有可能沿层面 AB 滑动的不稳定体,但在只有一个结构面的条件下,如图 7-6a)中的 EF,虽然其倾角较边坡角缓,但它未在边坡面上出露而插入坡下。这时由于能产生一定的支撑,边坡岩体的稳定条件将获得不同程度的改进。

b. 基本稳定条件。如图 7-6b)所示,层面的倾角等于边坡角,沿层面不易出现滑动现象,边坡是基本稳定的。这种情况下的边坡角,就是从岩体结构分析的观点推断得到的稳定边坡角。

c. 稳定条件。如图 7-6c)所示,层面的倾角大于边坡角,边坡处于更稳定状态。在这种情况下,削坡时边坡角可以提高到图上虚线 AB 的位置,才是比较经济合理的边坡角。

d. 最稳定条件。如图 7-6d)所示,当层面与边坡面的倾向相反,即层面倾向坡内时,不管层面的倾角陡或缓，对于滑动破坏而言，边坡都处于最稳定状态，但从变形观点来看，反倾向边坡也可能发生变形，只不过是没有统一的滑动面。

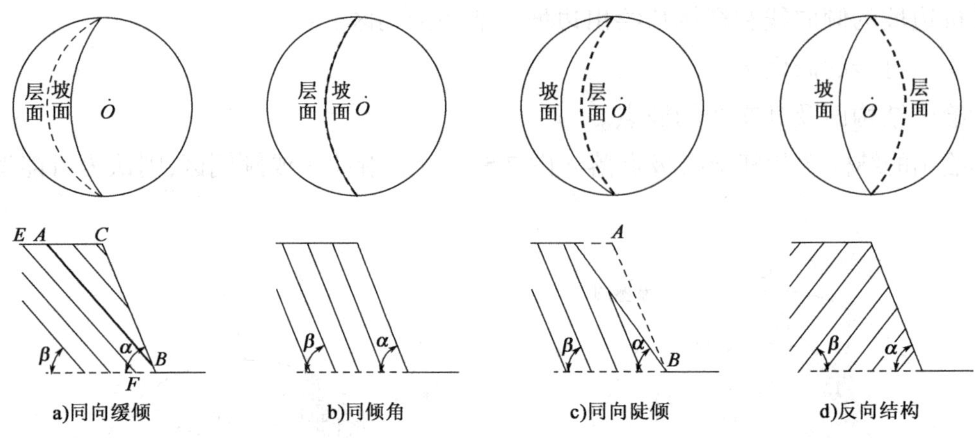

图7-6　层理面及边坡赤平投影法

②两组节理面组合情况下层状边坡稳定性判定（图7-7）：

若边坡体存在多组结构面，应对结构面进行分组，再进行稳定性判别。

a. 不稳定条件。如图7-7a）所示，两结构面 J_1 和 J_2 的投影大圆的交点 I，位于开挖边坡面 S_c 的投影大圆与自然边坡面 S_n 的投影大圆之间，也就是两结构面的组合交线的倾角比开挖边坡面的倾角小，而比自然边坡面的倾角大。如果组合交线 IO 在边坡面和坡顶面上都有出露时，边坡处于不稳定状态。如图7-7a）所示的剖面，划斜线的阴影部分为可能不稳定体，但在某些结构面组合条件下，例如结构面的组合交线在坡顶面上的出露点距开挖边坡面很远，以致组合交线未在开挖边坡面上出露而插入坡下时，则属于较稳定条件。

b. 较不稳定条件。如图7-7b）所示，两结构面 J_1 和 J_2 的投影大圆的交点 I，位于自然边坡面 S_n 投影大圆的外侧，说明两结构面的组合交线虽然较开挖边坡面平缓，但它在坡顶面上没有出露点。因此，在坡顶面上没有纵向（边坡走向）切割面的情况下，边坡能处于稳定状态，如果存在纵向切割面，则边坡不稳定。

c. 基本稳定条件。如图7-7c）所示，两结构面 J_1 和 J_2 的投影大圆的交点 I，位于开挖边坡面 S_c 的投影大圆上，说明两结构面的组合交线 IO 的倾角等于开挖边坡面的倾角，边坡处于基本稳定状态，这时的开挖边坡角，就是根据岩体结构分析推断的稳定边坡角。

d. 稳定条件。如图7-7d）所示，两结构面 J_1 和 J_2 的投影大圆的交点 I，位于开挖边坡面 S_c 的投影大圆的内侧，因而两结构面组合交线 IO 的倾角比开挖边坡面的倾角大，边坡处于稳定状态。

e. 最稳定条件。如图7-7e）所示，两结构面 J_1 和 J_2 的投影大圆的交点 I，位于与开挖边坡面 S_c 的投影大圆相对的半圆内，说明两结构面的组合交线 IO 倾向坡内，边坡处于最稳定状态。

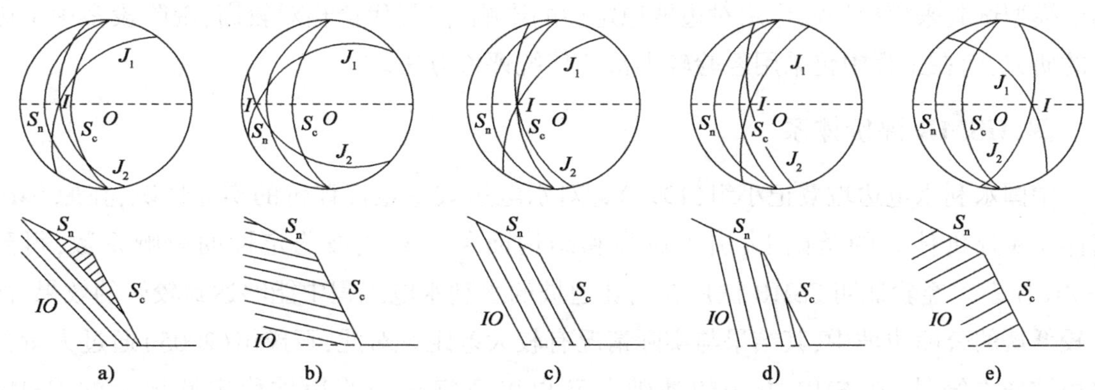

图 7-7 两组节理面赤平投影法

2)实体比例投影图解法

根据地质资料编制极射赤平投影图,分析有无不利于边坡稳定的软弱结构面存在。若有,则可编制实体比例投影图进一步分析,为边坡稳定计算或图解提供可靠的边界条件。实体比例投影图是以极射赤平投影为基础,将不稳定岩体在水平投影面上作垂直投影,求得结构面在岩体中的空间分布位置。其优点是能够真实反映结构面的疏密程度和组合关系,进一步揭示岩土体性质差异。

图解法主要适用于对岩质边坡进行的稳定性筛选评判,根据坡形与结构面发育特征,初判边坡的稳定性;但对判定为不稳定的边坡,需进一步计算验证。

三、模型分析

1. 原位模型法

原位模型分析是选取现场典型边坡为模型,进行人工降雨、开挖、加固等模拟,以结果指导相同类型边坡的防护治理,这种方法对一定范围内地质条件近似的边坡能较客观地反映其真实情况,结果可信度较高。该法也是现阶段公路边坡治理中常用的方法之一。

2. 缩尺模型试验法

由于实际边坡的大小在实验室中难以按等比例复原,所以常常使用缩小的比例尺进行模拟试验,边坡缩尺模型试验的方法主要有地质力学模型试验、离心模型试验(增大 g,从而提高小尺寸边坡的自重)或振动台试验(针对地震影响)。

一般的地质力学模型试验采用了较小的比例尺,坡体内部在自重作用下产生的应力必然会比真实情况低得多。即使人为施加一定外力,使用人工合成材料,或采用离心模型试验,其结果仍然很难反映真实情况下边坡的破坏,其原因一方面是因为在开挖边坡时,坡内发生复杂的应力重分布和应力集中现象;另一方面自然形成的岩土体本身具有一定的结构性,这些在实验室很难被完全复原。

室内缩尺模型试验也可完成现场试验无法解决的问题,比如采用动离心机或大型振动台模型试验来模拟地震作用对边坡稳定性的影响，但其代价相对较高，现阶段多用于边坡的研究，而在工程中仍采用经验较丰富的传统评价方法。

四、HSMR 评价体系

中国水利水电边坡登记小组(1997)针对水电边坡稳定性评价的实际情况，在原SMR岩体质量评价体系的基础上，引入坡高和结构面条件对边坡稳定性的影响系数，得到CSMR体系。经验证明CSMR法用在高陡边坡的水利水电工程中能够达到较好的效果，而在较低矮的公路边坡中，其结果与实际情况有较大差距。对此，石豫川(2005)通过大量公路边坡样本统计，在SMR方法的基础上又提出适宜于公路边坡稳定性评价的HSMR(Highway Slope Mass Rating)体系。

$$HSMR = \xi RMR - \eta\lambda(F_1 \times F_2 \times F_3) + F_4 \tag{7-2}$$

式(7-2)中RMR边坡岩体分类方法考虑以下5个地质因素：岩石强度、岩石质量指标(RQD)、结构面间距、结构面条件及地下水条件。按权重给予评分，再对各因素的评分求和，得到总评分(RMR)，分数最低为0分，最高为100分。各因素的评分标准见表7-11，表中“不连续面特征”一项的更详细取分说明见表7-12。

边坡岩体质量RMR分类因素及评分标准 表7-11

<table>
<tr><th colspan="3">参　数</th><th colspan="7">评 分 标 准</th></tr>
<tr><td rowspan="3">1</td><td rowspan="2">岩石强度(MPa)</td><td>点荷载强度</td><td>>10</td><td>4~10</td><td>2~4</td><td>1~2</td><td colspan="3">使用单轴抗压强度</td></tr>
<tr><td>单轴抗压强度</td><td>>250</td><td>100~250</td><td>50~100</td><td>25~50</td><td>5~25</td><td>1~5</td><td><1</td></tr>
<tr><td colspan="2">评分</td><td>15</td><td>12</td><td>7</td><td>4</td><td>2</td><td>1</td><td>0</td></tr>
<tr><td rowspan="2">2</td><td colspan="2">岩石质量指标(RQD)(%)</td><td>90~100</td><td>75~90</td><td>50~75</td><td>25~50</td><td colspan="3"><25</td></tr>
<tr><td colspan="2">评分</td><td>20</td><td>17</td><td>13</td><td>8</td><td colspan="3">3</td></tr>
<tr><td rowspan="2">3</td><td colspan="2">不连续结构面间距(cm)</td><td>>200</td><td>60~200</td><td>20~60</td><td>6~20</td><td colspan="3"><6</td></tr>
<tr><td colspan="2">评分</td><td>20</td><td>15</td><td>10</td><td>8</td><td colspan="3">5</td></tr>
<tr><td rowspan="2">4</td><td colspan="2">不连续面特征</td><td>表面很粗糙，不连续，未张开，节理壁未风化</td><td>稍粗糙，张开度<1mm，节理壁微风化</td><td>稍粗糙，张开度<1mm，节理壁强风化</td><td>光滑或充填物厚度<5mm或张开度为1~5mm，连续</td><td colspan="3">软弱充填物厚度>5mm或张开度>5mm，连续</td></tr>
<tr><td colspan="2">评分</td><td>30</td><td>25</td><td>20</td><td>10</td><td colspan="3">0</td></tr>
<tr><td rowspan="4">5</td><td rowspan="3">地下水条件</td><td>每10m洞身的流量(L/min)</td><td>无</td><td><10</td><td>10~25</td><td>25~125</td><td colspan="3">>125</td></tr>
<tr><td>节理水压力/主应力σ</td><td>0</td><td><0.1</td><td>0.1~0.2</td><td>0.2~0.5</td><td colspan="3">>0.5</td></tr>
<tr><td>总体条件</td><td>干燥</td><td>潮湿</td><td>湿润</td><td>滴水</td><td colspan="3">涌水</td></tr>
<tr><td colspan="2">评分</td><td>15</td><td>10</td><td>7</td><td>4</td><td colspan="3">0</td></tr>
</table>

不连续面特征分类指导 表7-12

参数	得分				
不连续面长度	<1m	1~3m	3~10m	10~12m	>20m
评分	6	4	2	1	0
张开度(间隙)	无	<0.1	0.1~1.0	1~5	>5
评分	6	5	4	1	0
粗糙度	很粗糙	粗糙	稍粗糙	光滑	镜面
评分	6	5	3	1	0
充填物	无	坚硬填充<5mm	坚硬填充>5mm	软弱充填<5mm	软弱充填>5mm
评分	6	4	2	1	0
风化作用	未风化	微风化	弱风化	强风化	全风化
评分	6	5	3	1	0

注:有些特征是相互抵触的,如若有充填物存在,就不再讨论粗糙度,因为它的影响将被充填物的影响所掩盖,在这类情况下,直接使用上表。

HSMR 对工程因素修正考虑以下7个因素:边坡高度修正系数ξ(表7-13)、岩性组合系数η(表7-14)、结构面条件系数λ(表7-15)、边坡倾向与结构面倾向的关系修正系数F_1(表7-16)、结构面倾角修正系数F_2(表7-16)、边坡倾角与结构面倾角的关系修正系数F_3(表7-16)、边坡开挖方法修正系数F_4(表7-17)。其中,F_1、F_2、F_3也可在图7-8中取插值。

边坡高度修正系数 表7-13

条件	当$\beta_j<\beta_s$且 $\vert\alpha_j-\alpha_s\vert<60°$或$\vert\alpha_j-\alpha_s\vert>300°$	$\beta_j\geq\beta_s$或 $60°\leq\vert\alpha_j-\alpha_s\vert\leq300°$
坡高修正系数ξ	$\xi_1=0.91+2.7/H$	$\xi_2=1.10+7.3/H$

岩性组合系数 表7-14

边坡岩性组合类型	岩性组合描述		划分类型	η取值
软硬岩交替边坡	软硬岩垂向交替	软岩下伏	I_{2-1}	1.2
		硬岩下伏	I_{2-2}	0.8
软硬岩等厚互层边坡	水平~缓倾顺向岩层		II_1	1.1
	中~陡倾顺向岩层	软岩暴露于外	II_{2-1}	1.0(以软岩评价)
		硬岩暴露于外	II_{2-2}	1.0(以硬岩评价)
	反向岩层		II_3	1.0
软硬岩不等厚互层边坡	顺向岩层	软岩夹硬岩	III_{1-1}	0.8
		硬岩夹软岩	III_{1-2}	1.2
	反向岩层		III_2	1.0

注:1. 软硬岩水平分布时应分段进行评价,η取1.0;断层、夹泥岩按III_{1-2}类取值。

2. 由于软硬岩以层面作为交替组合面,只有在对层面进行评价时,岩性组合系数才适用。

结构面条件系数 λ 表 7-15

结构面条件系数	断层、夹泥层	层面、贯穿裂隙	节理
λ	0.9	0.8	0.7

结构面产状调整值(Romana,1991) 表 7-16

破坏形式		很有利	有利	一般	不利	很不利
P	$r_1 = \|\alpha_j - \alpha_s\|$	$>30°$	$30° \sim 20°$	$20° \sim 10°$	$10° \sim 5°$	$<5°$
T	$r_1 = \|\alpha_j - \alpha_s - 180°\|$					
P/T	F_1	0.15	0.40	0.70	0.85	1.00
P	$r_2 = \|\beta_j\|$	$<20°$	$20° \sim 20°$	$30° \sim 35°$	$35° \sim 45°$	$45°$
P	F_2	0.15	0.40	0.70	0.85	1.00
T	F_2	1	1	1	1	1
P	$r_3 = \beta_j - \beta_s$	$>10°$	$10° \sim 0°$	$0°$	$0° \sim -10°$	$< -10°$
T	$r_3 = \beta_j + \beta_s$	$<110°$	$110° \sim 120°$	$>120°$		
P/T	F_3	0	5	25	50	60

注:P——平面滑动;T——倾倒破坏;α_j——结构面倾向;α_s——边坡倾向;β_j——结构面倾角;β_s——边坡倾角。

边坡开挖方法修正 表 7-17

方法	自然边坡	预裂爆破	光面爆破	常规爆破	无控制爆破
F_4	15	10	8	0	-8

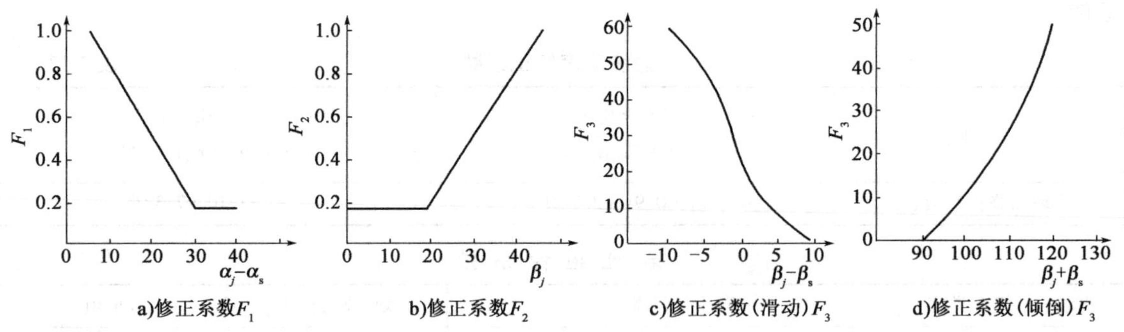

a)修正系数F_1 b)修正系数F_2 c)修正系数(滑动)F_3 d)修正系数(倾倒)F_3

图 7-8 HSMR 评价结构面产状修正系数插值图

根据 HSMR 评价值,将破坏分为 5 个级别,见表 7-18,更详细的支护措施建议见表 7-19。

根据 HSMR 评价边坡稳定性 表 7-18

岩体级别	Ⅴ	Ⅳ	Ⅲ	Ⅱ	Ⅰ
HSMR	0~20	21~40	41~60	61~80	81~100
岩体特征	非常差	差	一般	好	非常好
稳定性	极不稳定	不稳定	基本稳定	稳定	极稳定
破坏形式	大型平面或类似土体	结构面构成平面或大楔形体	一些不连续面构成平面或楔形体	掉块	无
加固方式	开挖	大力加固或开挖	系统加固	局部加固	无

HSMR 针对各种稳定类型的支护措施 表 7-19

级别	HSMR	破坏模式	建议支护措施
Ⅰ$_a$	91 ~ 100		无
Ⅰ$_b$	81 ~ 90		一般不需治理
Ⅱ$_a$	71 ~ 80		若边坡低矮,则不需治理,否则应作窗肋拱等简单坡面防护,并分级设置落石平台
Ⅱ$_b$	61 ~ 70	P_2、W_2、T_2	作基本的坡面防护,如窗肋拱、格子梁,并设置脚沟。若坡角不大,宜采用植草护坡
Ⅲ$_a$	51 ~ 60	P_2、W_2	坡体下部浆砌条石护脚,坡面采用窗肋拱或空心砖护面,设置截排水系统,若边坡过陡,应进行挂网喷浆防护
		T_2	将局部松动岩体清除,或挂网喷浆封闭坡面。若坡高较大,应分级设置落石平台
Ⅲ$_b$	41 ~ 50	P_2	设置护脚挡墙或桩板墙,并以浆砌片石骨架(或挂网喷浆)护面
		W_2	挂网喷浆或框架梁护面,必要时也可加以锚固,也可以浆砌片石实体护墙进行坡面防护
		T_2	对松动危岩体单独进行锚固处理,有施工条件的情况下,对凸出坡面的危岩体可采用浆砌石柱支撑,坡面应以挂网喷浆或浆砌片石护墙等方式进行防护。若边坡较高陡,需进行系统锚固
Ⅳ$_a$	31 ~ 40	P_1	治理针对坡体下部进行,重力挡墙阻滑,或框架锚固,截排水。若条件允许,可以进行削坡处理
		W_1	挂网喷浆、浆砌片石护墙或预制空心块护坡,并视边坡破坏程度及变形部位做系统锚固
		T_1	坡体中上部施加预应力或全长黏结"串层锚杆"以阻抗岩层倾覆。若边坡处于强烈变形阶段,应以"塞缝石"式抗滑移锚杆在坡体下部作强力锚固
Ⅳ$_b$	21 ~ 30	P_1	坡角设置抗滑挡墙或抗滑桩、砌石或挂网护坡,若坡角较陡,应进行系统锚固,必要时削坡减载
		W_1	全面挂网喷浆(混凝土)、局部高强度框架梁预应力锚索系统锚固
Ⅴ	11 ~ 20	P_1	视边坡可能破坏规模在坡脚处以抗滑桩或高强度混凝土挡墙(或两者并用)加固,也可以(预应力)锚索系统锚固。若条件允许,应削坡减载,使坡角不大于岩层倾角,深部排水

注:P_1——中 ~ 大规模平面破坏;P_2——小规模平面破坏;W_1——中 ~ 大规模楔形体破坏;W_2——小规模楔形体破坏;T_1——中 ~ 大规模倾倒破坏;T_2——小规模倾倒破坏。

在具体应用 HSMR 分类时,首先应根据具体地质条件,在平面上进行工程地质分区,在剖面上进行工程地质分带。分区和分带主要考虑以下因素:构造、岩体风化和卸荷程度、水文地质条件以及主要构造与边坡间的关系,即当上述因素在不同区段存在明显差异时,应单独划分区段进行评价。在剖面上分带主要包括强风化强卸荷带、弱风化卸荷带、弱风化带(未卸荷)、微风化卸荷带和微风化-新鲜岩体带。

该评价体系考虑因素相对全面,对岩质边坡各类失稳破坏模式分析的适用程度高。该评价体系相关系数的取值具有经验性,其使用及成果的合理性取决于工程技术人员的经验水平。

与图解法相比,该体系的判识成果对于岩质边坡重点量化分析部位与关键区域的筛选确认更具指导意义。

第三节　极限平衡评价方法

一、极限平衡法

极限平衡法又称为刚体极限平衡法,是将滑体视为刚性体,不考虑其自身变形,选取有代表性的分块或剖面进行力系(包括力矩)平衡计算,边坡岩土破坏遵从摩尔-库仑准则,并认为当边坡稳定系数 F_S = 总抗滑力/下滑力 =1 时,滑体处于临界状态,通常为了保证边坡有足够的安全储备,其稳定系数要满足相应的安全系数才认为坡体稳定。

根据《公路路基设计规范》(JTG D30—2015),边坡运用条件可以分为正常运用条件、非正常运用条件Ⅰ、非正常运用条件Ⅱ。

正常运用条件:边坡处于天然状态下的工况。

非正常运用条件Ⅰ:边坡处于暴雨或连续降雨状态下的工况。

非正常运用条件Ⅱ:边坡处于地震等荷载作用状态下的工况。

公路使用过程中,在不同运用条件下,边坡可能发生病害所对应的边坡稳定性均需满足的最小安全系数,见表 7-20。若在相应运用条件下,稳定系数小于该安全系数则需进行加固治理。

公路边坡设计安全系数标准　　表 7-20

公路等级	运用条件	安全系数
高速公路、一级公路	正常运用条件	1.20 ~ 1.30
	非正常运用条件Ⅰ	1.10 ~ 1.20
	非正常运用条件Ⅱ	1.05 ~ 1.10
二级及二级以下公路	正常运用条件	1.15 ~ 1.25
	非正常运用条件Ⅰ	1.05 ~ 1.15
	非正常运用条件Ⅱ	1.02 ~ 1.05

注:1. 若边坡仅发生变形而未失稳就可能导致公路建筑物、构筑物的破坏或功能丧失,采用的抗滑稳定最小安全系数应取上表范围内的大值。

2. 若加固措施对抗滑稳定安全系数增加不敏感,使得增加加固措施不经济时,采用的抗滑稳定最小安全系数可取表中范围内的小值。

3. 若边坡的破坏风险或其他不确定的因素难以确定和查明,采用的抗滑稳定最小安全系数应取表中范围内的大值。

极限平衡法因其物理力学概念清晰、操作简便而被工程界普遍采用与接受,是传统而经典的定量分析方法。极限平衡法是在推测滑移面上对边坡进行静力平衡计算,从而求出边坡稳定系数。因此,在不能确定破坏位置及形状时,可以先假设多个破坏面,然后求得每一个破坏面的稳定系数,取其稳定系数最低的破坏面作为边坡的最可能破坏面。

1. 土质边坡常用的极限平衡法

1)平面滑动面

当滑面为一简单平面时,可采用静力解析法计算,获得解析解。

(1)边坡组成物质为砂、砾或碎石土时,可不计 c 值,从图 7-9a)可知,当 A 点处于极限平衡时,坡度可近似看作材料的内摩擦角,即 $\tan\beta=\tan\varphi$,$\beta=\varphi$,故当坡度 β 小于土的内摩擦角 φ 时则稳定。

(2)直立边坡组成材料为黏性土时,φ 值很小,从图 7-9b)可知:

$$\begin{cases} W=\dfrac{h\,\overline{BC}}{2}\gamma=\dfrac{\gamma h^2}{2}\cot\beta \\ T=W\sin\beta=\dfrac{\gamma h^2}{2}\cos\beta \end{cases} \tag{7-3}$$

式中:γ——土的重度。

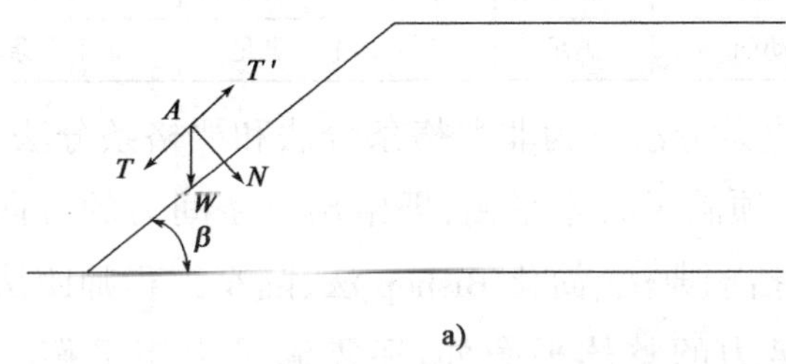

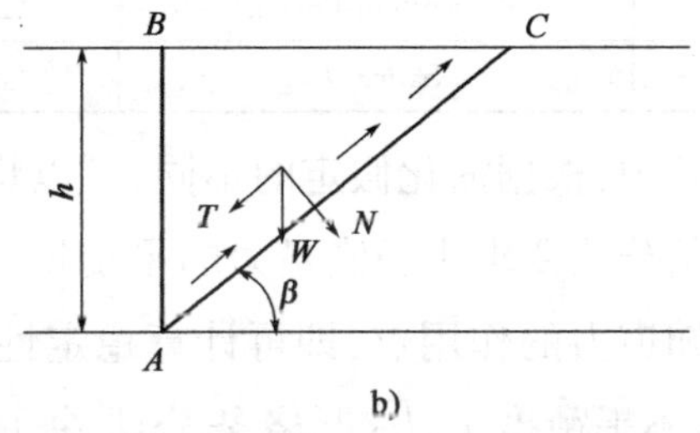

图 7-9 平面滑动模型计算图

$F_S=\dfrac{cl}{T}$,(l——破裂面长度,F_S——稳定系数),当 $F_S=1$ 时,可得

$$c=\frac{\gamma h}{4}\sin2\beta \tag{7-4}$$

由式(7-4)可知:

①当$\dfrac{\gamma h}{4}\sin2\beta<c$ 时,斜坡保持直立,处于稳定状态。

②当$\dfrac{\gamma h}{4}\sin2\beta$ 最大时,即 $\sin2\beta=1$,$\beta=45°$,处于极限平衡。

直立边坡的极限高度:

$$h_u=\frac{4c}{\gamma} \tag{7-5}$$

经验修正后公式取为：

$$h_u = 3.84\frac{c}{\gamma} \tag{7-6}$$

2)非平面滑动面

当滑面为圆弧、对数螺旋线、折线或任意曲线时，多采用条分法求解。由于假定的不同，产生了多种不同的极限平衡条分法，其假定见表7-21。

常用极限平衡条分法及其假定 表7-21

编号	方法	假定				条块形状
		滑动面	平衡条件			
			垂直力	水平力	力矩	
1	瑞典法	圆弧滑动面			考虑	垂直条块
2	简化 Bishop 法	圆弧或折线滑动面	满足		考虑	垂直条块
3	Janbu 法	任意滑动面	满足	满足	满足	垂直条块
4	陆军工程师团法	任意滑动面	满足	满足		垂直条块
5	罗厄法	任意滑动面	满足	满足		垂直条块
6	不平衡推力法	任意滑动面	满足	满足		垂直条块
7	Spencer 法	任意滑动面	满足	满足	满足	垂直条块
8	Morgenstern-Price 法	任意滑动面	满足	满足	满足	垂直条块
9	Sarma 法	任意滑动面	满足	满足	满足	非垂直条块

其中，根据简化假定的不同，可以将垂直条分法分为非严格条分法和严格条分法。非严格条分法要求土条满足力的平衡即可，无须满足力矩平衡，即给出土条间力的方向，而不用知道力的作用点，即可计算稳定性，包括瑞典法、简化 Bishop 法、陆军工程师团法、罗厄法、不平衡推力法；严格条分法除了满足力的整体平衡外，还需满足力矩平衡，包括Janbu法、Spencer 法、Morgenstern-Price 法、Sarma 法。下面对各种条分法计算式列举如下。

(1)瑞典法

假定作用在土条侧向垂直面上的切向力 X 和法向力 E 的合力平行于土条底面，而对于非直线形滑面，每个土条底面倾角均在变化，所以并不能满足作用力和反作用力相等的条件。

稳定系数计算公式：

$$F_S = \frac{\sum[c_i'l_i + (W_i\cos\alpha_i - U_i - Q_i\sin\alpha_i)\tan\varphi_i']}{\sum(W_i\sin\alpha_i + Q_i\cos\alpha_i)} \tag{7-7}$$

式中：F_S——稳定系数；

c_i',φ_i'——土条底边有效黏聚力与摩擦角；

l_i——土条底面斜长；

W_i——土条自重；

α_i——土条底面倾角；

U_i——作用于条块底面上的孔隙水压力的合力；

Q_i——作用于条块上向临空面的水平地震力，实际中地震作用更复杂。

(2)简化 Bishop 法

假定作用在土条侧面上的合力为水平方向，即不考虑条间切向力 X，且不考虑条间力对土条产生的力矩。

Bishop 法稳定系数计算公式：

$$F_S = \frac{\sum \frac{1}{m_{ai}} \{ c_i' b_i + [W_i - U_i b_i + (X_i - X_{i+1})] \tan\varphi_i' \}}{\sum W_i \sin\alpha_i + \sum Q_i \frac{e_i}{R}} \tag{7-8}$$

式中：$m_{ai} = \cos a_i + \sin a_i \tan\varphi_i' / F_S$，其中 F_S 需通过反复迭代求解；

b_i——土条宽度；

e_i——水平地震力与滑面圆心的力矩，即水平地震力与圆心的垂直距离；

R——滑面圆心半径；

X_i, X_{i+1}——未知的条间切向力，为使问题得解，Bishop 又假定各土条之间的切向条间力均略去不计，也就是假定条间力的合力是水平的，这样由式(7-8)可得简化 Bishop 法稳定系数计算公式：

$$F_S = \frac{\sum \frac{1}{m_{ai}} [c_i' b_i + (W_i - U_i b_i) \tan\varphi_i']}{\sum W_i \sin\alpha_i + \sum Q_i \frac{e_i}{R}} \tag{7-9}$$

简化 Bishop 法的优点：在非严格方法中，计算成果精度最高；迭代解非线性方程式，易于收敛得解，应用已较广泛。

简化 Bishop 法的缺点：各条块的水平力与力矩的平衡条件都不满足，该方法易于采用计算机计算，手工计算工作量大。

一般认为简化 Bishop 法只适用于圆弧形滑面，这对均质土体是十分合适的，但当存在某些软弱结构时，滑面将不再是圆弧形。国外有些学者认为简化 Bishop 法可以推广到任意形状的滑面，但必须有一些限制或者采取一些措施，才能保持简化 Bishop 法较高的计算精度。

可将滑面分为旋转形滑面和任意的折线形(旋转形或非旋转形)滑面。旋转形滑面有明确的圆心，滑面可以是圆弧，也可以不是圆弧，但滑面的转折点必须落在圆弧上。如图 7-10所示，将简化 Bishop 法扩展到这类滑面，需在不改变简化 Bishop 法基本特征的前

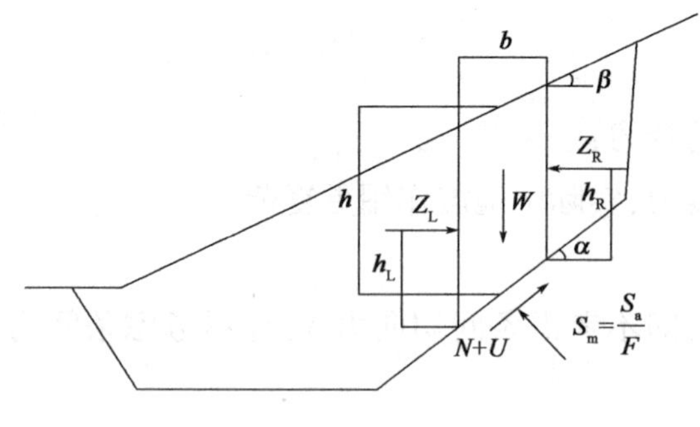

图 7-10 条块受力简图

提下对算法做某些改变，称它为扩展简化 Bishop 法。同样，本法可适用于任意的折线形滑面。

根据图 7-10 中的条块受力条件，可建立条块竖向力平衡条件和总体力矩平衡条件方程。为简化书写，公式推导中省去了各分量的下标 i，它代表土条编号。

①土条竖向力平衡条件：

$$(N' + U_a)\cos\alpha + S_m\sin\alpha - W = 0 \tag{7-10}$$

取摩尔-库伦强度准则，有：

$$S_m = \frac{S_a}{F} = \frac{C}{F} + N'\frac{\tan\varphi}{F}$$

②总体力矩平衡条件：

$$\sum_{i=1}^{n} W \cdot x - \sum_{i=1}^{n} S_m \cdot R - \sum_{i=1}^{n}(N' + U_a) \cdot f = 0 \tag{7-11}$$

图 7-10 和以上各式中：S_m——条底发挥的抗剪力；

S_a——条底可获得的抗剪力，$S_a = cl + N'\tan\varphi$，c，φ 为第 i 条底边有效黏聚力与摩擦角；

U_a——孔隙水压力；

W——土条重力；

N'——条底有效法向力；

α——底边倾角；

β——顶边倾角；

h——土条平均高度；

Z_L——左端水平条间力及其作用位置 h_L；

Z_R——右端水平条间力及其作用位置 h_R。

建立力矩平衡条件时，取矩中心任取，$\sum_{i=1}^{n}(N' + U_a) \cdot f$ 为条底法向力引起的力矩分量。由以上两平衡条件可得：

$$F = \frac{\sum_{i=1}^{n}(C + N'\tan\varphi) \cdot R}{\sum_{i=1}^{n} W \cdot x - \sum_{i=1}^{n}(N' + U_a) \cdot f} \tag{7-12}$$

其中，$N' = \frac{1}{m_a}\left(W - \frac{C\sin\alpha}{F} - U_a\cos\alpha\right)$，$m_a = \cos\alpha\left(1 + \frac{\tan\alpha\tan\varphi}{F}\right)$。

式(7-12)在推导中并未用到圆弧滑面的条件，因此在理论上它适用于任意类型的滑面。

如果是圆弧滑面,并以圆心为取矩中心,则 $x = R \cdot \sin\alpha$,且条块底边法向力的力臂 $f=0$。

因此,式(7-12)可化简为:

$$F = \frac{\sum_{i=1}^{n}(C + N'\tan\varphi)}{\sum_{i=1}^{n} W \cdot \sin\alpha} \tag{7-13}$$

式(7-13)是工程中最常用到的表达式,它只适用于圆弧滑面,由以上推导可知,滑面为圆弧不是 Bishop 法的必要条件,只不过 Bishop 法应用圆弧滑面时,公式最简洁,应用最广。

式(7-12)适用于任意类型的滑面,它与式(7-13)的区别在于每个条块可能有不同的转动半径,且增加了土条底边法向力对力矩的共享,但并没有增加额外的未知数,在具体实现该算法时,仍只需采用常规迭代法。

(3) Janbu 法

假定整个滑裂面上的稳定系数是一样的,其定义表达式为:$F_{si} = \frac{\tau_f}{\tau}$;土条上所有垂直荷载的合力 $\Delta W = \Delta W_\gamma + q\Delta x + \Delta P$,其作用线和滑裂面的交点与 ΔN 的作用点为同一点;推力线的位置假定已知。

稳定系数计算公式:

$$K = \frac{\sum M}{E_a - E_b + \sum N} \tag{7-14}$$

式中: $M = M'/\eta_a$;

$M' = [c' + (p + t - u)\tan\varphi']\Delta x$;

$\eta_a = \frac{1 + \tan\alpha\tan\varphi'/K}{1 + \tan^2\alpha}$;

$E_b - E_a = \sum[\Delta Q + (p + t)\Delta x\tan\alpha] - \sum\tau\,\Delta x(1 + \tan^2\alpha)$。

绘制$\frac{\tan\varphi'}{K} - \tan\alpha - \eta_a$ 的关系曲线,如图 7-11 所示。

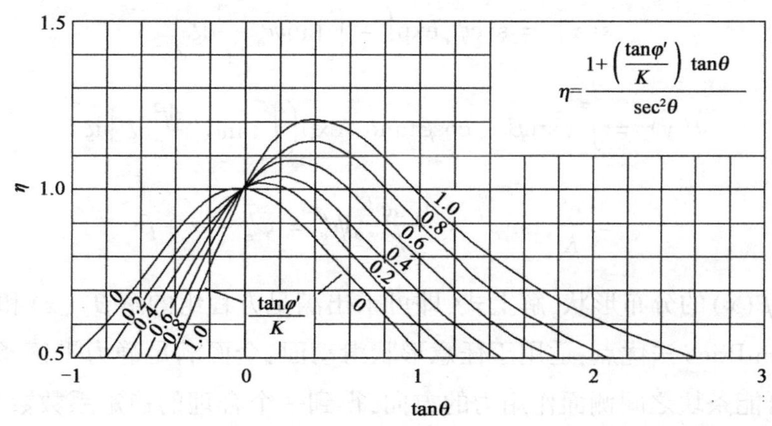

图 7-11 关系曲线图

Janbu 法特点:最先提出利用足够窄条块的力矩平衡条件,奠定精确类方法获解的原理;在精确类方法中,属于设定条件只利用经典土力学中土压力呈线性分布理论的一支,边界条件严格合理。

Janbu 法优点:适用于任意形状滑动面;全面满足静力平衡条件;计算成果精度高;在严格合理的边界下,可以得到准确的唯一解,无须进行力学条件合理性判断;可以手算,解算工作量是严格法中较少的。

Janbu 法缺点:①要求严格处理边界条件,处理不当可能导致难以计算获解;②条分宽度要适宜,以利迭代收敛得解;③只能用迭代法求解,且只能利用水平推力法的计算结果作初始迭代值以利迭代收敛;④在数学理论上虽不能保证求解的非线性方程迭代收敛得解,但对控制边坡稳定性滑动面上的安全系数,通常都可获解。

(4) Morgenstern-Price 法

假定所有条块之间侧面上切向力 X 与法向力 E 之间存在可用水平坐标 x 表达的函数 $\lambda f(x)$。

安全系数计算公式:

对力的平衡有:

$$\int_a^b p(x)s(x)\mathrm{d}x = 0 \tag{7-15}$$

对力矩平衡有:

$$\int_a^b p(x)s(x)t(x)\mathrm{d}x = 0 \tag{7-16}$$

其中:

$$p(x) = \frac{\mathrm{d}W}{\mathrm{d}x}\sin(\varphi'_e - \alpha) + q\sin(\varphi'_e - \alpha) - r_u\frac{\mathrm{d}W}{\mathrm{d}x}\sec\alpha\sin\varphi'_e + c'_e\sec\alpha\cos\varphi'$$

$$s(x) = \sec\psi'_e\exp\left(-\int_a^x \tan\psi'_e\frac{\mathrm{d}\beta}{\mathrm{d}\zeta}\mathrm{d}\zeta\right)$$

$$t(x) = \int_a^x(\sin\beta - \cos\beta\tan\alpha)\exp\left(\int_a^\zeta \tan\psi'_e\frac{\mathrm{d}\beta}{\mathrm{d}\zeta}\mathrm{d}\zeta\right)\mathrm{d}\zeta$$

$$c'_e = \frac{c'}{K}, \tan\varphi'_e = \frac{\tan\varphi'}{K}, \psi'_e = \varphi'_e - \alpha + \beta$$

假定一个 $\beta(x)$ 的分布形状,解上式,即可求出满足方程组的解 $\beta^*(x)$ 和 K^*。

Morgenstern-Price 法优点:适用于任意形状滑动面;全面满足静力平衡条件;计算精度高;假设所有可能条块之间侧面作用力的方向,得到一个合理的稳定系数数集的理论是严格的。

Morgenstern-Price 法缺点：不易明确地设定反映条块侧面上作用力方向的 $\lambda f(x)$ 函数，从而在应用中不得不设定多种形式；应用多种 $\lambda f(x)$ 求解的结果中，包含有不合理的推力线位置 e，须在分析成果中予以排除；计算复杂且工作量大，只能应用电算技术；在数学理论上不能保证求解非线性方程组收敛得解；由于在大工作量下不能有效提高实际应用中的有效精度，不宜作为常规分析方法在设计中予以应用。

(5)Spencer 法

假定相邻土条之间的条间切向力 X 与条间法向力 E 之间有固定的常数关系，因此各条间力合力 P 的方向是互相平行的，且与水平面夹角为 θ。

稳定系数计算公式：

土条两侧条间力合力之差为：

$$P_i - P_{i+1} = \frac{\frac{c_i' b_i}{K}\sec\alpha_i + \frac{\tan\varphi_i'}{K}(W_i\cos\alpha_i - u_i b_i \sec\alpha_i) - W_i \sin\alpha_i}{\cos(\alpha_i - \theta)\left[1 + \frac{\tan\varphi_i'}{K}\tan(\alpha_i - \theta)\right]} \tag{7-17}$$

对力的平衡有：

$$\sum(P_i - P_{i+1}) = 0 \tag{7-18}$$

对力矩平衡有：

$$\sum(P_i - P_{i+1})\cos(\alpha_i - \theta) = 0 \tag{7-19}$$

当土坡的几何形状及滑裂面已定，同时土质指标又已知时，只有 θ 及 F_S 两个未知数，问题因而得解。

(6)滑楔法

滑楔法适用于任意形状的滑裂面，对土条侧向力的倾角 β 做以下假定：

①陆军工程师团法：假定 β 为常数，等于边坡的平均坡度 γ_a，即 $\beta = \gamma_a$；

②罗厄法：假定 β 等于该土条底面倾角 α 和顶面倾角 γ 的平均值，即 $\beta = \beta' = \frac{(\alpha + \gamma)}{2}$；

③简化 Janbu 法：为陆军工程师团法的特例，假定 $\beta = 0$；

④传递系数法：假定 β 等于该土条底面倾角，即 $\beta = \alpha$。

静力平衡：要求每个土条和滑坡体整体力的平衡得到充分满足，但力矩平衡不满足。

安全系数计算方法：假定 F_S 为某一数值，从右端第一个土条开始，通过静力平衡确定每个土条左侧条间力(也就是下一个土条右侧条间力)，到最后一个土条，即左端部的土条，其左侧向力应为零。如不闭合，需修正 F_S 值，直至收敛。

(7)不平衡推力法

不平衡推力法是核算边坡稳定时经常使用的一种方法，它适用于任何形状的滑裂面。

它在建立滑块模型时所采用的简化假定是土条间的条间力的合力与上一土条底面平行[图 7-12a)],单个土条的受力分析如图 7-12b)所示。

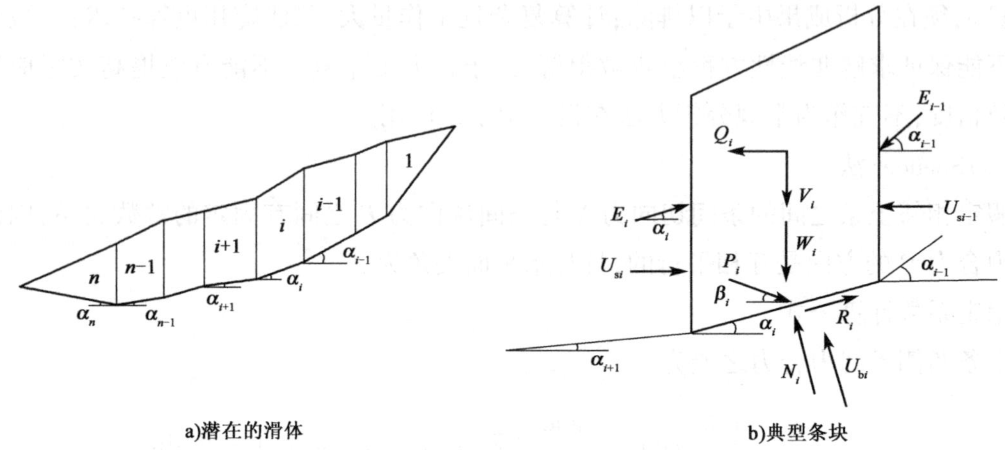

图 7-12 同倾向多滑面形滑动计算简图

稳定系数:

$$F_S = \frac{\sum_{i=1}^{n-1}(R_i\prod_{j=i+1}^{n}\psi_j) + R_n}{\sum_{i=1}^{n-1}(T_i\prod_{j=i+1}^{n}\psi_j) + T_n} \tag{7-20}$$

其中,$R_i = [(W_i + V_i)\cos\alpha_i - U_{bi} - Q_i\sin\alpha_i + P_i\sin(\alpha_i + \beta_i)]\tan\varphi_i' + c_i'b_i\sec\alpha_i$;

$T_i = (W_i + V_i)\sin\alpha_i + Q_i\cos\alpha_i - P_i\cos(\alpha_i + \beta_i)$;

$\psi_i = \cos(\alpha_{i-1} - \alpha_i) - \sin(\alpha_{i-1} - \alpha_i)\tan\varphi_i'/K(i = 2,3,\cdots,n)$。

作用于土条侧面上的推力 E_i 按下式计算:

$$E_i = T_i - \frac{R_i}{K} + \psi_i E_{i-1} \tag{7-21}$$

以上式中:ψ_i——第 i 土条侧面的推力传递系数;

U_{bi}——第 i 土条底面的孔隙压力;

E_{i-1}——第 $i-1$ 土条作用于第 i 条块的推力;

E_i——第 $i+1$ 土条作用于第 i 条块侧面的反作用力,与第 i 土条的推力大小相等,方向相反。

(8)Sarma 法

Sarma 提出了一个临界加速度的概念。假定每个滑动土条承受一个 $K_c W_i$ 的水平力(K_c 称为临界加速度系数),滑体处于临界状态。

假定条件:

①假定一系列的稳定系数 F,按 $c_e' = \frac{c'}{F}$、$\tan\varphi_e' = \frac{\tan\varphi'}{F}$ 得 c_e'、$\tan\varphi_e'$,同时将条块界面的强度指标也缩减为 c_e^j、φ_e^j。

②根据不同的c'_e,$\tan\varphi'_e$求得K_c。变换F值,获得一个新的K_c值。最终,可绘制成$F \sim K_c$曲线。

③$F \sim K_c$曲线与x轴的交点对应的F值即为按传统定义获得的稳定系数F_s。

求解步骤:

①分析作用在第i条块上的作用力。

作用在第i条块上的作用力如图7-12b)所示,假定在作用力K_cW_i的作用下,滑坡体处于极限平衡状态,其中K_c是临界加速度。

根据条块水平和垂直方向力的平衡,可得到:

$$N_i\cos\alpha_i + T_i\sin\alpha_i = W_i + X_{i+1}\cos\delta_{i+1} - X_i\cos\delta_i - E_{i+1}\sin\delta_{i+1} + E_i\sin\delta_i \tag{7-22}$$

$$T_i\cos\alpha_i - N_i\sin\alpha_i = K_cW_i + X_{i+1}\sin\delta_{i+1} - X_i\sin\delta_i + E_{i+1}\cos\delta_{i+1} - E_i\cos\delta_i \tag{7-23}$$

式中:δ_i——土条左侧的倾角。

根据Mohr - Coulomb破坏准则,得到:

$$T_i = (N_i - U_i)\tan\varphi'_i + c'_ib_i\sec\alpha_i \tag{7-24}$$

假定条块界面也处于极限状态,其稳定系数等于1,即:

$$X_i = (E_i - PW_i)\tan\varphi^j_i + c^j_id_i \tag{7-25}$$

$$X_{i+1} = (E_{i+1} - PW_{i+1})\tan\varphi^j_{i+1} + c^j_{i+1}d_{i+1} \tag{7-26}$$

式中:φ^j、c^j——界面上的平均摩擦角和黏聚力;

d——界面的长度;

PW——界面上的孔隙水压力。

将式(7-25)、式(7-26)代入式(7-22)、式(7-23),消掉T_i,X_i,X_{i+1},N_i,可得到:

$$E_{i+1} = \alpha_i - p_iK_c + E_ie_i \tag{7-27}$$

式(7-27)是个循环式,可得到:

$$E_{n+1} = \alpha_n - p_nK_c + E_ne_n \tag{7-28}$$

$$E_{n+1} = (\alpha_n + \alpha_{n-1}e_n) - (p_n + p_{n-1}e_n)K_c + E_{n-1}e_ne_{n-1} \tag{7-29}$$

进一步得到:

$$\begin{aligned} E_{n+1} = {} & (\alpha_n + \alpha_{n-1}e_n + \alpha_{n-2}e_ne_{n-1} + n + \text{第}\ n\ \text{项}) - \\ & K_c(p_n + p_{n-1}e_n + p_{n-2}e_ne_{n-1} + n + \text{第}\ n\ \text{项}) + E_1e_ne_{n-1}e_{n-2n} \end{aligned} \tag{7-30}$$

②计算K_c。

如没有外荷载作用,则$E_{n+1} = E_1 = 0$,可以得到:

$$K_c = \frac{\alpha_n + \alpha_{n-1}e_n + \alpha_{n-2}e_ne_{n-1} + \cdots + \alpha_1e_ne_{n-1}\cdots e_3e_2}{p_n + p_{n-1}e_n + p_{n-2}e_ne_{n-1} + \cdots + p_1e_ne_{n-1}\cdots e_3e_2} \tag{7-31}$$

其中：

$$\alpha_i = \frac{W_i \sin(\varphi_i' - \alpha_i) + R_i \cos\varphi_i' + S_{i+1} \sin(\varphi_i' - \alpha_i - \delta_{i+1}) - S_i \sin(\varphi_i' - \alpha_i - \delta_i)}{\cos(\varphi_i' - \alpha_i + \varphi_{i+1}^j - \delta_{i+1}) \sec\varphi_{i+1}^j}$$

$$p_i = \frac{W_i \cos(\varphi_i' - \alpha_i)}{\cos(\varphi_i' - \alpha_i + \varphi_{i+1}^j - \delta_{i+1}) \sec\varphi_{i+1}^j}$$

$$e_i = \frac{\cos(\varphi_i' - \alpha_i + \varphi_i^j - \delta_i) \sec\varphi_i^j}{\cos(\varphi_i' - \alpha_i + \varphi_{i+1}^j - \delta_{i+1}) \sec\varphi_{i+1}^j}$$

$$R_i = c_i' b_i \sec\alpha_i - U_i \tan\varphi_i'$$

$$S_i = c_i^j d_i \sec\alpha_i - PW_i \tan\varphi_i^j$$

$$\varphi_1^j = \delta_1 = \varphi_{n+1}^j = \delta_{n+1} = 0$$

③计算稳定系数 F_S。

确定了 K_c 值，可以根据图 7-13 所示的方法确定稳定系数。

(9)综合分析

由于各种极限平衡法对于未知量的假定各不相同，导致其计算结果不尽相同，存在一定的误差，现将各种极限平衡法对比如下：

①均质土边坡。

以图 7-14 所示均质土边坡为例，进行比较分析，讨论各种极限平衡法的计算结果误差。

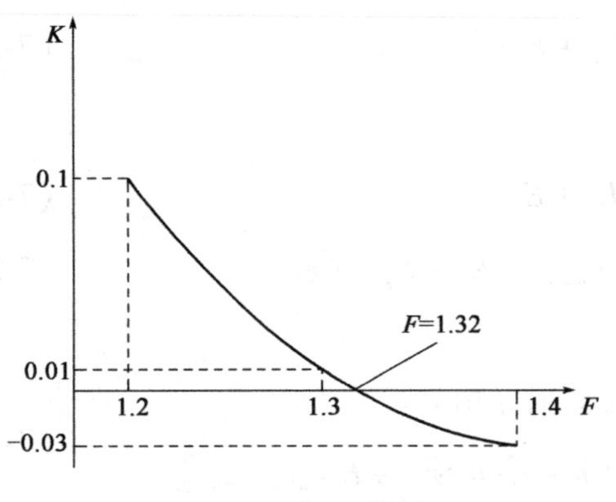

图 7-13　稳定系数图解

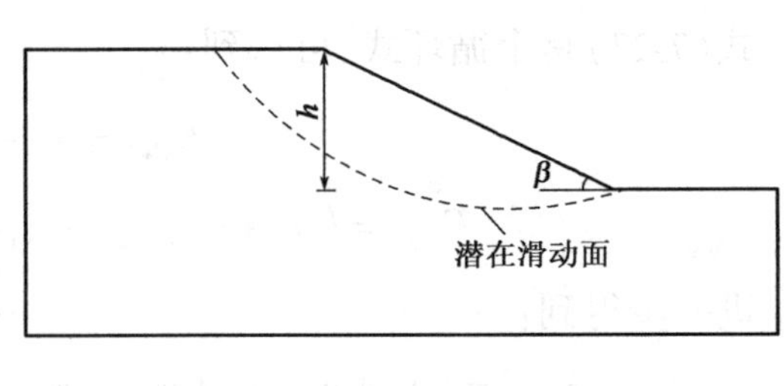

图 7-14　极限平衡法计算模型

如图 7-14 所示，边坡坡度 β 为 26.6°，分别取坡高 h 为 5m、10m 进行计算，边坡土体材料力学参数取值为土体重度 $\gamma = 18.5\mathrm{kN/m^3}$，黏聚力 $c = 30\mathrm{kPa}$，内摩擦角 $\varphi = 25°$，计算结果见表 7-22。

均质土边坡采用不同计算方法的计算结果 表 7-22

编　号	计 算 方 法	算例 1(h=5m)	算例 2(h=10m)
1	瑞典法	3.614	2.460
2	简化毕肖普法	3.768	2.601
3	Janbu 法	3.498	2.403
4	美国陆军工程师团法	3.939	2.671
5	罗厄法	3.924	2.669
6	不平衡推力法	3.724	2.588
7	Spencer 法	3.764	2.597
8	Morgenstern-Price 法	3.762	2.596
9	Sarma 法	3.757	2.593

②二元结构边坡。

以土-岩二元结构为例,边坡在发生滑坡破坏时滑动面前缘主要沿下伏基岩顶面滑出,后缘为近似圆弧贯通坡顶,因此,在用极限平衡法对其稳定性进行分析时,所采用的方法必须适合任意滑裂面。由此可知,瑞典法、毕肖普法等不再适合,需采用其他极限平衡分析方法对其稳定安全系数进行计算,如简化毕肖普法、Morgenstern-Price 法等。

针对图 7-15 所示二元结构边坡计算模型,采用不同的计算方法对其稳定性进行计算,所采取的计算参数为:上覆土层高度 $h_1=5\text{m}$,重度 $\gamma_1=18.5\text{kN/m}^3$,黏聚力 $c=30\text{kPa}$,内摩擦角 $\varphi=25°$,下部岩体重度 $\gamma_2=23\text{kN/m}^3$,整体坡高 $h=10\text{m}$,坡度 $\beta=26.6°$,得到的计算结果见表 7-23。

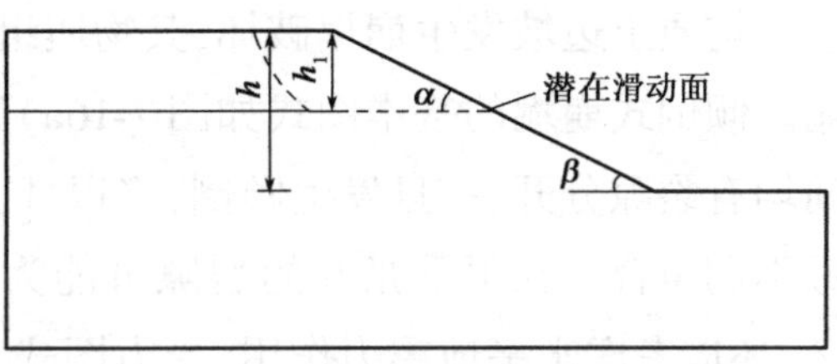

图 7-15 土-岩二元结构边坡极限平衡法计算模型

二元结构边坡采用不同计算方法的计算结果 表 7-23

编号	计 算 方 法	稳定系数	编号	计 算 方 法	稳定系数
1	瑞典法	—	6	不平衡推力法	—
2	简化毕肖普法	—	7	Spencer 法	4.638
3	Janbu 法	4.236	8	Morgenstern-Price 法	4.623
4	陆军工程师团法	5.260	9	Sarma 法	4.592
5	罗厄法	—			

从计算结果可以看出,Janbu 法的计算结果最小,具有下限解的性质,与其他方法比较,最大差距可达 10%,因为它忽略了条间切向力和条间法向力产生的力矩作用,会得到较低的稳定系数,工程上偏保守。而其他三种严格法所得的稳定性差别很小,可根据具体问题选用。各种非严格法与严格法相比,除了简化 Bishop 法外,其他非严格法都有一定误差。

极限平衡法在分析时均采用条分法,各种方法之间的区别就在于条块间相互作用力的大小、方向及作用点的假定各不相同,各种假定与工程实际必然存在一定的差距,因此,在计算稳定系数时会产生误差。但实际工程中,由于参数选取、工程地质条件调查等造成的误差远大于计算方法产生的差别,所以,工程中尽可能选取计算简单、工作效率高的方法。

非严格法中,简化 Bishop 法计算简便,误差较小,具有较高的精度,值得加以推广应用。各种严格解法都是可取的,一般情况下推荐采用 Morgenstern-Price 方法。

3)针对崩塌破坏的极限平衡分析

在分析可能崩塌体受力条件的基础上,用块体平衡理论计算其稳定性。计算时应考虑当地地震力、风力、爆破力、地面水和地下水冲刷力以及冰冻力等的影响。计算基本假定为:

(1)在崩塌发展过程中,特别是在突然崩塌前,把崩塌体视为整体。

(2)把崩塌体复杂的空间运动问题简化成平面问题,即取单位宽度的崩塌体进行验算。

(3)崩塌体两侧与稳定岩土体之间,以及各部分崩塌体之间均无摩擦作用。

均质土边坡发生崩塌破坏,其物质组成一般为黄土,从形成机理分析一般为倾倒式崩塌。倾倒式崩塌的基本图式如图 7-16a)所示。不稳定岩土体的上下各部分和稳定岩体之间均有裂隙分开,一旦发生倾倒,将以 A 点为转点发生转动,验算时应考虑各种附加力的最不利组合。在雨季张开的裂隙可能为暴雨充满,应考虑静水压力;Ⅶ度及以上的地震区,还应考虑水平地震力作用,受力图式如图 7-16b)所示。如不考虑其他力,则崩塌体的抗倾覆稳定性系数 F_S 可按式(7-32)计算。

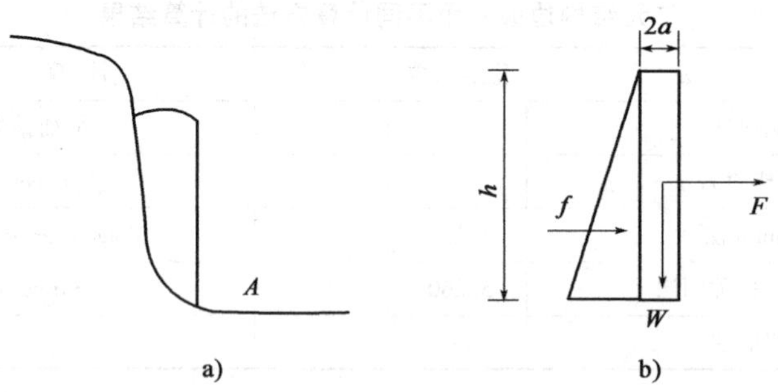

图 7-16 倾倒式崩塌计算模型

$$F_S=\frac{W\times a}{f\times\frac{h_0}{3}+F\times\frac{h}{2}}=\frac{W\times a}{\frac{\gamma_w h_0^2}{2}\times\frac{h_0}{3}+F\times\frac{h}{2}}=\frac{6aW}{10h_0^3+3Fh}\tag{7-32}$$

式中:f——静水压力(kN);

h_0——水位高,暴雨时等于岩土体高(m);

h——岩土体高(m);

γ_w——水的重度(kN/m^3);

W——崩塌体重力(kN);

F——水平地震力(kN);

a——转点 A 至重力延长线的垂直距离(m),这里为崩塌体宽的1/2。

4)针对坍塌破坏的极限平衡分析

坍塌是斜坡卸荷松弛带内的岩土体,当自重应力超过土体强度时发生的解体破坏。这种破坏最早在经典土力学计算中被注意到,由于边坡卸荷松弛带的应力状态与岩土体自身的变形有关,很难简单描述。到目前为止,还没有关于建立在静力极限平衡基础上的坍塌稳定性计算方法,在此只做简单的分析。

在对坍塌破坏进行计算时,采用如下模型进行极限平衡分析,计算模型如图7-17所示。

图7-17a)中 Ah 段为边坡后缘裂缝,此段高约为边坡坡高 H 的1/3;裂缝与坡顶夹角为 a,其中 $45° + \varphi/2 \leqslant a \leqslant 90°$;$hB$ 段较缓,可呈直线形,也可呈圆弧形,该破裂面与水平面夹角为 b,其中 $0° \leqslant a \leqslant 45° - \varphi/2$。可根据此计算模型,进行边坡坍塌破坏时边坡稳定性计算。

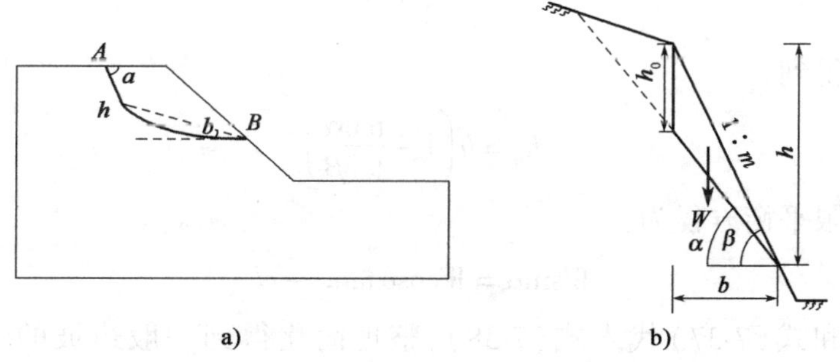

图7-17 坍塌破坏计算模型示意图

边坡卸荷松弛带的应力状态与坡率和岩土体的泊松比有关。开挖后地应力释放,部分岩土体变形回弹,当坡度大于50°时出现与坡面近平行的张拉应力,这个坡度大致接近于 $45° + \varphi/2$。

坍塌破坏在很大程度上是岩土体在无侧限甚至侧向回弹受拉条件下的压张破坏,当岩土体的自重应力超过其强度时,由压张和压剪变形破坏形成的溃屈就会发生。假设边坡为直立坡,下部土体可能受压剪破坏,此时上部土体形成的大主应力 $\sigma_1 = \gamma h = 2c\tan\left(45° + \frac{\varphi}{2}\right)$,根据式(5-11)拉应力区高度为 $H_0 = \frac{c}{\gamma}\tan\left(45° + \frac{\varphi}{2}\right)$,可得边坡压剪破坏临界高度是拉应力区高度的2倍,此时,上部土体自重应力与其无侧限抗压强度相当。因此,当坡度小于$45°+\frac{\varphi}{2}$,或高度小于2倍拉应力区高度的边坡时,肯定是稳定的。坡度介于$45°+\frac{\varphi}{2}$至90°的边坡,稳定高度随坡度增加而降低,且降低速率增加。

野外观察到的边坡坍塌破坏面大多上部陡立、下部较缓而平直略微下凹。这属于张拉剪切破坏的特征,也与斜坡应力场特点相吻合。

在拉应力作用下,土坡顶部会出现张拉裂缝。其最大深度为:

$$H=\frac{c}{\gamma}\cdot\tan\left(45°+\frac{\varphi}{2}\right) \tag{7-33}$$

被剪切面和张拉裂缝分离的土体极限状态,可认为是边坡坍塌的稳定极限状态。如图7-17b)所示,分离体沿剪切面的下滑力为:

$$T=W\sin\alpha \tag{7-34}$$

剪切面上的抗滑力为:

$$R=W\cos\alpha\tan\alpha+cl \tag{7-35}$$

分离体的自重力为:

$$W=\frac{\gamma h_0}{2}l\cos\alpha \tag{7-36}$$

由几何关系得到:

$$h_0=h\left(1-\frac{\tan\alpha}{\tan\beta}\right) \tag{7-37}$$

分离体的极限平衡方程为:

$$W\sin\alpha=W\cos\alpha\tan\varphi+cl \tag{7-38}$$

将式(7-36)和式(7-37)代入式(7-38),整理简化得到一般边坡的卡尔曼临界高度公式:

$$h_{c\gamma}=\frac{2c\sin\beta\cos\varphi}{\gamma\sin(\beta-\alpha)\cos(\alpha-\varphi)} \tag{7-39}$$

临界状态下有:

$$\alpha=\frac{\beta+\varphi}{2} \tag{7-40}$$

卡尔曼公式进一步简化为:

$$h_{c\gamma}=\frac{4c\sin\beta\cos\varphi}{\gamma[1-\cos(\beta-\varphi)]} \tag{7-41}$$

此时,分离体的稳定系数为1,则得分离体的稳定系数公式:

$$F=\frac{4c\sin\beta\cos\varphi}{\gamma h[1-\cos(\beta-\varphi)]} \tag{7-42}$$

在岩土体强度和坡率一定的情况下,卡尔曼公式给出边坡的临界高度。

直立边坡,$\beta=90°$,$\sin\beta=1$,$\cos(\beta-\varphi)=\sin\varphi$,临界高度为:

$$h_{c\gamma}=\frac{4c}{\gamma(\sin\alpha-\cos\alpha\tan\varphi)} \tag{7-43}$$

由 $\alpha=(\beta+\varphi)/2$,得到直立边坡的临界高度:

$$h_0=\frac{4c}{\gamma}\tan\left(45°+\frac{\varphi}{2}\right) \tag{7-44}$$

由以上可知,张裂隙的最大深度是直立边坡临界稳定高度的一半。换言之,边坡直立稳定高度应小于拉应力区高度的2倍,否则边坡将发生变形破坏。

2. *岩质边坡常用的极限平衡法*

采用极限平衡法评价边坡稳定性时应根据不同的破坏方式选取不同的方法,但由于岩质边坡特有的复杂性,表现为同一类边坡可能发生多种破坏方式,而不同类边坡发生的破坏方式又多有相同,所以同一边坡应按照其可能发生的破坏方式进行稳定性评价。

1)针对滑动破坏的极限平衡分析

(1)直线形滑面的滑动模式(图7-18)

此类岩质坡体通常为单一层状结构,按平面力系平衡问题分析求解,其特点是:相似三角形垂线高度相同时,相似三角形滑块的理论稳定性相同,与坡高无关。边坡的稳定系数 K 为:

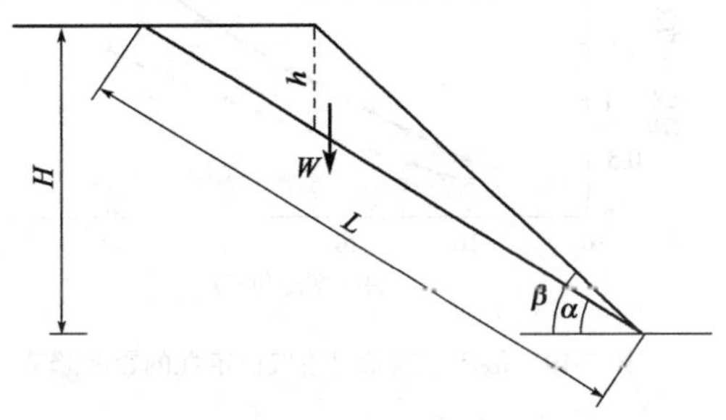

图7-18 直线形滑面滑动

$$K=\frac{\tan\varphi}{\tan\alpha}+\frac{2c\sin\beta}{\gamma H\sin(\beta-\alpha)\sin\alpha} \tag{7-45}$$

式中:α——层倾角(°);

β——坡度(°);

γ——岩石天然重度(kN/m^3);

H——滑块垂直高度(m);

c——结构面的黏聚力(kPa),当结构面未贯通时,取贯通段和未贯通段黏聚力为按长度的加权平均值,未贯通段黏聚力取岩石黏聚力的0.4倍;

φ——结构面摩擦角(°),当结构面未贯通时,取贯通段和未贯通段摩擦角为按长度的加权平均值,未贯通段摩擦角取岩石内摩擦角的0.95倍。

在缺乏试验结果的情况下可根据表 7-24 或查表法中的 c、φ 值近似判断。

直线形滑面破坏临界岩层倾角　　表 7-24

滑面岩性	临界层倾角
黏土岩、黏土页岩、泥灰岩、泥质板岩、凝灰质页岩等的层面	9°～20°
砂岩砾石层面	30°～35°
无泥质充填的构造破裂面	35°～60°

在野外进行岩质边坡稳定性初判时，将夹层的黏聚力视为很小，即 c 值趋近于 0，此时稳定系数只与层间摩擦角 φ 和层倾角 α 有关。图 7-19 为层倾角一定时，层间摩擦角对稳定系数的影响曲线，可看出在 10°～40°变化范围内随 φ 增大稳定系数近似呈线性增大。图 7-20 给出了当摩擦角一定时层倾角与稳定系数的关系曲线，由曲线看到当层倾角 <20°时曲线较陡，稳定系数随层倾角减小较快；当层倾角 >20°且逐渐增大时，曲线逐渐变缓。所以野外进行层间摩擦角选取时，当判断层倾角 <20°时摩擦角应尽量取偏小值，使初判结果较为安全。

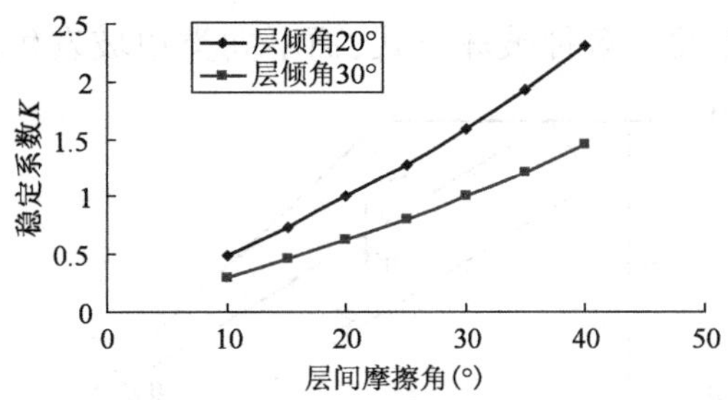

图 7-19　层间摩擦角对边坡稳定性的影响趋势

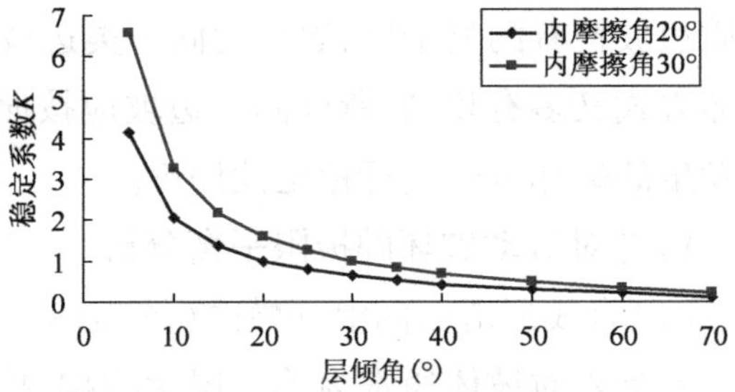

图 7-20　层倾角对边坡稳定性的影响趋势

当层间黏聚力不为零时，取 $K=1$，则临界滑块高可按 $H_{cr}=\dfrac{4c\sin\beta\cos\varphi}{\gamma[1-\cos(\beta-\varphi)]}$ 计算。

(2)折线形滑面的滑动模式(图 7-21)

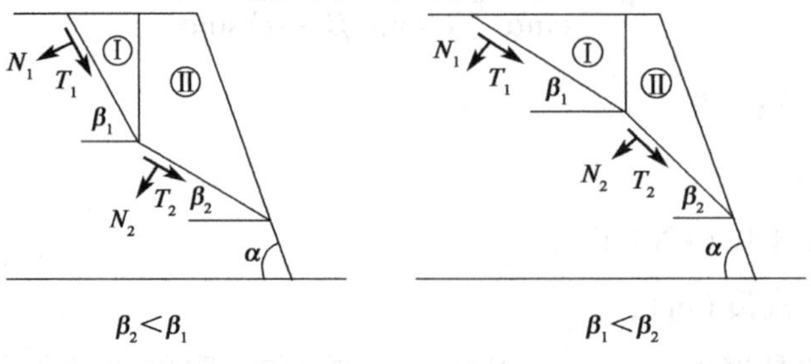

图 7-21　同倾向双滑面形滑动计算简图

稳定系数：

$$K=\frac{N_2f_2+c_2l_2+(T_1-N_1f_1-c_1l_1)\sin(\beta_1-\beta_2)\times f_2}{T_2+(T_1-N_1f_1-c_1l_1)\cos(\beta_1-\beta_2)} \tag{7-46}$$

当 I 块剩余下滑力为负值时，剩余下滑力不可向下传递。即：当 $T_1 - N_1 f_1 - c_1 l_1 \leqslant 0$ 时，令

$$T_1 - N_1 f_1 - c_1 l_1 = 0 \tag{7-47}$$

式中：N_1、N_2——结构面上的法向力；

T_1、T_2——结构面上的切向力；

l_1、l_2——结构面长度；

c_1、c_2——结构面的黏聚力；

f_1、f_2——结构面的摩擦力；

β_1、β_2——结构面的倾角。

(3)后缘有张裂缝的滑动模式

考虑滑体后部产生张裂缝时，并假定张性断裂走向与边坡面走向平行，裂缝内充满水，水深为 Z_w（图 7-22），在地震作用下其稳定系数 K 表示为：

$$K = \frac{[W\cos\alpha - F\sin\alpha - V\sin\alpha - U]\tan\varphi + cL}{W\sin\alpha + F\cos\alpha + V\cos\alpha} \tag{7-48}$$

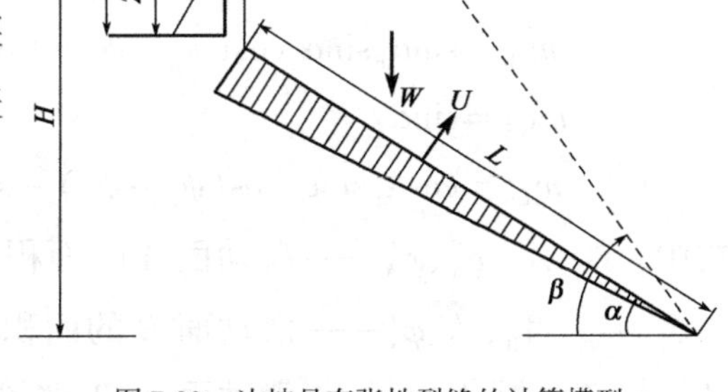

图 7-22 边坡具有张性裂缝的计算模型

式中：$L = (H - Z) \cdot \csc\alpha$；

$U = \frac{1}{2}\gamma_w Z_w L$，为沿滑面的扬压力；

$V = \frac{1}{2}\gamma_w Z_w^2$，为后缘裂缝的静水压力；

$W = \frac{1}{2}\gamma H^2 \left\{ \left[1 - \left(\frac{Z}{H}\right)^2\right]\cot\alpha - \cot\beta \right\}$；

Z——后缘裂缝深度，量测困难时按 $Z = \frac{2c}{\gamma}\tan\left(45° + \frac{\varphi}{2}\right)$ 计算；

Z_w——裂缝中水柱高；

F——水平地震力，$F = \eta_c kW$；

η_c——综合影响系数，一般取 0.25；

k——水平地震系数，7 度地震取 0.1；8 度地震取 0.2；9 度地震取 0.4。

(4)楔形体滑动破坏模式(图 7-23)

稳定系数：

$$K = \frac{c'_A A_A + c'_B A_B + N_A \tan\varphi'_A + N_B \tan\varphi'_B}{m_{WS} W + m_{CS} U_C} \tag{7-49}$$

其中：$N_A = qW + rU_C - U_A$

$$N_B = xW + yU_C - U_B$$

$$q = (m_{ab}m_{Wb} - m_{Wa})/(1 - m_{ab}^2)$$

$$r = (m_{ab}m_{cb} - m_{ca})/(1 - m_{ab}^2)$$

$$x = (m_{ab}m_{Wa} - m_{Wb})/(1 - m_{ab}^2)$$

$$y = (m_{ab}m_{ca} - m_{cb})/(1 - m_{ab}^2)$$

$$m_{ab} = \sin\alpha_a \sin\alpha_b \cos(\psi_a - \psi_b) + \cos\alpha_a \cos\alpha_b$$

$$m_{Wa} = -\cos\alpha_a$$

$$m_{Wb} = -\cos\alpha_b$$

$$m_{ca} = \sin\alpha_a \sin\alpha_c \cos(\psi_a - \psi_c) + \cos\alpha_a \cos\alpha_c$$

$$m_{cb} = \sin\alpha_b \sin\alpha_c \cos(\psi_b - \psi_c) + \cos\alpha_b \cos\alpha_c$$

$$m_{WS} = \sin\alpha_S$$

$$m_{CS} = \cos\alpha_S \sin\alpha_c \cos(\psi_S - \psi_c) - \sin\alpha_S \cos\alpha_c$$

式中：　A_A、c'_A、φ'_A——滑动面 A 的面积(m^2)、有效黏聚力(kPa)和摩擦角(°)；

A_B、c'_B、φ'_B——滑动面 B 的面积(m^2)、有效黏聚力(kPa)和摩擦角(°)；

ψ_a、α_a、ψ_b、α_b、ψ_c、α_c——滑动面 A、B、张裂缝面 C 的倾向和倾角(°)；

ψ_S、α_S——滑动面 A、B、交线 OC 的倾向和倾角(°)；

U_A、U_B、U_C——滑动面 A、B、张裂缝面 C 上的孔隙压力(kN)；

W——楔形体重量(kN)。

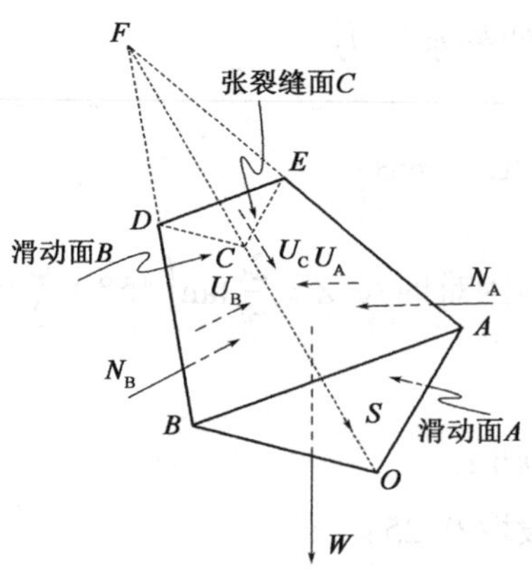

图 7-23　楔形法计算简图(沿 CO 方向滑动)

(5) Sarma 法(图 7-24)

Sarma 法可以用来评价各种类型滑坡的稳定性，如圆弧面滑动、非圆弧面滑动、平面滑动或楔形体滑动等复杂剖面的岩土边坡，并且允许各滑面具有不同的 c，φ 值；而且滑块两侧面可以任意倾斜，因而能分析具有各种特殊结构(断层、层面)的滑坡的稳定性，由于引

入临界水平加速度判据 K_c,还需考虑地下水和地震力对边坡稳定性的影响。其平衡条件为:

$$K_c=\frac{a_n+a_{n-1}e_n+a_{n-2}e_ne_{n-1}+\cdots+a_1e_ne_{n-1}\cdots e_3e_2}{p_n+p_{n-1}e_n+p_{n-2}e_ne_{n-1}+\cdots+p_1e_ne_{n-1}\cdots e_3e_2} \tag{7-50}$$

式中:$a_i=\dfrac{W_i\sin(\varphi_i-\alpha_i)+R_i\cos\varphi_i+S_{i+1}\sin(\varphi_i-\alpha_i-\delta_{i+1})-S_i\sin(\varphi_i-\alpha_i-\delta_i)}{\cos(\varphi_i-\alpha_i+\varphi_i^j-\delta_{i+1})\sec\varphi_i^j}$

$$p_i=\frac{W_i\cos(\varphi_i-\alpha_i)}{\cos(\varphi_i-\alpha_i+\varphi_i^j-\delta_{i+1})\sec\varphi_i^j}$$

$$e_i=\frac{\cos(\varphi_i-\alpha_i+\varphi_i^j-\delta_i)\sec\varphi_i^j}{\cos(\varphi_i-\alpha_i+\varphi_i^j-\delta_{i+1})\sec\varphi_i^j}$$

$$R_i=c_ib_i\sec\alpha_i-U_i\tan\varphi_i$$

$$S_i=c_i^jd_i\sec\alpha_i-PW_i\tan\varphi_i$$

$$\varphi_1^j=\delta_1=\varphi_{n+1}^j=\delta_{n+1}=0$$

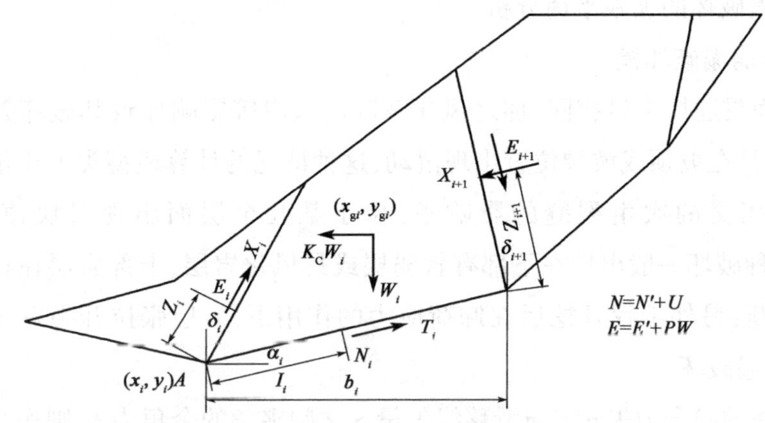

图 7-24 Sarma 法计算简图

(6)溃屈破坏模式(图 7-25)

当顺向坡岩层厚度较薄、边坡高度较大时,在坡脚有一层或几层岩层向外鼓起,与下伏岩层脱开、弯曲折断,继续发展造成其上部岩体滑动。显然,溃屈破坏与岩层单层厚度、坡高、软弱夹层性状与地下水的作用等有关。

溃屈破坏的分析采用梁板原理,属于一层或几层岩体轴压稳定问题。长度为 L 的板的溃屈破坏极限荷载为:

$$P_{cr}=\frac{4\pi^2EI}{L^2}-\frac{q\sin\alpha}{2}L \tag{7-51}$$

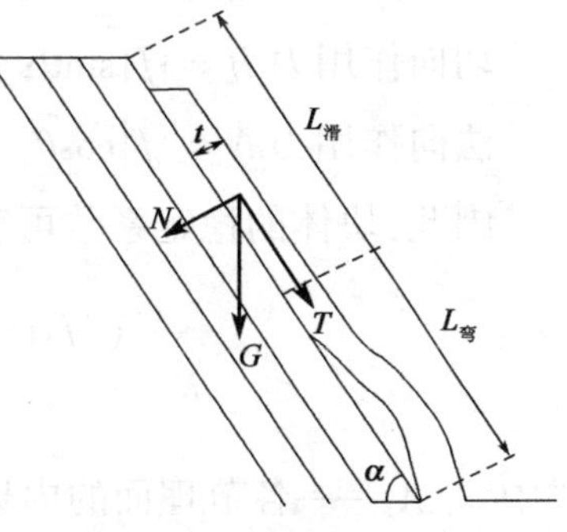

图 7-25 溃屈破坏计算简图

式中:E——岩体弹性模量(MPa);

I——岩板极惯性矩,单宽取值为 $t^3/12$,t 为岩板厚度(m);

L——弯曲段坡长(m)。

在自重作用下产生溃屈破坏时，板柱的极限长度为：

$$L_{cr}=\sqrt[3]{\frac{4\pi^2 EI}{q\sin\alpha}} \tag{7-52}$$

L_{cr}与t之间的关系式为：

$$L_{cr}=\sqrt[3]{\frac{\pi^2 Et^2}{3r\sin\alpha}} \tag{7-53}$$

至今，虽有许多学者对岩石边坡溃屈破坏的计算做过研究，但多是从弹性力学出发，运用能量法求解临界坡长L及最初发生溃屈的位置，推导过程复杂，计算不便，不能很好地反映真实情况，其适用性难以确定。另外，溃屈破坏的发生是一个长期失效变形的过程，仅仅采用单纯的理论分析，本身也是难以让人信服的。目前，对岩石的流变性质研究在世界范围内仍然是一个比较热门的课题。

2)针对崩塌破坏的极限平衡分析

(1)滑动形崩塌破坏模式

由于各层面贯通性不尽相同，加之风化及降雨入渗等影响导致其破坏并非沿着底部层理面滑动，而是在坡顶或坡腰位置出现滑动，这种情况的计算模型类似于滑动破坏。或者在与层理面相交的次生裂缝的影响下，位于某几个层面出现滑块掉落形成崩塌(图7-26)。这种破坏一般出现在下部有软弱层或易风化岩层，上部岩层在自重作用下弯曲变形直至折断；另外工程开挖后在卸荷应力的作用下，岩层张拉开裂发育成非连续块体，也易形成崩塌破坏。

设块体所受的净合力矢量f与滑移线矢量S之间夹角的余角为θ，则净合力在滑移线切向和法向的作用力分别为：

切向作用力$H=|f|\sin\theta$；

法向作用力$N=|f|\cos\theta$。

因此，块体的稳定系数可表示为：

$$K=\frac{(|f|\cos\theta-F\sin\alpha-V\sin\alpha-U)\tan\varphi+cA+\sum_{j=1}^{m}c_jA_j}{|f|\sin\theta+F\cos\alpha+V\cos\alpha} \tag{7-54}$$

式中：c_j、A_j——各节理面的内聚力和面积，主要与节理面的贯通度有关；

j——节理面的编号；

m——节理面的数目。

(2)倾倒形崩塌破坏模式

①岩体稳定性由后缘岩体抗拉强度控制时的稳定性计算(图7-27)。

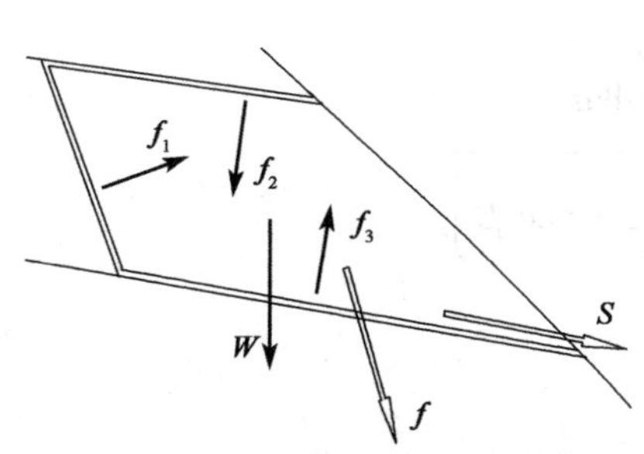

图 7-26 形成崩塌块体的计算模型

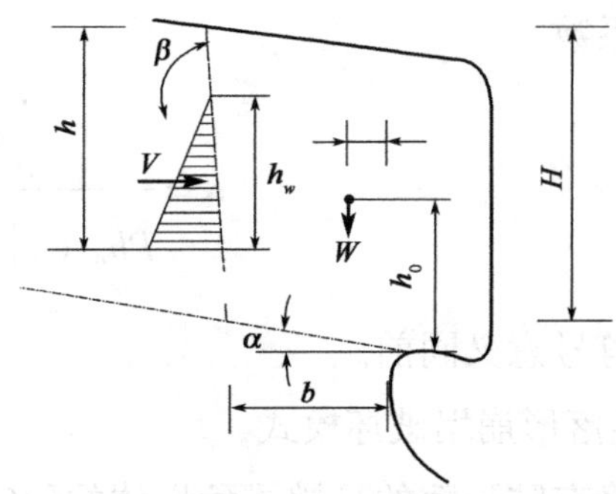

图 7-27 倾倒形崩塌岩体的稳定性计算简图
（虚线表示结构面未贯通）

稳定系数：

$$
\begin{cases}
K=\dfrac{\dfrac{1}{2}f_{\mathrm{lk}}\dfrac{H-h}{\sin\beta}\left[\dfrac{2}{3}\dfrac{H-h}{\sin\beta}+\dfrac{b}{\cos a}\cos(\beta-\alpha)\right]}{Wa+Ph_0+V\left[\dfrac{H-h}{\sin\beta}+\dfrac{h_{\mathrm{w}}}{3\sin\beta}+\dfrac{b}{\cos a}\cos(\beta-\alpha)\right]} & \text{（危岩体重心在倾覆点之外）} \\
K=\dfrac{\dfrac{1}{2}f_{\mathrm{lk}}\dfrac{H-h}{\sin\beta}\left[\dfrac{2}{3}\dfrac{H-h}{\sin\beta}+\dfrac{b}{\cos a}\cos(\beta-\alpha)\right]+Wa}{Ph_0+V\left[\dfrac{H-h}{\sin\beta}+\dfrac{h_{\mathrm{w}}}{3\sin\beta}+\dfrac{b}{\cos a}\cos(\beta-\alpha)\right]} & \text{（危岩体重心在倾覆点之内）}
\end{cases}
\tag{7-55}
$$

式中：h——后缘裂隙深度；

h_{w}——后缘裂隙充水高度；

H——后缘裂隙上端到未贯通段下端的垂直距离；

a——危岩体重心到倾覆点的水平距离；

b——后缘裂隙未贯通段下端到倾覆点之间的水平距离；

h_0——危岩体重心到倾覆点的垂直距离；

f_{lk}——危岩体抗拉强度，根据岩石抗拉强度乘以 0.4 的折减系数确定；

α——危岩体与基座接触面倾角，外倾时取正值，内倾时取负值；

β——后缘裂隙倾角；

W——危岩体自重；

V——裂隙水压力；

P——作用在危岩体重心的地震水平惯性力。

②岩体稳定性由底部岩体抗拉强度控制时的稳定性计算（图 7-28）。

稳定系数：

$$K=\frac{\frac{1}{3}f_{\text{lk}}b^{2}+Wa}{Ph_{0}+V\left(\frac{1}{3}\frac{h_{\text{w}}}{\sin\beta}+b\cos\beta\right)} \tag{7-56}$$

式中符号意义同前。

(3)坠落形崩塌破坏模式

①后缘有陡裂隙的悬挑式危岩体的稳定性计算(取较小值,图7-29)。

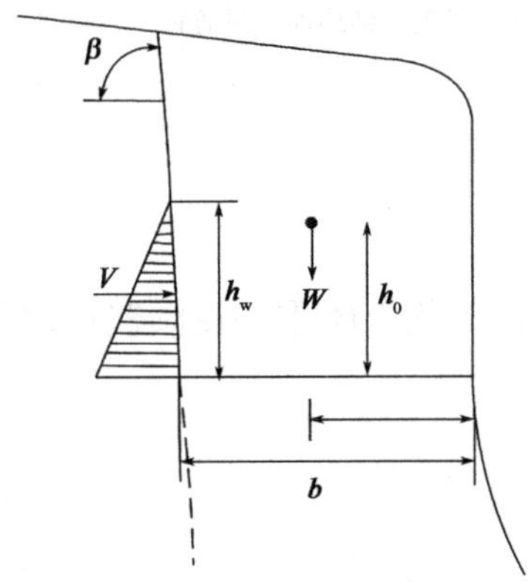

图7-28　倾倒形崩塌岩体的稳定性计算简图
(虚线表示结构面未贯通)

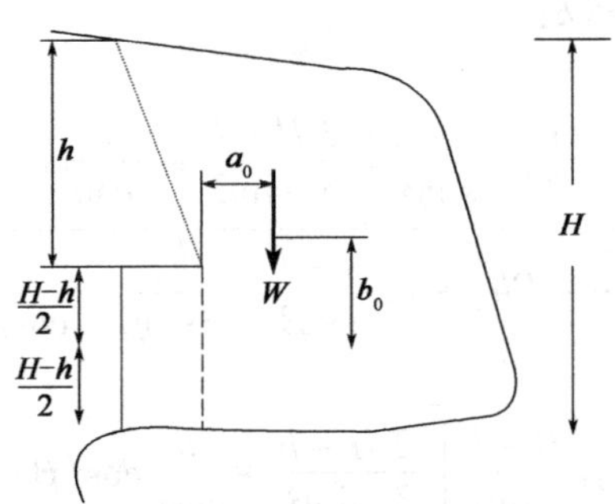

图7-29　后缘有裂隙的坠落形崩塌的稳定性计算简图
(虚线表示结构面未贯通)

稳定系数：

$$F_{\text{S}}=\frac{c(H-h)-P\tan\varphi}{W} \tag{7-57}$$

$$K=\frac{\zeta\cdot f_{\text{lk}}(H-h)^{2}}{Wa_{0}+Pb_{0}} \tag{7-58}$$

式中：ζ——危岩体抗弯力矩计算系数,根据潜在的破坏面形态取值,一般可取1/12～1/6,当潜在破坏面为矩形时可取1/6；

a_0——危岩体重心到潜在破坏面的水平距离；

b_0——危岩体重心到潜在破坏面形心的铅直距离；

f_{lk}——危岩体抗拉强度,根据岩石抗拉强度乘以0.20的折减系数确定；

c、φ——危岩块体黏聚力、内摩擦力；

h——后缘裂隙深度；

H——后缘裂隙上端到未贯通段下端的垂直距离；

W——危岩体自重；

P——作用在危岩体重心的地震水平惯性力。

②后缘无陡倾裂隙的悬挑式危岩体的稳定性计算(取较小值,图 7-30)。

稳定系数:

$$K=\frac{cH_0-P\tan\varphi}{W} \tag{7-59}$$

$$K=\frac{\zeta\cdot f_{\mathrm{lk}}H_0^2}{Wa_0+Pb_0} \tag{7-60}$$

式中:H_0——危岩体后缘潜在破坏面高度;

f_{lk}——危岩体抗拉强度,根据岩石抗拉强度乘以 0.30 的折减系数确定;

其余符号意义同前。

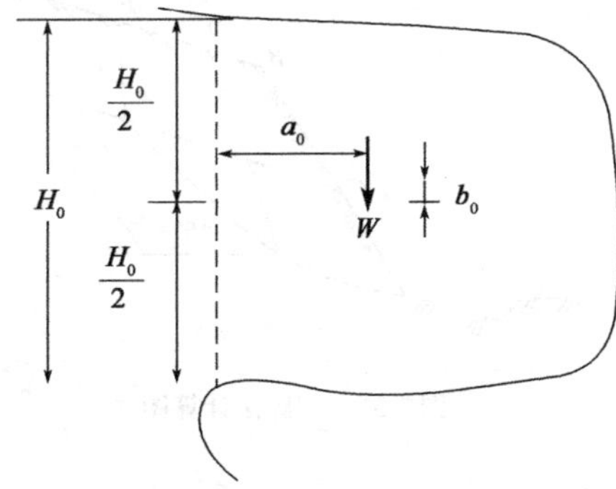

图 7-30 后缘无裂隙的坠落形崩塌的稳定性计算简图(虚线表示结构面未贯通)

二、裂隙法与裂隙圆弧法

裂隙法与裂隙圆弧法是针对黄土边坡裂隙发育的特点提出的黄土边坡稳定性的计算方法。

1. 裂隙法

该方法是西安公路研究所赵学勐领导的课题组在大量黄土边坡工程调研和试验研究基础上,于 20 世纪 80 年代初针对天然黄土裂隙发育的特点,提出的适用于黄土边坡稳定性计算的方法。由于该方法能够合理地反映黄土边坡稳定性特点,因此受到工程界的关注并被引入公路路基设计手册,后经长安大学折学森教授对其进一步改进和程序化。

该方法认为,黄土高边坡破坏时滑动面的形状为上段垂直(高度等于 h_{90}),中段为与水平面呈 $45°+\varphi/2$ 角的斜线,下段为圆弧状。这是因为 DE 裂隙后的土体 $DEGF$ 对裂隙土体产生推力作用,在裂隙深度发展至最危险位置时,裂隙前土体就沿 AE 做圆弧式滑动;而裂隙后部土体则沿垂直裂隙 FG 断裂,边坡发生如图 7-31 中 $AEGF$ 所示崩塌形的滑坍。

2. 裂隙圆弧法

黄土中由于垂直节理的存在,以及高陡边坡坡脚受到大的自重应力,发生不均匀变形的现象,都会导致坡顶出现成组的张裂隙。裂隙的平面分布呈与边坡坡口线平行的圆弧状。裂隙在地表水的冲蚀下不断加深,当加深到超过黄土的最直立高度$(h_{90})_{\max}$时,黄土边坡就会发生滑坍。在黄土地区工程实际中,皆可看到破坏边坡的上部为近似直立的陡壁。在未破坏的边坡,也存在坡顶的垂直裂隙。裂隙深度范围内,形成孤立的土柱,在自重作用下不破坏,与无限情况相似。由于裂隙的存在,减小了滑弧的长度,降低了抗剪能力。裂隙圆弧法滑动土体如图 7-32 所示。

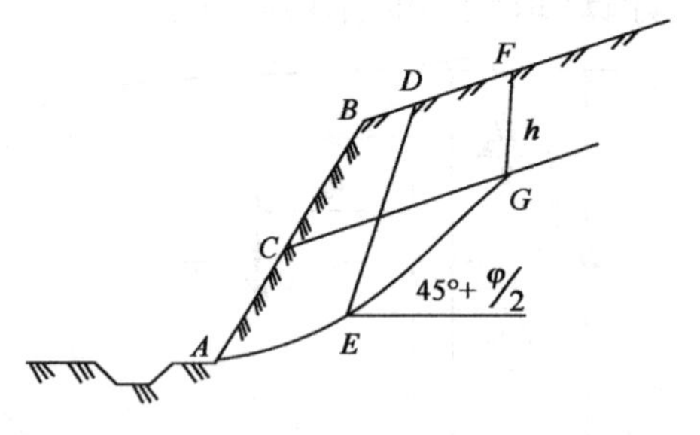

图 7-31　裂隙法计算图式

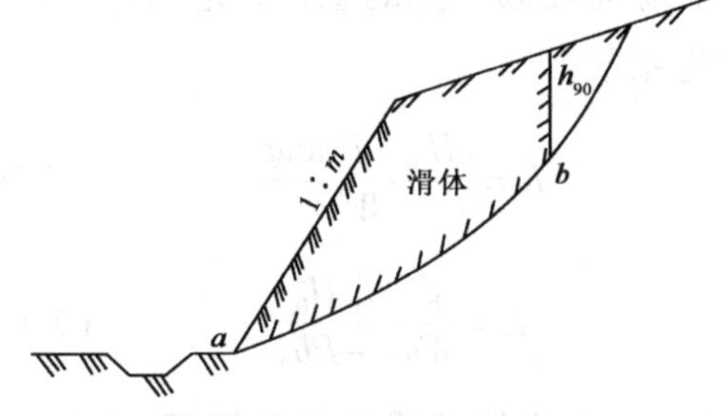

图 7-32　裂隙圆弧法计算图式

三、稳定系数法

为了能迅速求出用有效应力分析得到的最小稳定安全系数，Bishop 和 Morgenstern 在 1960 年提出了稳定系数法。他们应用简化 Bishop 法对均质土坡进行分析，认为对于一定的抗剪强度值，土坡最小稳定系数 K_{min} 与整个土坡剖面的平均孔隙应力比 r_u 接近直线关系，即：

$$K_{\min} = M - Nr_{\mathrm{u}} \tag{7-61}$$

式中，孔隙应力比 r_u 是用式(7-62)定义的，即：

$$r_{\mathrm{u}} = \frac{u}{\gamma h} \tag{7-62}$$

式中：u——土坡剖面中某一点的孔隙应力；

h——该点至坡面的铅直距离；

γ——土的重度。

M、N 称为稳定系数，它们的大小取决于土坡的坡比 m、坡高 H、第一层硬土层的埋藏深度 δH 及土体的性质指标 γ、c'、φ'。当土坡的几何尺寸及土质指标均为已知时，可以直接由图 7-33 查出 M、N，然后用式(7-61)求得 K_{min}。

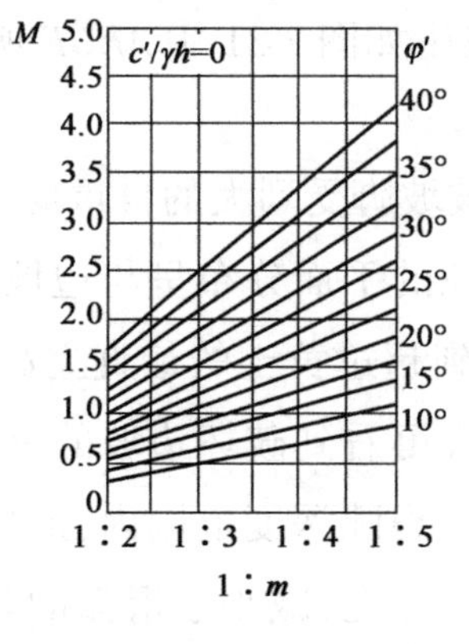

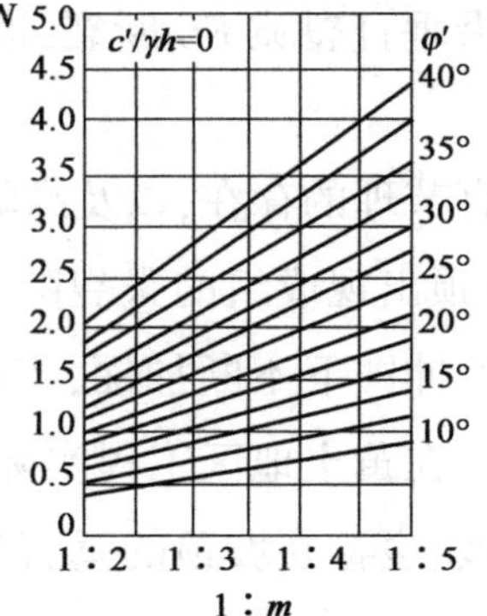

a)

图　7-33

M
c'/γh=0.025
δ=0
φ'
40°
35°
30°
25°
20°
15°
10°
1∶2 1∶3 1∶4 1∶5
1∶m
N
c'/γh=0.025
δ=0
r_{ab}=0.8
0.6
0.4
0.2
0
b)
c'/γh=0.025
δ=1.25
c)
c'/γh=0.05
δ=1.0
d)

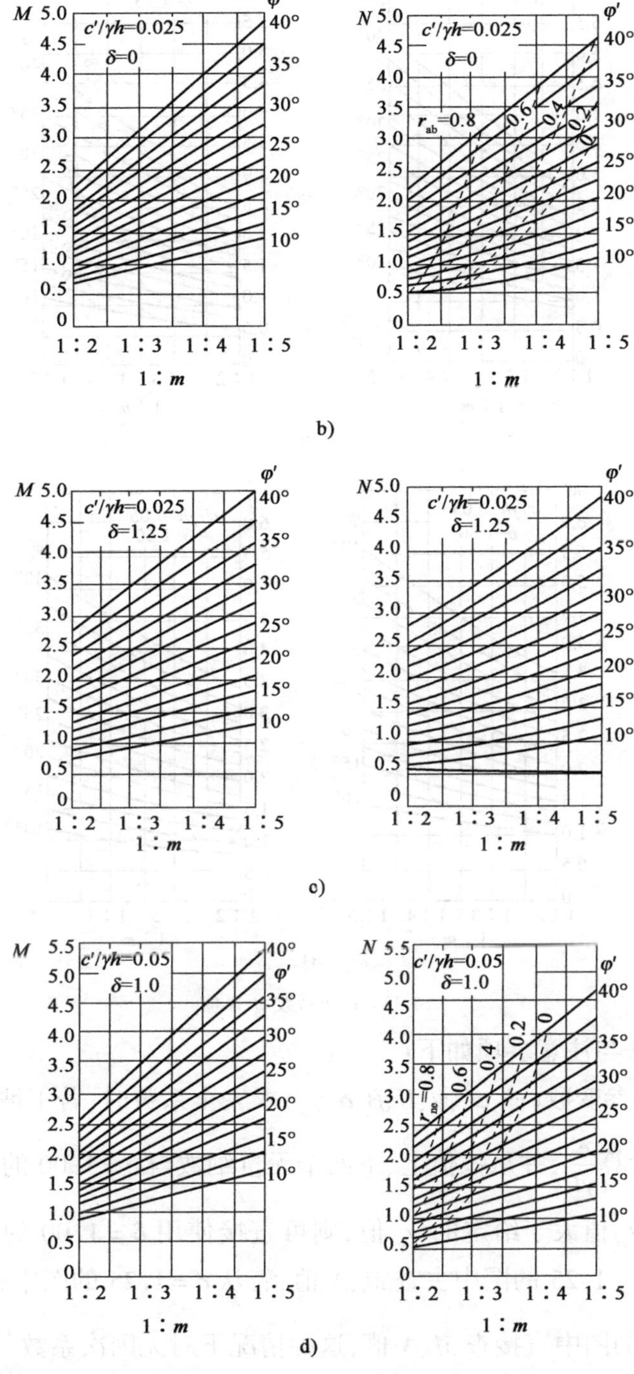

图 7-33

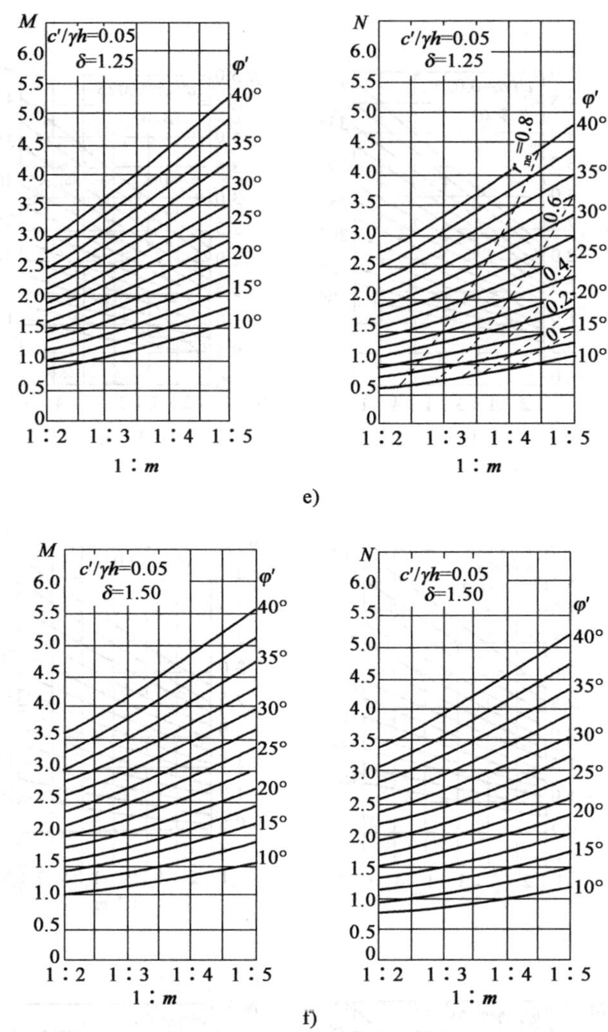

图 7-33　稳定系数 M、N 值

曲线的应用方法与注意事项如下：

(1)当给定一组参变数(c'、φ'、γ、H、β、δ、γ_u)求安全系数时，若土坡未直接位于坚实层上(即 $\delta>1$)，可先计算$\frac{c'}{\gamma H}$，并从该值上、下两个无量纲数与 $\delta=1.00$ 的曲线中查出 N 点的位置。如果此点的 γ_{ue} 值大于给定的 γ_u 值，则可直接使用 $\delta=1.00$ 的图查 M、N 值；如果 γ_{ue} 小于 γ_u，则应在 $\delta=1.25$ 的图中去查 M、N 值；若从 $\delta=1.25$ 的图中查得的 γ_{ue} 仍低于 γ_u 时，则应在 $\delta=1.50$ 的图中直接查 M、N 值，这种情况下对无因次系数$\frac{c'}{\gamma H}=0.05$ 的 M、N 值就必须使用图 7-33f)确定。在$\frac{c'}{\gamma H}=0.025$ 时，$\delta=1.50$ 很少会比 $\delta=1.25$ 更危险，因此未将 γ_{ue} 绘入图内。

(2)M、N确定后，按式分别求算$K_{\min}$值，再按直线插入法$\left(当\dfrac{c'}{\gamma H}=0.05\sim0.01时，\dfrac{c'}{\gamma H}\right.$与$\left.F_{\mathrm{Smin}}为直线关系\right)$求出给定$\dfrac{c'}{\gamma H}$值的安全系数$K_{\min}$。

(3)在整个边坡剖面中，γ_{u}通常不是常数，但大部分可以求出平均值，在土坡稳定分析中采用其平均值对精度影响不大，γ_{u}值可按式(7-63)计算：

$$\gamma_{\mathrm{u}}=\frac{u}{\gamma h}=\frac{u_0+\Delta u}{\gamma h}=\frac{u_0}{\gamma h}+\frac{\bar{B}\cdot\Delta\sigma_1}{\gamma h} \tag{7-63}$$

式中：u——孔隙水压力，可由野外测压管直接测得，或根据浸润线绘制流网图以及求算土中稳定渗流的微分方程解答来估算；

u_0——起始孔隙水压力；

Δu——孔隙水压力增量；

$\Delta\sigma_1$——大主应力增量；

$\bar{B}$——孔隙水压力系数，其值为$\bar{B}=\dfrac{\Delta u}{\Delta\sigma_1}$；

h——土柱高度。

(4)M、N虽然是采用有效应力强度指标和有效应力分析方法求出，但由于假定整个剖面孔隙水压力比为常数，且图中给出$\gamma_{\mathrm{u}}=0$的等值线，若将总应力强度指标视为孔隙水压力为0的有效应力指标，参考这一等值线确定$K_{\min}$值，不会出现较大的误差。因此使用该图，不论设计采用的强度指标是有效应力值或是总应力值，都可很快求出安全系数$K_{\min}$值。

四、考虑地下水渗流的土坡稳定性计算方法

当边坡中存在地下水或库水作用时，稳定计算需考虑孔隙水压力的作用，这种情况下，最好是用渗流的有限元分析或画流网的方法来确定坡体中各点的孔隙水压力，但是这样做比较复杂，不便于工程应用，因此工程中通常采用一些简化方法来计算孔隙水压力。常用的方法有孔隙压力比法、代替法、静水压力法和渗透压力法。运用这些方法的首要条件是要知道坡体中浸润线的位置。

1. 孔隙压力比法

孔隙压力比法是最早人们在分析坡体中考虑水的一种方法，通常用在瑞典法中，目前我国的部分规范中仍在采用。为考虑水的作用，利用浮重的概念来确定有效应力。将孔隙压力比r_{u}定义为总的孔隙压力与总的上覆压力之比，或者水压力产生的总的向上力与自重之比。孔隙水压力比表示为：

$$r_u = \frac{\text{水下滑动体的体积} \times \text{水的密度}}{\text{滑动体的体积} \times \text{土的密度}} \tag{7-64}$$

由于水的重度大约等于土重度的一半，孔隙压力比可以近似地由下式确定：

$$r_u = \frac{\text{水下滑动体的体积}}{2 \times \text{滑动体的体积}} \tag{7-65}$$

图 7-34 表示破坏面为平面和圆弧面时，将浸润面转换成孔隙压力比的方法。用孔隙压力比表述的瑞典法的稳定系数公式为：

$$F_S = \frac{\sum [c_i' l_i + (1 - r_u) W_i \cos\alpha_i \tan\varphi_i']}{\sum W_i \cos\alpha_i} \tag{7-66}$$

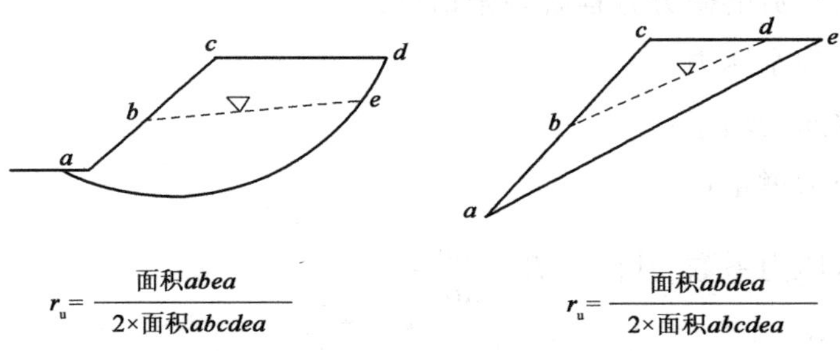

图 7-34 孔隙压力比的确定

孔隙压力比方法是在计算机分析计算还不普及，边坡的分析主要靠手工和查表的情况下提出来的，它代表的是坡体中的平均孔隙压力比。

2. 代替法

代替法采用滑体周界上的水压力和滑体范围内水重的作用来代替渗流力作用。

如图 7-35 所示的土坡，ae 为浸润线。在渗流情况下，滑动体所受渗流力为滑弧面 abc 上的水压力 $\sum p_1$（方向指向圆心）、坡面 ce 上的水压力 $\sum p_2$（方向垂直于坡面）、孔隙水的质量与浮力的合力 W_w（方向垂直向下）三个力的合力，即：

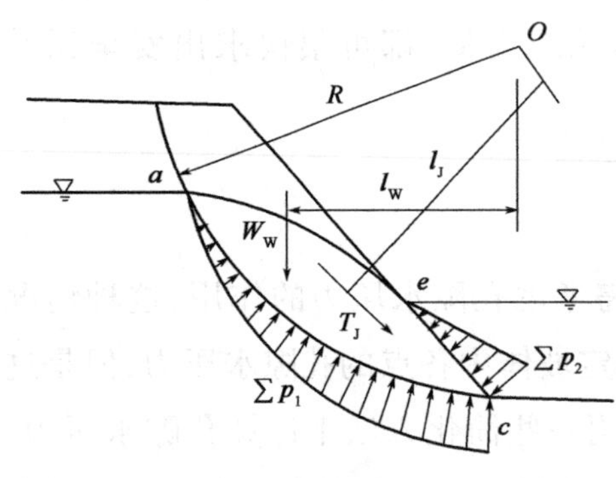

图 7-35 代替法计算渗流力简图

$$\vec{T}_j = \vec{W}_w + \sum \vec{p}_1 + \sum \vec{p}_2 \tag{7-67}$$

将式(7-67)等式两侧的各力对 O 取力矩，得到：

$$T_j l_j = W_{w1} l_{w1} \tag{7-68}$$

式中：T_j——渗透力；

l_j——T_j 对圆心 O 的力臂；

W_{w1}——下游水位 ee' 面以上，浸润线 ae 以下，滑弧面 ae' 范围内全部充满水时的水重；

l_{w1}——W_{w1}对圆心 O 的力臂。

因此,对于圆弧滑面,渗流力产生的力矩可以用下游水位以上浸润线以下圆弧范围内全部充满水的水重对圆心 O 的力矩来代替。

3. 静水压力法

代替法将整个滑体作为研究的对象,如将该方法应用到滑体中的每一个条块上,就得到了工程中经常使用的静水压力法。

为简化计算,通常假定边坡中的任意一点处的孔隙水压力等于该点距地下水面之垂直距离乘以水的密度,图 7-36 中条块周边的孔隙水压力分别为:

$a-a'$边界上:

$$P_a = \frac{1}{2}\gamma_w h_a^2 \tag{7-69}$$

$b-b'$边界上:

$$P_b = \frac{1}{2}\gamma_w h_b^2 \tag{7-70}$$

滑弧面 ab 上:

$$U_i = \frac{1}{2}\gamma_w (h_a + h_b)\frac{\Delta x}{\cos\alpha_i} \tag{7-71}$$

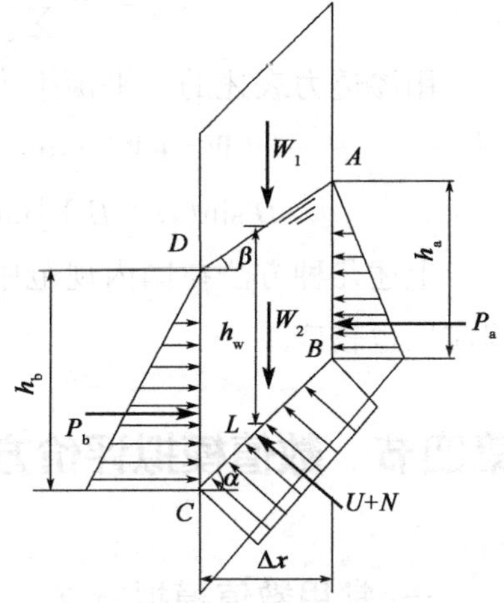

图 7-36 条块水压力计算简图

实际工程中为了简化计算,认为条块两侧边界上的水压力 P_a、P_b 相互抵消,仅考虑土条底部的水压力 U_i。

用孔隙水压力表述的瑞典法的稳定系数公式为:

$$F_S = \frac{\sum[c_i' l_i + (W_i\cos\alpha_i - U_i)\tan\varphi']}{\sum W_i\sin\alpha_i} \tag{7-72}$$

用孔隙水压力表述的简化 Bishop 法的稳定系数公式为:

$$F_S = \frac{\sum \frac{1}{m_{ai}}[c_i' l_i + (W_i - U_i\cos\alpha_i)W_i\tan\varphi']}{\sum W_i\sin\alpha_i} \tag{7-73}$$

用孔隙水压力表述的不平衡推力法的稳定系数计算公式为:

$$F_i = W_i\sin\alpha_i - \frac{1}{F_S}[c_i l_i + (W_i\cos\alpha_i - U_i)\tan\varphi_i'] + F_{i-1}\psi_{i-1} \tag{7-74}$$

$$\psi_{i-1} = \cos(\alpha_{i-1} - \alpha_i) - \frac{\tan\varphi_i'}{F_S}(\sin\alpha_{i-1} - \alpha_i) \tag{7-75}$$

用上式逐条计算,直到第 n 条的剩余推力为零,由此确定稳定系数 F_S。

4. 渗透压力法

渗透力与条块中的水重和周边的静水压力是一对平衡力,即渗透压力必须与条块浮重相平衡。根据这个结论可将渗透压力用式(7-76)表示:

$$D_i = \gamma_w A_i \sin\beta_i \tag{7-76}$$

式(7-76)的含义是：渗透压力等于土条饱和浸水面积 A_i、水的重度 γ_w、水力坡降 $\sin\beta_i$ 的乘积，其方向与水流方向一致，与水平向的夹角为 β_i。

用渗透力表述的瑞典法的稳定系数公式为：

$$F_S = \frac{\sum\{[(W_{1i}+W'_{2i})\cos\alpha_i - D_i\sin(\alpha_i-\beta_i)]\tan\varphi'_i + c'_i l_i\}}{\sum[(W_{1i}+W'_{2i})\sin\alpha_i - D_i\sin(\alpha_i-\beta_i)]} \tag{7-77}$$

用渗透力表述的简化 Bishop 的稳定系数式为：

$$F_S = \frac{\sum\frac{1}{m_{ai}}[c'_i l_i\cos\alpha_i + (W_{1i}+W'_{2i}+D_i\sin\beta_i)\tan\varphi'_i]}{\sum[(W_{1i}+W'_{2i})\sin\alpha_i + D_i\cos(\alpha_i-\beta_i)]} \tag{7-78}$$

用渗透力表述的不平衡推力法的稳定系数计算公式为：

$$F_i = [(W_{1i}+W'_{2i})\sin\alpha_i + D_i\cos(\alpha_i-\beta_i)] - \{c'_i l_i + [(W_{1i}+W'_{2i})\cos\alpha_i - D_i\sin(\alpha_i-\beta_i)]\tan\varphi'_i\}/F_S + F_{i-1}\psi_{i-1} \tag{7-79}$$

上述几种方法在国内规范中均有应用，其中第四种方法渗透压力法概念最为清楚，工程应用也较广。

第四节　数值模拟评价方法

一、常用数值模拟方法

公路边坡的整体失稳病害包括崩塌、滑坡和坍塌，边坡的变形失稳是一个动态的变化过程，采用常规的手工算法已不能满足变形破坏的整个过程，利用计算机强大的计算功能则可以对变形破坏全过程进行分析，得到不同阶段边坡各位置的应力、应变及位移关系。目前常用的数值计算方法按计算侧重点可分为有限单元法、离散单元法、块体系统不连续变形分析、边界单元法、有限差分法等。

1. 有限元法

有限单元法（Finite Element Method，FEM）是最早应用于边坡岩土体稳定分析的数值分析方法，也是目前最广泛使用的一种数值分析方法。自 20 世纪 70 年代以来，各种有限元方面的论著及论文很多，到目前为止已开发了多种采用不同算法的二维及三维有限元分析程序，用来求解弹性、弹塑性、黏弹塑性、黏塑性等问题。有限单元法的优点是部分地考虑了边坡岩体的非均质和不连续性，可以给出岩土体的应力、应变大小和分布，避免了极限平衡法中将滑体视为刚体而过于简化的缺点。能近似地从岩土体的本构关系和强度理论去分析边坡的变形破坏机制，分析最先和最容易发生屈服破坏的部位和需要首先进行加固的部位等。有限元法还可以进一步考虑层状介质边坡体的流变效应、渗流效应、孔隙水压力与土体颗粒之间的相互作用、滑动面上的压、剪应力随时间的增减变化过程、塑性屈服过程、加工硬化与膨胀软化过程等力学性态，但对于大变形求解、岩土体中不连续面、无限域和应力集中等问题的求解还不理想。目前常用的有限元计算软件有 ANSYS、ABAQUS、ADINA、MARC 等，还有岩土工程专用的 PLAXIS、Rocscience 软件。在 2002 年引入国内的韩国软件 MIDAS/GTS 软件，专用于岩土与隧道三维有限元分析，较好的前后处理、相对简单的操作方式，是当前工程上使用率较高的软件。

2. 离散单元法

离散单元法(Ditinct Element Method, DEM)是将所研究的区域划分成一个个独立的多边形块体单元。这些单元从性质上分，可以是刚性的，也可以是非刚性的；从几何形状上分，可以是任意多边形，也可以是规则形状。单元之间可以看成角-角接触、角-边接触或边-边接触，而且随着单元的平移或转动，允许调整各个单元的接触关系。块与块之间没有变形协调的约束，但需满足平衡方程。如果某块体 i 在重心处的合力和合力矩 M 不等于零，则处于不平衡状态，不平衡力和不平衡力矩使块体根据牛顿第二定律的规律运动。块体的运动不是自由的，它会遇到邻接块体的阻力。这种位移和力的作用规律就相当于物理方程，即本构方程，它可以是线性的，也可以是非线性的。计算按照时步迭代并遍历整个块体组合，直到每一个块体达到平衡状态，不再出现不平衡力和不平衡力矩为止。这种方法用于解决非连续介质大变形问题，分析被结构面切割的岩质边坡的变形和破坏过程是非常实用的。目前工程上常用的离散元软件包括依泰斯卡(ITASCA)公司的二维 UDEC(Universal Distinct Element Code)和三维 3DEC(3-Dimensional Distinct Element Code)块体离散元程序，主要用于模拟节理岩石或离散块体岩石在准静或动载条件下力学过程及采矿过程的工程问题。PFC2D 和 PFC3D(Particle Flow Code in 2/3 Dimensions)则分别为基于二维圆盘单元和三维圆球单元的离散元程序。它主要用于模拟大量颗粒元的非线性相互作用下的总体流动和材料的混合，含破损累计导致的破裂、动态破坏和地震响应等问题。国内开发的块体离散元分析系统有 2D-Block 和三维离散元法软件(TRUDEC)等。

3. 块体系统不连续变形分析

块体系统不连续变形分析(Discontinous Deformation Analysis, DDA)是基于岩体介质非连续性发展起来的一种崭新的数值分析方法，属于离散元范畴。DDA 理论的基本思想是：以自然存在的节理面(或断层等)切割岩体形成不同的块体单元，单元的形状可以是常见的规则形状，也可以是形状较为复杂的多面体(如凹形体)，甚至可以是其内部有空洞的多连通多面体；以各个块体的位移为未知量，通过块体间的接触(接触形式多样化)和几何约束形成一个块体系统；单元体受不连续面的控制，在单元块体运动的过程中单元之间可以接触，也可以分离，单元体之间的力通过块体接触作用而相互传递，其大小可以根据"力-位移"关系求解；在块体运动的过程中，严格满足块体间不侵入和无拉伸的条件。将边界条件和接触条件等一同施加到总体平衡方程；总体平衡方程由系统的最小势能原理求得；求解方程组即可得到块体当前时步的位移场、应力场、应变场及块体间的作用力。反复形成和求解总体平衡方程式，即可得到多个时步后块体的位移应力及变形情况。通过如此实施计算，也可求得块体系统最终达到平衡时的应力场及位移场等情况以及运动过程中各块体的相对位置及接触关系。因此，DDA 法可以模拟出岩石块体的移动、转动、张开、闭合等全部过程。据此，可以判定出岩体的破坏程度和破坏范围，从而对岩体的整体和局部的稳定性作出正确的评价。

4. 边界单元法

边界单元法（Boundary Element Method，BEM）是一种继有限单元法之后发展起来的一种新数值方法，与有限单元法在连续体域内划分单元的基本思想不同，边界单元法是只在定义域的边界上划分单元，用满足控制方程的函数去逼近边界条件。所以边界元法与有限元相比，具有单元个数少，数据准备简单等优点。但用边界元法解非线性问题时，遇到同非线性项相对应的区域积分，这种积分在奇异点附近有强烈的奇异性，使求解遇到困难。由于目前计算机发展迅速，计算效率大大提高，大部分边坡变形破坏均可以通过有限元或离散元软件完成，边界单元法的使用越来越少。

5. 有限差分法

有限差分法（Finite Difference Method，FDM）是微分方程和积分微分方程数值解的方法。其基本思想是把连续的定解区域用有限个离散点构成的网格来代替，这些离散点称作网格的节点；把连续定解区域上的连续变量的函数用在网格上定义的离散变量函数来近似；把原方程和定解条件中的微商用差商来近似，积分用积分和来近似，于是原微分方程和定解条件就近似地代之以代数方程组，即有限差分方程组，解此方程组就可以得到原问题在离散点上的近似解。然后再利用插值方法便可以从离散解得到定解问题在整个区域上的近似解。目前有限差分法的代表软件是美国 ITASCA 公司开发的 FLAC 2D/3D 软件，能够进行土质、岩石和其他材料的二维或三维结构受力特性模拟和塑性流动分析。通过调整三维网格中的多面体单元来拟合实际的岩土体结构。单元材料可采用线性或非线性本构模型，在外力作用下，当材料发生屈服流动后，网格能够相应发生变形和移动（大变形模式）。软件采用了显式拉格朗日算法和混合-离散分区技术，能够非常准确地模拟材料的塑性破坏和流动。由于无须形成刚度矩阵，因此计算效率较高。

二、数值模拟计算步骤

采用数值模拟计算一般包括以下几个步骤。

1. 模型概化

由于考虑到边界对数值计算结果的影响，边坡数值计算模型的边界在充分考虑其所处的地质环境的情况下,应该选取得足够大。如果边坡中存在较薄的软弱夹层、滑动面,应将其设为摩擦单元,其他地层设为实体单元。

2. 参数选取

边坡数值计算参数的取值,应在现场试验及室内试验成果的基础上,并参考相似边坡数值计算的经验,最终调整该边坡的数值计算参数。在必要的情况下,数值计算参数需要多次重复试算,才能得到比较合理的边坡数值计算参数。

3. 网格划分

边坡数值模型网格的划分要遵循"有疏有密"的划分原则。即在网格大小对数值计算成果影响不大的地方采取网格粗分,如厚大的同一岩土层;在网格大小对数值计算成果影响较大的地方或计算者比较关注的地方采取网格细分,如软弱夹层、滑动面等。依据此原则划分网格,既节约计算资源,又不影响计算成果所反映的一般规律。离散元一般没有网格划分,计算时只需设置节理,各块体被视为不变形的刚体。

4. 边界约束

边坡数值模型的约束应在充分考虑边坡数值模型的边界范围及其与周边地质体的相互关系后最终确定。按约束方向可将边界约束分为水平方向约束、垂直方向约束、任意方向约束等。按约束性质边界可将边界约束分为力的约束和位移约束等。

5. 初始应力

由于边坡处在一定的地质环境当中,尤其是高大的岩石边坡中的地应力对边坡的影响不容忽视,因此,在边坡计算模型中应考虑地应力。如果存在其他对边坡产生影响的外部荷载,也应在边坡计算模型中作为初始应力加以考虑。

6. 求解

根据对数值计算成果的不同要求,可采用单步求解或多步求解的方式进行,也可根据模型单元和参数的不同采用线性或非线性求解器进行求解。

7. 后处理

求解完成后,运用后处理工具,可以对边坡数值计算成果中的应力应变、位移变形等数据进行等值线或矢量处理,可以得到清晰明了的边坡数值计算成果。

边坡的变形和失稳既受边坡基本地质条件内在因素的制约,又受各种外部环境条件和人类工程活动的影响,各种因素的相互叠加和影响,可能导致坡体的变形趋势随时间推移发生变化和向多重化发展,实际上是一个复杂的、随机的非确定性过程。对于相对单纯的滑动破坏机制而言,尚难以兼顾全面和系统完整,崩塌形与有限变形失稳破坏机制则将面临更多的问题。一方面倾倒形崩塌与滑动破坏伴随发生,形成倾滑复合与蠕变滑动,对相应的失稳模式除增加倾倒与变形分析内容外,一般均需同时进行抗滑稳定验算;另一方面,稳定性分析对滑动与倾倒而言是动态发展的,任一时刻均需满足静力平衡或力矩平衡条件，一旦出现不平衡，则必然会出现变形或位移，以达到新的平衡条件。

三、有限元强度折减法

有限单元法具有能考虑材料的应力应变关系、复杂地质地貌条件、开挖施工过程对边坡稳定性的影响、不需要假定滑移面的形状和位置、模拟岩土体与各种支挡结构的共同作用等诸多优点，是进行复杂边坡稳定性分析的良好手段。而目前的各种数值方法，一般只是得出边坡应力、位移、塑性区，而无法得到边坡危险滑动面以及相应的稳定系数，使其实际应用受到很大的限制，而强度折减技术可以较好地反映边坡稳定性。

传统边坡稳定分析的极限平衡方法采用摩尔-库仑屈服准则，稳定系数定义为滑动面的抗滑力与下滑力之比：

$$K = \frac{s}{\tau} = \frac{\int_0^l (c + \sigma\tan\varphi)\mathrm{d}l}{\int_0^l \tau\, dl} \tag{7-80}$$

式中：K——稳定系数；

s——滑动面上的抗剪强度；

τ——滑动面上的实际剪应力。

将式(7-80)两边同除以 K，式(7-80)变为：

$$1 = \frac{\int_0^l \left(\frac{c}{K} + \sigma\frac{\tan\varphi}{K}\right)\mathrm{d}l}{\int_0^l \tau\,\mathrm{d}l} = \frac{\int_0^l (c' + \sigma\tan\varphi')\mathrm{d}l}{\int_0^l \tau\,\mathrm{d}l} \tag{7-81}$$

式中：$c' = \frac{c}{K}$，$\tan\varphi' = \frac{\tan\varphi}{K}$。

所以，传统的做法是将土体的抗剪强度指标 c 和 $\tan\varphi$ 减少为$\frac{c}{K}$和$\frac{\tan\varphi}{K}$。

在有限元边坡稳定分析中，也可通过降低岩土材料的抗剪强度的办法，使结构达到不稳定状态，有限元静力计算将不收敛，此时的折减系数就是边坡的稳定系数。

$$\tau' = \frac{\tau}{K} \tag{7-82}$$

因此，有限元强度折减法稳定系数的定义在本质上与传统方法是一致的，但在计算中可反复迭代自动得到边坡的滑移面。

边坡的稳定性计算主要是研究力和力矩的平衡问题，而边坡破坏更多采用的是力和强度的判定问题。边坡破坏总是从局部到整体，如果屈服塑性变形逐渐发展形成贯通的

“滑动面”时，边坡将产生较大的位移，发生整体破坏，此时有限元程序无法找到一个既能满足静力平衡又能满足应力-应变关系和强度准则的解，无论从力的收敛标准，还是从位移的收敛标准来判断有限元计算都不收敛，因此，有限元计算是否收敛是边坡是否破坏的判断标准之一。

有限元计算不收敛，表明产生不稳定的大变形，土体发生破坏，将此时的折减系数 K 值作为最小稳定系数。使用有限元强度折减法的优点是既能和有限元计算一样得到边坡的应力应变关系，还可以直接得出边坡的稳定系数，并且不需要事先假设滑裂面的形式和位置，计算得到的塑性应变区域即是最可能破坏面的位置，结果更具客观性。

第五节　非确定性评价方法

一、可靠度分析方法

广义地讲，对任何一个结构的安全性分析包括研究其“资源”和“需要”之间的关系。如果分别以 X 和 Y 来代表这两个因素，那么，当 $X>Y$ 时，结构处于安全状态；当 $X<Y$ 时，则结构处于失稳状态。这一关系可用式(7-83)来表示，当 $X=Y$ 时，该方程称为极限状态方程。所有处于极限状态的自变量构成了该问题的状态边界面。

$$M=X-Y=0 \tag{7-83}$$

对于边坡，作用于坡体上的抗力和作用力(或下滑力)分别可用 X 和 Y 来表示。由于边坡材料参数和作用荷载的不确定性，X 和 Y 可以假设为随机变量，其相应的概率密度函数分布形式如图 7-37 所示。当抗力 X 小于作用力 Y 时，边坡就会发生破坏或者失效。边坡失效的可能性(或者概率)P_F 可用 X 和 Y 的概率密度函数 $f_X(X)$ 和 $f_Y(Y)$ 相重叠部分来代表。

从图 7-37 中可以看出，失效概率 P_F 通常取决于以下两个方面：

(1)X 和 Y 的概率密度分布函数的相对位置。$f_X(X)$、$f_Y(Y)$ 位置越远，重叠越少，失效概率 P_F 越小，反之，则失效概率 P_F 越大。两者相对位置通常用 X、Y 的均质的比值 μ_x/μ_y(也就是安全系数)或者安全裕度($\mu_x-\mu_y$)来衡量。

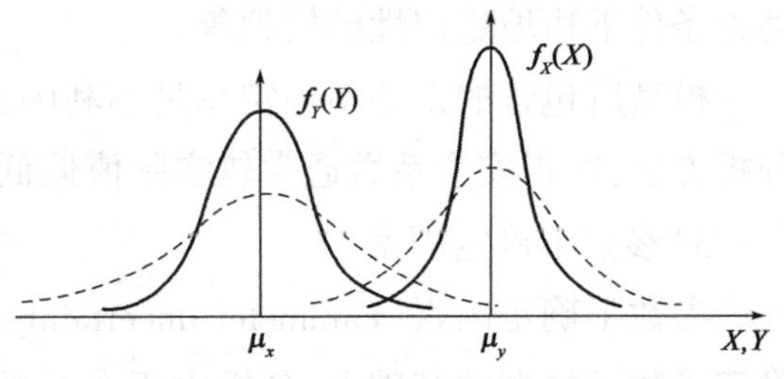

图 7-37　抗力 X 和作用力 Y 的概率密度函数

(2)X 和 Y 概率密度函数的分散度。$f_X(X)$ 和 $f_Y(Y)$ 分布越分散，重叠越多，失效概率 P_F 越大(图中虚线代表的曲线)。$f_X(X)$ 和 $f_Y(Y)$ 的分散度，通常用 X 和 Y 标准差 σ_x 和 σ_y

来描述。

简而言之,失效概率与μ_x、μ_y、σ_x和σ_y有关,即:

$$P_F \propto f(\mu_x/\mu_y, \sigma_x, \sigma_y) \tag{7-84}$$

二、边坡稳定的风险分析方法

1.边坡稳定分析中的不确定因素

随着对结构应力、变形和稳定分析手段的逐步完善,这些分析中包含的不确定因素也暴露得更加明显。工程师们逐步意识到,在进行工程设计和安全评价时,不仅要很好地了解各种分析、判断手段,而且要把握在进行这些分析过程中包含的各项不确定因素。工程建设中的重大决策实际上就是对各项不确定因素造成的风险的评价。

Morgenstern将岩土工程分析中包含的不确定因素分为管理因素、模型因素和参数因素三大类。

1)管理不确定因素

管理不确定因素(Human uncertainty)指由于人们的行为不当导致的岩土工程失事。最常见的实例为施工质量方面的问题。

2)模型不确定因素

模型不确定因素(Model uncertainty)反映了我们在设计过程中采用的分析方法在模拟实际情况方面的局限。任何一个数学模型在模拟岩土材料的特性时都存在近似性。摩尔-库仑强度准则和室内、野外试验在模拟岩土材料抗剪强度特性方面存在局限性;极限平衡分析方法也包含有多个假定;设计规范规定对瑞典法和Bishop法采用不同的允许安全系数,反映了对模型所包含的误差的处理。这些例子所包含的误差总体来说是较小的。在边坡稳定分析领域,还有一些更大的模型不确定性因素。例如,对降雨导致的土的饱和或非饱和孔隙水压力特征的模拟;对土在渗流和抗剪强度方面各向异性的模拟;对在地震动力条件下边坡稳定性的模拟等。

模型所包含的误差不一定总是不利因素。例如,在边坡稳定分析领域,通常采用二维分析方法,所得安全系数通常较实际值偏低。

3)参数不确定因素

参数不确定因素(Parameter uncertainty)是因岩土材料的极不均匀性决定的。在已经确定了数学模型的基础上,分析由于参数的变异特征,导致边坡工程结构失效的概率,我们称这一分析过程为可靠度分析。

这一领域包括两个步骤:

(1)研究影响结构稳定性岩土材料各项参数的变异特征。这一工作必须建立在对岩土材料基本特性,如干密度、颗粒级配、渗透系数及强度等大量试验的基础上。需要研究这些试验本身包括的各种误差。

(2)计算可靠度指标和边坡工程失效概率。该工作是在确定了各影响因子的变异特征的基础上进行的。

综上所述,如果定义由管理因素、模型因素、参数因素导致的系统失效概率分别为 $P(A)$、$P(M)$ 和 $P(P)$,则整个系统的失效概率 $P(S)$ 为:

$$P(S)=1-[1-P(A)]\times[1-P(M)]\times[1-P(P)] \tag{7-85}$$

$P(A)$、$P(M)$ 和 $P(P)$ 之间并不独立,例如,由于管理上的不确定因素会直接导致参数较大的变异性,因此,上式只是近似公式。

2. 风险分析的基本原理

卡萨格兰德(Casagrande,1965)指出,风险作为一种用来考虑和评估工程实践中诸多不确定和无法预测因素而导致工程失事的一种手段时,是所有岩土工程中先天固有的。在当今的工程技术还没有发展到能准确确定这些因素时,工程技术人员应清醒地意识到风险在工程实践中的先天存在性,并运用安全与经济相平衡的原则对工程失事的风险进行分析计算。

1)基本定义

Fell(1993)回顾了风险分析在大坝安全评估方面的应用的基础上,介绍了一种用于滑坡安全的风险评估方法。其中用于滑坡风险分析的主要术语可表述如下:

分类 C(Classification):对滑坡和潜在滑坡的自然特性的描述;

滑坡规模 M(Magnitude):潜在滑坡体的体积大小,以 m^3 计;

发生概率 P(Probability):特定的边坡在一段时间的失稳概率(通常为一年);

危害 H(Hazard):对滑坡体积大小和发生概率的总体评估(从一般意义来讲,$H=M\times P$);

脆弱度 V(Vulnerability):对滑坡发生后所能影响范围内的单一个体损失程度的描述,通常为 0 到 1 之间的一个数;

单一风险 RS(Specific risk):等于发生概率和单一个体的脆弱度的乘积,即($RS=P\times V$);

风险体 E(Elements at risk):处于滑坡潜在影响范围内的人口、财产、经济活动以及公共服务等;

整体风险 Rt(Total Risk):可以预计到的人员伤亡、财产损失、经济活动或者环境受到破坏的数目。

2)风险管理

风险管理是对风险和承受者的脆弱度进行分析并做出相应对策的综合体系。这里包括了对风险的评估和灾害采取的各项应对措施。

3)风险分析方法

边坡失稳的发生概率可以按单一值计算,也可以是所有外界诱发因素引起的破坏概率的总和。单一个体的脆弱度可用下式给以评估(Morgan,et al,1992),即:

$$V = V(S) \times V(T) \times V(L) \tag{7-86}$$

式中:$V(S)$——空间影响的可能性(滑坡体是否影响到建筑物或者正好避开建筑物);

$V(T)$——暂时影响的可能性,比如在影响的一瞬间,一个固定建筑物和一个运动车辆的风险差别;

$V(L)$——受影响个体财产损失或者人员生命损失的可能性;

V——单一个体的脆弱度。

边坡稳定风险分析的范围和严格程度取决于风险分析本身的目的和用途,它通常是风险本身的自然特性、灾害后果、不确定因素的类型和它们对决策过程的影响以及风险分析实用性的一个函数。岩土工程师在开始进行边坡稳定风险分析前,应和与有关的工程技术人员及要求对边坡稳定进行风险分析的主管部门共同探讨,以期达到双方都可以理解和接受的风险分析成果。另外,风险分析方法通常分定性和定量分析两种。

(1)定性风险分析法

定性风险分析主要用于土地规划和政策制定阶段滑坡管理分析。分析的结论通常用危险性极高、高、中等表达。表7-25是定性风险分析的主要描述方法。

定性风险分析术语表(Fell,1993) 表7-25

评估指标	M_S	描述	体积(m^3)
大小	7	极大	>5000000
	6	很大	>1000000和<5000000
	5	中/高	>250000和<1000000
	4	中等	>50000和<250000
	3	小	>5000和<50000
	2.5	很小	>500和<5000
	2	极小	500
评估指标	P_S	**描述**	**年发生概率**
破坏概率	12	极高	≈1
	8	很高	≈0.2
	5	高	≈0.05
	3	中	≈0.01
	2	低	≈0.001

续上表

评估指标	M_S	描述	$M_S \times P_S$
危害 = 大小 × 破坏概率		极高	≥30
		很高	≥20 和 <30
		高	≥10 和 <20
		中	≥7 和 <10
		低	≥3 和 <7
		很低	<3
评估指标		描述	脆弱度
脆弱度（只考虑财产损失）		很高	≥0.9
		高	≥0.5 和 <0.9
		中等	≥0.1 和 <0.5
		低	≥0.05 和 <0.1
		很低	<0.05
		描述	估计概率
单一风险（只考虑财产损失）		很高	≥0.1
		高	≥0.02 和 <0.1
		中等	≥0.005 和 <0.02
		低	≥0.001 和 <0.005
		很低	≥0.0001 和 <0.001

进行定性风险分析的主要手段有以下三种：

①按发生概率予以量化。该工作建立在对各种不确定因素进行分析的基础上。

②使用失效树（Fault Tree）的推理方法。

③专家系统。专家评估可以和上述几种定性分析工作相结合，进一步提高定性风险分析的可靠度。

在定性风险分析阶段，不可能做很多详细的工程地质和岩土力学特性参数的勘探和试验工作，也不可能进行定量的可靠度与分析计算。这一阶段使用的主要手段有以下几种。

①对历史滑坡资料进行调查。

滑坡危险性较高的地区，通常可以在历史记载中找到先例。收集了历史资料后，可以按滑坡的规模、触发因素和发生频率来进行滑坡风险分析，这样的分析由于是建立在实际资料基础上的，其成果可信度高。

②建立在地形、地貌分析基础上的经验方法分析。

将边坡的高度、坡度和主要构成物质以及地下水条件、降雨、地震等因素进行逐项量化评估，然后通过综合分析，给出本地区的滑坡风险性评估。这一工作和滑坡历史调查结合,同样可能成为有效的手段。

③对主要触发因素的风险评估。

这一评估同样也是建立在对以往滑坡资料的分析基础上的。例如,香港土木工程署在分析了大量暴雨导致的滑坡的资料基础上,给出了根据降雨评估滑坡风险的方法。这一方法根据1h和24h降雨强度结合所评估滑坡以往发生频繁程度进行风险性分析。类似的工作可以用于地震滑坡危险性分析。

(2)定量风险分析法

定量风险分析是建立在风险概率和以人员伤亡和财产为定量指标基础上的一个综合决策系统。

①Morgan(1992)用以下的条件概率计算公式来评价一个独立个体的风险。

$$R(IN)=P(H)\times P(S/H)\times P(T/S)\times V(L/T) \tag{7-87}$$

式中:$R(IN)$——一个独立个体发生伤亡的年频率;

$P(H)$——灾害(这里指滑坡)的年发生频率;

$P(S/H)$——灾害的空间破坏频率(例如,滑坡对一定距离的建筑物的影响);

$P(T/S)$——考虑时间效应影响的概率;

$V(L/T)$——个体的脆弱程度。

②对于财产的损失。评估公式为:

$$P(R)=P(H)\times P(S/H)\times V(P/S)\times E \tag{7-88}$$

式中:$P(R)$——以货币为单位的每年财产的损失,相应个体是长久存在的,还是临时的,此值就有明显的不同;

$V(P/S)$——建筑物滑坡灾害的脆弱程度;

E——以货币为单位的损失(例如该财产目前的价值);

其余变量定义同前。

对于滑坡体影响范围内风险个体的脆弱度通常可在历史记录和工程技术人员判断的基础上进行评估。例如,在高陡边坡坡脚处的建筑物就比远离坡脚处的建筑物具有较高的脆弱度(即建筑物整体破坏的概率高)。处于高速度滑坡区影响范围内的建筑物就比位于速度低滑坡区的同一建筑物的脆弱度高。

定量风险分析法能比较全面和定量地分析滑坡问题的失稳概率以及相应的灾害后果,能直接面对和处理滑坡问题的风险评估。定量风险分析法通常有以下几个步骤:

①建立一滑坡灾害模型。该模型尽可能包含滑坡区的地质条件,各种可能诱发滑坡的内在和外在因素,以及滑坡区周围的工厂、居民区、交通设施等。

②列出所有可能的边坡破坏模式和计算相应的破坏概率。这是定量分析的一个重要内容,通常称可靠度分析(将在本章其他节中进行详细的讨论)。

③建立滑坡后果模型。评估特定滑坡破坏模式下的灾害后果。

④计算风险个体的单一风险和滑坡影响范围内的整体风险。

3. 边坡的允许风险

选取一个合适的允许风险程度指标,是风险管理的一个重要组成部分。通常用以下两种指标规定边坡的允许风险。

1)允许风险

允许风险通常以每年每一单独生命被摧毁的概率来描述。在风险分析领域,还需要区分单独生命是主动的还是被动的风险承受者。

2)允许可靠指标

在进行定量风险分析时,通常可以得到功能函数的可靠指标β。假设功能函数为正态分布,则β可以和失效概率P_f建立相关的关系,见表7-26。

可靠指标β和失效概率P_f的关系 表7-26

失效概率P_f	0.5	0.25	0.1	0.05	0.01	0.001	0.0001	0.00001
可靠指标β	0	0.67	1.28	1.65	2.33	3.1	3.72	4.25

第六节 针对各类破坏模式的稳定性评价方法

以上对边坡稳定性评价的各种方法的具体操作步骤进行了详细介绍,但其适用范围有所差别。对于均质土、二元结构和土石混合体边坡,当滑动面呈圆弧形时,宜采用简化Bishop法和Morgenstern-Price法进行抗滑稳定计算;当滑动面呈非圆弧形时,宜采用Morgenstern-Price法和不平衡推力法进行抗滑稳定计算。岩质边坡,可采用表7-27给出的推荐方法进行评价,其中极限平衡法宜根据滑面采用Sarma法、不平衡推力传递法和楔体法进行抗滑稳定计算。

岩质边坡不同破坏类型可采用的稳定性评价方法 表7-27

破坏类型	形成条件	变形特征	定性评价方法	定量评价方法
滑移形崩塌	①具有倾角不小于摩擦角的结构面; ②剪出口位于坡体中上部; ③结构面贯通性较好	①坡顶下错,局部产生张拉裂缝; ②坡面存在剪切裂缝; ③剪切裂缝上部岩体有向临空面运动趋势; ④坡面渗水部位结构面贯通性好	①工程地质类比法; ②查表法; ③图解法; ④HSMR评价	滑移型崩塌的极限平衡分析法

续上表

破坏类型	形成条件	变形特征	定性评价方法	定量评价方法
倾倒形崩塌	①具有高陡倾角的反倾结构面； ②岩层较薄； ③有一定高度的临空面	①顶部有张拉裂缝； ②岩层有向临空面倾斜趋势	①工程地质类比法； ②图解法	倾倒形崩塌的极限平衡分析法
平面形滑动	①具有倾角不小于摩擦角的结构面； ②剪出口靠近坡脚； ③结构面贯通性较好	①坡顶下错，局部产生张拉裂缝； ②坡脚附近存在剪切裂缝； ③剪切裂缝上部岩体有向临空面运动趋势； ④坡面渗水部位结构面贯通性好	①工程地质类比法； ②查表法； ③图解法； ④HSMR 评价	Sarma 法、不平衡推力传递法
楔体形滑动	①有两组或两组以上相交的结构面； ②交线倾向临空面； ③坡面出露剪出口； ④结构面贯通性较好	①坡顶下错，局部产生张拉裂缝； ②坡面存在剪切裂缝； ③剪切裂缝上部岩体有向临空面运动趋势； ④坡面渗水部位结构面贯通性好	①工程地质类比法； ②查表法； ③图解法； ④HSMR 评价	楔体法
溃屈滑动	①岩层倾角较大且与坡角近似； ②坡体较高； ③岩层较薄； ④结构面贯通性较好	①上部有下滑趋势； ②下部岩层鼓胀	①工程地质类比法； ②查表法； ③HSMR 评价	溃屈滑动的极限平衡分析法
剥落	①坡面岩石裸露且风化严重； ②坡度较陡	坡面岩体破碎，极易风化散落	工程地质类比法	
滚石	①坡面受多组节理切割形成较大独立岩块； ②坡度较陡	坡面大块岩石有向下滚落的趋势	工程地质类比法	

第八章 公路边坡病害防治措施

第一节　防治措施综述

在公路建设中,针对边坡整体病害尽可能采用绕避措施以减少工程投资,当公路不可避免要经过病害边坡时,应采用治水、力学平衡及岩体结构面改良措施进行治理,见表 8-1。边坡病害大多是以滑动形式起动,治理措施可分为两类:一类是增加抗滑力,如挡土墙、抗滑桩、锚杆、锚喷护面墙及结构面注浆等,这类治理措施又可称为直接加固形式;另一类是降低下滑力,如削坡卸载、排水降压、地面防渗、坡面爆破等,这类治理措施又可称为间接加固形式。

一、绕避

我国是一个多地貌的国家,单纯改线是低等级公路常采用的预防边坡灾害的有效措施,但是对于高等级及高速公路改线会造成工程投资的显著增加,其次可能会使公路的某些功能不足或丧失,或者大大提高了公路的使用成本,所以,采用桥隧结合的方式能在一定程度上避开较大的边坡灾害,是高等级和高速公路的有效绕避措施。

二、治水

治水措施可以较好地防止水对岩土体的性质劣化,增加边坡稳定性,但它通常并不能完全取代其他工程措施。对于治水措施一般遵循以下原则:

(1)预防为主,防治结合。在公路边坡设计和施工过程中,要根据公路边坡的实际情况(如坡度、高度、土质、汇水面积等),事先设置截水沟、排水沟、边沟与渗水沟等排水设施;在岩土松散破碎处设置必要的防护和支挡工程。治水措施应与工程建设同时开展,做到预防为主,防患于未然。

边坡病害防治工程措施分类 表 8-1

类型	绕　避	治　水	力 学 平 衡	岩体结构面改良
滑坡(或滑移式崩塌)	1. 改移线路; 2. 用隧道避开滑坡; 3. 用桥梁避开或跨越滑坡; 4. 清除滑体及坡面松散岩土体	1. 地表排水系统 ①滑体外截水沟; ②滑体内排水沟; ③自然沟防渗 2. 地下排水系统 ①截水盲沟; ②截水盲(隧)洞; ③仰斜钻孔群排水; ④垂直钻孔群排水; ⑤井群抽水; ⑥虹吸排水; ⑦支撑盲沟; ⑧边坡渗沟; ⑨洞-孔联合排水; ⑩井-孔联合排水	1. 减重工程; 2. 反压工程; 3. 支挡工程 ①抗滑挡墙; ②成孔抗滑桩; ③锚索抗滑桩; ④锚索框架(地梁); ⑤抗滑键; ⑥排架桩; ⑦钢架桩; ⑧钢架锚索桩; ⑨微型桩群; ⑩支撑盲沟	1. 注浆; 2. 坡面爆破; 3. 旋喷桩; 4. 石灰桩; 5. 石灰砂桩
崩塌	1. 改移线路; 2. 用隧道避开崩塌; 3. 用桥梁避开或跨越崩塌; 4. 清除崩塌体及坡面松散岩土体	同上	1. 减重工程; 2. 反压工程; 3. 支挡工程 ①重力式挡墙; ②锚索框架格构; ③柔性主动防护网; ④被动防护网(小型)	1. 喷浆; 2. 护面墙; 3. 坡面爆破

(2)分级截流,纵横结合。高陡边坡或岩土稳定性欠佳边坡的排水工程应采取分级截流,纵横结合排水的方法来进行处理。坡顶以外的地表水从截水沟排走;分级边坡每个台阶设一截水沟排水;坡脚设边沟排水。高陡边坡应根据地形和坡面大小,隔一定距离设一垂直路线的排水沟,使水尽快排出边坡。

(3)表里排水,综合治理。路基边坡设计中,必须考虑将影响边坡稳定的地面水加以拦截,排除在边坡范围以外,并防止漫流、停积或下渗。对影响边坡稳定的地下水,应予以截断、疏干、降低并引导到边坡范围以外,只有把地表水和地下水有效地排出边坡以外,实行综合治理才能保证边坡的稳定。

(4)坡面防护,支挡并重。要根治水害,除了要注意排水外,必要时还需修筑一些坡面防护工程(如拱式护坡、护墙、种草等),以保证边坡的稳固。有时,还要在坡脚设置一定数量的支挡结构物,以提高抗水害能力。

(5)因地制宜,经济适用。由于边坡破坏现象和失稳原因是多方面的,因此应深入调查研究,根据当地气候环境、工程地质和材料等具体情况,因地制宜,就地取材,选用适当的工程类型或排水设施，不要轻易取消或减少必要的防护工程设施。排水沟渠应选择地形地质较好的地段通过，以节约加固工程投资。对排水困难和地质不良地段应进行特殊设计，使排水防护工程收到更好的效果。

三、力学平衡措施

力学平衡措施主要包括减重、反压减载、支挡三类。三类措施既可单独使用，也可根据实际情况组合使用。

1. 减重工程

减重工程主要是将可能引起边坡灾害的岩土体进行削方、减载，降低可能导致失稳破坏的条件。对于滑动，主要减轻下滑段岩土体质量，对于倒塌，要降低临空面岩土体高度，减小边坡坡度。

2. 反压减载工程

反压工程目的在于增加边坡的抗滑性能，主要通过在边坡阻滑段堆载。如图 8-1a）在坡前堆载，也可以结合坡顶削方减载［图 8-1b）］，以达到更好的效果。

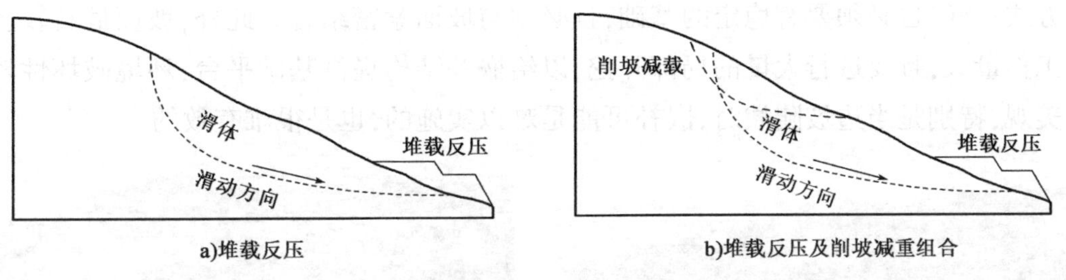

图 8-1 斜坡反压工程示意图

3. 支挡工程

支挡工程是边坡治理中最常采用的措施，主要包括圬工、预应力锚杆(索)、土钉、防护网等结构措施。对于土质边坡，通过增加抗滑性能增大边坡的稳定性，岩质边坡还要考虑到其完整性对边坡稳定性的影响。一般的支挡工程可分为主动防护措施和被动防护措施。

1）主动防护措施

（1）挡土墙

挡土墙是治理坡脚应力集中、低矮边坡或较高边坡坡脚崩塌、坍塌甚至小规模滑坡等极为有效的常见措施，包括混凝土、加筋土、浆砌石、石笼等挡土墙形式，其主要目的是提高抵抗边坡运动的阻力。此外，在公路上常用一些结构尺寸较小的挡土墙来同时实现规整线形和提高线路美观性的目的，此时其抗滑功能常处于次要地位。该方法技术成熟，简单易行，在土质边坡坡脚加固方面通常是其他措施所不能替代的。缺点是挡土墙的修建需要具备良好的承力基础，较大的横向空间需要增大开挖量，庞大的结构在一定程度上会让人产生压抑感;在边坡较高时,对上部坡面上可能发生的变形破坏不起作用,为此通常与上部护面结构结合使用。

(2)支顶

加固大块危岩突起体或倒悬体的特种结构,如图8-2所示。其主要作用在于利用支顶结构的支承作用来平衡危岩的坠落、错落或倾倒趋势,提高危岩的稳定性。常见的结构形式有由圬工砌筑或型钢构成的墩式或框架式两类,按与危岩下部坡面关系,可分为与坡面无接触的直立墩式结构和直接依附于坡面的扶壁式结构两类。支顶结构是加固巨型倒悬或外悬危岩体的最佳方法,技术简单适用,具有一定的不可取代性。缺点是支顶结构自身体积和质量一般较大,需要有很好的基础,否则其自身稳定性将存在问题,设计和施工时都必须谨慎对待。此外,结构材料用量一般较大,由此带来的材料搬运量、劳动强度、施工难度和风险等一般都较大。

(3)嵌补

嵌补是对外悬或坡面凹腔形成的危石采用浆砌片石、混凝土或水泥砂浆填筑,以提高危石稳定性的一种方法(图8-3),其本质与扶壁式支顶并无差别,技术简单易行。缺点同支顶方式一样,也必须要有稳定的基础,且必须与坡面紧密结合。此外,坡面危石较多时,圬工工作量大,且要进行大量的局部开挖,以给嵌补结构提供基础平台,环境破坏性较大,也不美观,特别是当边坡陡峻时,嵌补可能是难以实施的,也是很难有效的。

图8-2　支顶防护结构

图8-3　中间软弱层混凝土嵌补

(4)锚固

锚固方法是公路边坡防治工程中的一种常用手段,其技术成熟,结构简单,不明显改变环境,对可确定的体积大、数量少的危石加固是一种较好的选择。缺点是要完全查清坡面危石事实上是很难的,特别是对极破碎的岩石边坡,单独采用锚固措施通常是不合适的,为此较为稳妥的做法是采用系统锚固,即便如此也难以保证将每块危石都可靠地锚固起来,更多的是结合其他措施共同防护。

通常以锚杆框架梁进行边坡整体加固(图 8-4),中空部位可直接覆土种植景观植物,也可放置空心砖填充后覆土种植。这种措施无须大量开挖,比挡土墙等圬工更能融入环境。缺点是其整体强度不高,容易受到破坏,只可用于坡度较缓的土质或软岩边坡。

(5)浆砌石护面

浆砌石可能是历史最为悠久的护坡方法,主要用以封闭边坡,防止坡面风化剥落和水土流失等各种坡面地质灾害。该方法技术简单,经济实用,效果美观,可作为低矮边坡和第一级边坡的一种重要护坡手段(图 8-5)。

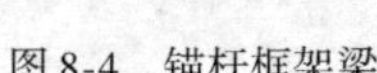

图 8-4 锚杆框架梁

图 8-5 浆砌石护面

护面本身要具备良好的排水系统,此外,该方法对坡面条件要求高,因结构抗力低,存在自身稳定性问题,为此要求边坡不能太陡,单级高度不能过高,对高度较大的边坡,需分级开挖后分级砌筑,增大开挖量,且一般不适用于高度大于 20m 的边坡。

(6)框格

常用于土质、土石体、强风化破碎岩石边坡,能阻止坡面局部坍塌、水土流失,具有一定的加固功能。结构形式上常有矩形、菱形、拱形、窗形等,实施方式上有开挖基础沟槽后砌筑浆砌石、浇筑混凝土或安装混凝土预制件或钢结构件等形式。结构简单经济,坡面仅被结构体以条带状局部封闭,可配合局部绿化,环境和植被破坏较小,其美观性一般均能接受,如图 8-6 所示。

该类结构因其经济性以及常能被接受的环保和美观性,近年来在公路边坡中得到了大量的应用。当用于土质坡面特别是下边坡时,为了提高其防止水土流失的功能,有时也在框格内的裸露区域铺砌片石或预制空心砖,亦有在此基础上进行客土喷播以实现坡面人工绿化的;当坡度较陡时,有时在框格节点处设置锚杆来提高结构的自身稳定性,并提高其整体承载能力;当对岩石边坡考虑客土喷播人工绿化时,为了避免客土层因强度较低而常发生的溜坍或局部破坏,有时采用框格结构来将客土层分隔成较小的、较稳定的块状单元。缺点是结构强度低,仅适合浅表层防护,且要求坡面比较平整,一般不适合于 45°以上边坡(仅用于坡脚时,坡度不超过 50°)。常见有因设计或施工不当而引起的破坏,且这种破坏会迅速向上扩展。

图 8-6　不同形式的框格防护措施

(7)柔性主动防护网系统

柔性主动防护网系统是在高速公路或其他一些工程边坡上采用的一种简单而经济的防护措施。常见的形式是用长度 50cm 左右的钢筋锚钉将普通钢丝格栅固定在坡面上(图 8-7)。所用钢丝格栅常包括无纽结和有纽结编织两类。前者类似于隔离栅栏所用格栅,网孔为菱形;后者亦称为格宾(Gabion)网,即石笼用格栅,网孔一般为六边形,两者在力学功能上并无太大本质区别。此种防护系统抗力有限,主要适用于防止坡面碎落和小块岩石剥落。当存在大块不稳定岩石和局部范围岩土体的垮塌或溜坍时,防护系统易发生坠拉或顶刺破坏,所以有必要对大块岩石进行单独锚固后再采用防护网整体防护。该类系统的抗力限制一方面来自格栅本身的较低抗力;另一方面也来自与其相匹配的锚钉固定形式。极短的锚钉本身不可能提供较高的锚固或抗拔能力,但在这种简单的结构形式中,采用较长的锚杆固定又超过了格栅抗力的要求,为此有时在采用较长锚杆固定的同时,在锚杆间设置抗破断能力较高的钢丝绳来适当地提高系统的整体性和抗破坏能力,即对简易系统进行适当的“加筋补强”。

为了满足更多的边坡加固工程,近年来出现了专门制作柔性防护网的公司,对普通钢丝格栅系统上述功能缺陷进行改进,采用高强度钢丝格栅来克服抗力不足的缺陷,并采用与之匹配的较长锚杆(一般可通过锚垫板施加预应力)来实现系统的可靠固定并实现对岩土体的锚固,同时采用了锌铝合金镀层防腐工艺,极大地提高了系统的防腐工作寿命。该种防护网为一定规格的网片拼装而成(图8-8),施工方便,利于单片更换。

图8-7 普通柔性防护网

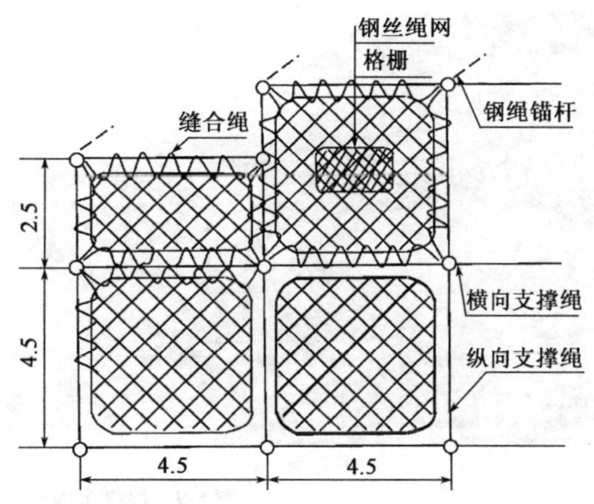

图8-8 专用防护网拼装图(尺寸单位:m)

(8)喷射混凝土

自20世纪70年代以来,喷射混凝土是岩土工程领域推广最为成功的一种技术,其技术的推广和发展主要得益于在地下工程中的应用。在边坡防护工程方面,喷射混凝土在很大程度上取代了更为传统的浆砌片石护坡,已成为目前最常用的护坡方法。

该方法在岩土工程领域的地位目前尚无其他方法所能比拟,这通常是基于如下的一些认识或观点。首先,其技术成熟,机械化程度高,施工速度快,对地形适应能力强,也比较经济。其次,它本身能通过添加纤维来提高强度和韧性,并常与锚杆、钢筋网或钢丝格栅结合使用,从力学性能上人们通常把它当作钢筋混凝土结构,具有很高的承载能力。此外,基于水是边坡地质灾害的一个非常重要的诱发因素这一认识,喷射混凝土对坡面的封闭作用,很好地隔绝了地表水下渗,提高了边坡的稳定性。

缺点是喷射混凝土对环境和自然景观会造成一定的破坏性。由于喷射混凝土的封闭作用,它将毁灭坡面既有植被及其生长发育条件(即使是岩石边坡,特别是泥岩类岩石边坡,经历一定时间后,其裂隙处通常也能生长出具有点缀作用的各种植被来),成片的或自然葱绿的坡面上突现的灰色或因水渗透引起的灰白相间的坡面,在视觉上极不美观、协调,给人一种强烈的压抑感(图8-9)。这种环境破坏作用已得到了普遍认可,在一些领域和地区现已开始限制其应用,如在一些高速公路边坡上,已开始限制在正常视野范围采用喷射混凝土，一般仅允许在高边坡的上部即车上乘员正常视野范围外采用。此外，喷射混凝土施工技术要求较高（清除浮土浮尘、湿润坡面、干喷时的工艺控制），否则难以达到理想效果。特别是对土质、土石体或水敏性岩石边坡，由于喷射混凝土与坡面的黏结不良，在经历一定时期后将与坡面分离，共同作用的整体性不再存在，成为纯粹受力壳结构，其结构抗力有限，难以真正发挥永久性的防护作用。作为一种封闭性结构，其封闭特征带来的副作用类同于浆砌石护坡。

图 8-9　混凝土喷射与其他支护措施的结合使用

（9）植被护坡（图 8-10，图 8-11）

坡面植被的存在一方面有美化环境的作用，另一方面其根系对表层岩土体具有加固功能，从而能较好地防止水土流失、抑制或减缓坡面风化。因此，在边坡整体稳定性较好、当地气候和降雨条件以及坡面土质适宜植被生长等有利条件下，植被护坡是一种最有效、环保而经济的边坡防护措施。然而，满足前述条件的边坡通常仅见于非干旱地区的低矮土质或含土质成分较多的强风化破碎岩石边坡，事实上这类边坡经过一定时间后植被均能自然生长发育，为了实现坡面植被的尽快覆盖，常采用草皮移植、人工撒播或液压喷播草类或灌木种子、载种灌木等。大量的工程边坡均不具备前述条件，要么因土质贫瘠或岩石裸露不适宜植被生长，要么因缺水难以维持植被的长期生长发育，要么因坡面存在失稳问题而不能仅依靠植被来防护，所有这些问题都典型地集中在岩石边坡上，这也是近年来岩石边坡或圬工护面的客土喷播或喷混植草技术受到普遍关注的原因所在。

客土喷播（当黏结剂为水泥时也称为喷混植草）是近年来兴起的一种针对岩石或贫瘠土质边坡、既有圬工护面的绿化新技术，它采用适宜植被生长的客土和黏结剂、保水剂、长效复合肥等拌合物，混以草类或灌木种子喷射覆盖在坡面上（喷层厚度一般为 8 ~ 12cm）来实现坡面绿化。其根本出发点是在不适宜植被生长的坡面上，用人工的方法形成一层适合植被生长的客土层。在这种方法中，黏结剂的采用旨在提高客土层自身的强度和稳定性，然而，为了保证客土层具有适宜植被生长的足够疏松程度，避免过多采用所带来的水化热和化学腐蚀作用对植被生长的破坏，黏结剂的添加是有限的，所形成的客土层的自身强度和自稳性也是有限的，其最终结果是客土层与坡面的黏结程度较弱、加固作用极低，仅适宜于边坡整体稳定性很好的且坡度不太大的边坡（一般要求坡角不大于50°），否则将因雨水的冲刷浸泡和坡面的变形破坏引起客土层的流失、溜坍、剥落、崩溃等破坏。

图8-10 未做植被防护坡面的水土流失

图8-11 植被护坡

2）被动防护措施

被动防护措施一般仅针对落石或小型崩塌灾害，措施本身都不试图影响灾害的发生，即通常都不会像主动治理措施那样去改善潜在危岩或危石体的稳定条件，而是通过采取一定的措施来避免灾害发生时所可能带来的危害。事实上，由于主动和被动防护措施在功能和投资上的差异，通常应结合边坡的实际情况来加以选择，甚至应考虑两类措施结合的可能，这通常表现为对边坡整体破坏采用主动防护措施，对坡面破坏采用被动防护措施，以实现灾害防治和工程投资的最优化。

（1）落石槽

当公路修建于坡脚附近时，应首先考虑在坡脚留置或设置具有一定宽度和深度的沟槽来承接落石，避免落石到达需要保护的区域。当坡脚场地宽阔，即建筑设施能够退离坡脚足够距离时，由于无须采用太多的辅助工程措施，这种方法或许是最为简单有效而经济的落石防护措施。缺点是当场地条件受限，需要通过增加开挖来提供满足宽度要求的落石槽区域时，则会增大开挖量，由此带来的投资增加可能超过采用其他工程措施的费用，且会带来较大的环境破坏。

落石槽的设置要保证落石不致直接落到需要保护的区域，为此首先要有一定的宽度（W），即建筑设施与坡脚间必须要有足够的空间距离。在此基础上，当落石落到槽内后，还要避免其在沟槽内触地后继续滚动或弹跳到需要保护的区域，为此落石槽必须有足够的深度（D），沟槽外壁坡度也不能太小，并通常在沟槽内铺填一层砂砾类松散材料，以减弱落石触地后的弹跳，或在建筑设施内沿设置栅栏类拦挡结构，以弥补落石槽深度的不足或避免坡脚过度深切的不利。

落石槽几何参数的设计取决于落石在坡脚的触地范围以及触地后的弹跳特征，这可通过落石运动轨迹分析来确定。在这方面，20 世纪 60 年代由里奇(Ritchie)在大量现场滚石试验数据基础上所建立的落石槽经验设计准则，长期以来都被普遍当作最主要的落石槽设计方法，并在此基础上进行了大量的完善和改进，见表 8-2。

落石槽设计参考值(据 Ritchie) 表 8-2

坡高 H(m)	坡度										
	近铅直		1:0.25 和 1:0.3		1:0.5		1:0.75		1:1		<1:1.25
	W	D	W	D	W	D	W	D	W	D	
4.6~9.2	3.0	0.9	3.0	0.9	3.0	1.2	3.0	0.9	3.0	0.9	结合拦石网使用
9.2~18.3	4.6	1.2	4.6	1.2	4.6	1.8	4.6	1.2	3.0	1.5	
18.3~30.5	7.1	1.2	7.1	1.8	7.1	1.8	4.6	1.8	4.6	1.8	
>30.5	7.1	1.2	7.6	1.8	7.6	2.5	4.6	1.8	4.6	1.8	

(2)拦石墙

拦石墙是一种修建于落石路径上(坡脚或坡面上)的圬工拦挡结构。拦石墙通常由浆砌片石或现浇混凝土构成。在实践中，为了减小结构尺寸并提高其抗冲击能力，常在墙背回填砂砾等缓冲材料。其最大优点是通常可以就地取材，理论上其结构尺寸(主要是墙厚)可以大到足以拦截任何规模的落石。但其缺陷也是非常明显的：落石危害的主要特征是具有强大的动力冲击破坏作用，以刚性结构去抵抗动力冲击，要么需要增加圬工结构尺寸，要么其防护能力有限。另外因结构庞大而自重较大，加之又通常是砌体结构，故需要有稳定而庞大的基础，这对于空间狭小又不可能进行大方量开挖的边坡，其实用性也会大打折扣。

(3)拦石栅栏

拦石栅栏由常用型钢或废旧钢轨及钢筋构成，也可采用木结构来作为短期或临时防护，结构简单，造价低，有时也设于拦石墙上以提高拦截高度。但结构抗冲击能力极低，有时戏称为“安慰工程”，即其主要作用表现在给过往车辆或行人提供一定的安全感，一般仅能拦截低能量的小块落石，或对较高能量的落石起到一定的缓冲作用，以降低其破坏性。

(4)被动防护网系统

由钢丝绳网、环形网等高强度金属柔性网组成，并以钢柱和锚索作为直立支撑的栅栏式柔性拦挡结构(图 8-12)，有时也被称为拦石网。其优点是可以不受空间限制，并且可以直立、倾斜甚至水平设置；同一边坡也可分多级支挡，以分散落石能量。该防护网施工方便，易拆易换，并且也可与其他防护系统较好的配合。

图 8-12 被动防护网护坡

(5)明洞或棚洞

对于潜在崩塌落石规模较大、频率较高的边坡,前述传统的加固或拦截措施可能难以奏效,或者要实现安全防治造价很高,或者防治后仍存在较大的风险,或者是防治工程维护工作量大,为此常采用明洞(类似于隧道内衬的封闭式结构)或棚洞(封闭或半封闭的悬臂式结构)措施,将落石路径隔离在行车行人路面以外,这种结构在铁路上较为常见,在近年建成的高等级公路隧道洞口也时有采用,如图 8-13 所示。这类结构通常由混凝土或浆砌石构成,并可在洞顶铺填砂土和砾石缓冲混合料,以防止落石对结构的损伤破坏,其防落石效果好,不需要做任何维护,安全性和安全感均很高。但其最大的缺陷是造价极高,特别是地基条件较差需要设置深基础时,或外侧下边坡较陡而需从坡下向上修筑外边墙时,其造价将会增加,故一般公路边坡中使用较少。

图 8-13 明洞和棚洞

四、岩体结构面改良

岩体结构面改良主要是对边坡中存在明显可治灾的结构面进行加固,以改善边坡的整体稳定性,通常采用结构面注浆、坡面爆破等措施改良岩质边坡(图 8-14)。灌浆时应注意适宜的灌浆压力,否则会促进斜坡变形。对于土质边坡采取电化学加固法、冻结法(临时加固),还可采用焙烧法,即对坡脚处的土体进行焙烧加热,使其成为坚硬似砖的天然挡土墙,这种方法仅适用于黏土类边坡。

图 8-14　边坡坡面爆破改良岩质边坡

五、预警与预报

所谓预警是指在边坡灾害危险地带采取适当的标识或标志,提醒人们需小心通过,其目的在于降低事故发生的概率,但无法完全避免事故的发生。这通常仅在公路或道路上采用,且其前提条件是落石的频率不高、车流量不大或行人很少到达、落石的发生并不会引起路面设施过度破坏。对落石频率高、车流量大的公路路段,人们根本无法采取任何谨慎的应对措施。

预报包括落石即将发生(临灾预报)和落石已经发生(灾后报警)两种情形。前者主要通过对潜在危石变形位移、裂隙张开程度等活动状态的监测来发现落石的即将发生,以便及时采取有针对性的防治措施,或告知人们在此期间不得进入该区域,从而避免事故的发生。然而,由于公路为线性工程,所处的环境条件不一,监测工作极难开展,监测仪器设备的长期维护也不太现实,可靠监测的前提是必须全面弄清潜在灾害的分布;此外,临灾条件的设定也存在问题,判定不当将会有两种后果:一是过于保守,致使危险区域警戒时间过长;二是未能及时预报。因此,临灾预报通常仅针对那些规模较大、其他工程措施不能保证有效防护的危险边坡进行,其目的在于降低防护工程结构的规模,从而实现投资的节约,且它仅适合于诸如行人、车辆等活动性需保护对象。

灾后报警适合于落石到达并停留在公路或铁路上后可能威胁过往车辆安全通行的情形,其目的是提醒过往车辆前方已发生落石,需小心通过或待清除后通过,同时也告知线路维护人员应前往灾害发生地点及时予以清除。通常所用方法是在路旁边坡上设置带电报警网(有落石冲击时系统会发出声、光等报警信号)或人工巡逻看守,这在过去国内铁路系统有很多采用,但是,报警网的工作状态维护极其困难,稍有障碍就会发生不能及时报警的问题,此外,大风、飞鸟等有时又会引起系统的误报。

第二节 土质公路边坡病害的防治措施

一、针对滑坡病害的防治措施

1. 滑坡治理的原则

防治滑坡应当贯彻“早期发现,以防为主,防治结合”的原则;对滑坡的整治,应针对引起滑坡的主导因素进行,原则上应一次根治不留后患;对性质复杂、规模巨大、短期内不易查清或工程建设进度不允许完全查清后再整治的滑坡,应在保证建设工程安全的前提下,作出全面整治规划,采用分期治理的方法,使后期工程能获得必需的资料,又能争取到一定的建设时间,保证整个工程的安全和效益;对建设工程随时可能产生危害的滑坡,应先采用立即生效的工程措施,然后再做其他工程;一般情况下,对滑坡进行整治的时间,宜安排在旱季。施工方法和程序应以避免造成滑坡产生新的滑动为原则。

大多数滑坡的变形始于坡体内中部主滑带,在水的作用下发生剪切破坏,或因其前部抗滑体的支撑能力遭削弱和切断,亦有在后部和中部加载因增大下滑力而滑动者。故防治工作的重点首先要采取各种手段了解主滑带内水文地质条件的变化、影响主滑带土剪切应力与抗剪强度的增减因素、主滑带剪切破坏的特性和主滑带范围的扩大等。其次研究主滑带变形对后部牵引段一系列受张拉开而下错、呈帚状的滑带之生成发展等破坏机制与主滑带间的关系,并研究主滑段推力的增长与抗滑段的滑带的生成间的关系。最后研究滑坡出口一段滑带的倾斜(向下、水平或反倾)及倾斜度、出口在斜坡上或坡脚下、出口是一系列新生的帚状滑带或与主滑带成因一致,以及出口以外的环境等。

由厚层风化壳和多次侵入体组成的坡体的外层风化带、蚀变带、破碎带,以及活动中的大型错落或滑坡前缘斜坡内的松弛带等,当裂隙水或土中水沿坡体内相对完整带与上述各风化、蚀变、破碎和松弛带的分界面浸湿后,产生风化带、蚀变带、破碎带和松弛带以上的岩土沿浸湿后的界面为主的滑动。此系土石混合体边坡最常见的一类坡体结构的模式。对此类型的防治对策,曾在滑坡前部用刚性抗滑支挡建筑物增加抗力为主,并以边坡支撑渗沟群疏干前部岩土为辅,结合地表排水工作而获得成功。

从滑带生成上分析,下述三种坡体结构模式产生的滑坡其发生、发展和力学条件显然不同,对其防治对策亦因之而异。

(1)滑坡的主滑带基本上是依附于坡体内早已存在的地质上软弱带或夹层发育生成,往往因地下水聚集而导致剪应力大于抗剪强度发生变形,在剪切破坏下沿之滑动。此类滑坡的主滑带一般比较容易识别,在坡体内倾向临空并具一定的结构关系。例如:层间错动带、泥质夹层、薄互层、构造带、断层带、不整合面及假整合面、不同年代及成因的堆积面、风化壳及不同风化层的接触带,以及含受水易溶解、崩解和膨胀矿物和盐类夹层等,常是多层平行成组或交互成层,当受到沟谷下切或其他原因切割时,即可逐层生成滑带,从而可发生多期次滑动的特点。后缘一般容易发现,多因主滑带变形受拉受剪形成;前缘则常从主滑带所依附的软层,沿受挤变形后地下水汇集下最薄弱的途径挤出地表的新生滑带滑动。此类滑坡模式最为常见,防治时常以疏干或截断各层主滑带的地下水为主,并在坡体前缘增加或恢复抗滑段的支挡作用,并结合地表排水工程。

(2)滑坡的主滑带是在改变坡体外形下,受自身重力为主的作用挤压而新生成,坡体分上、下两部分:上部为陡倾裂面且巨厚的坚硬岩层,或是完整的半成岩与第四系压实的土体,其作用于下卧层产生较大的压应力,易因下卧层的变形而沿陡裂面张开与错断;下部则由破碎疏松体或是软弱岩层组成,在重压下易于揉皱变形而剪切破坏。

由于河床下切或人工开挖使下卧层出露或临近地表,下部岩体因在临空方向失去外侧的围岩压力,在内外压力差的作用下而向临空产生揉皱、挤出和移动,或沿一组被切断的向外倾斜的裂面滑动,亦可自新形成的基面底部向上隆起而挤出地表。在下伏松散揉皱体内的主滑带一般随变化的外形而逐步向下发展,不断出现与各个变化外形的重力作用为主的剪切破坏带。当然,揉皱体内原破碎程度不同的岩体组合格局和土中水分布与变化的格局,对生成剪切破坏带的部位亦密切相关。此结构模式产生的滑坡在基面不断变化的过程中可以产生多级和多层滑带,且规模巨大。若滑坡出口位于半山坡,常具崩塌性,可滑出很远。防治此类滑坡,除研究剪切破坏外,更应分析压应力破坏的力学机制。防治的对策以顶部减重和加强下部软岩的抗力为主,再结合地表排水。

(3)在坡体中早已赋存一系列成组且倾向临空的陡与缓两组以上的构造裂面,呈相互交割的坡体结构模式。此岩土结构模式在各裂面挤实下地下水不易渗入,面间摩擦系数大,坡体原本十分稳定。然而若在当地侵蚀基准面以下坡体的深部挖矿、水流溶蚀或其他原因形成规模巨大的空洞区,在产生大面积的坍陷下其顶部的岩体则由下而上逐次脱落、松弛,从而导致水文地质条件的改变,可造成临空面以上坡体内向临空倾斜的软弱层及构造面逐渐贯通并过水发育成多层滑带,产生滑带以上岩土沿其滑动而挤出地表。由此结构模式和变形原因产生的滑动,往往规模大、范围广。可按具体条件分析及了解坍陷区顶板以上各层次的实际状况、分析及勘查已生成的自然拱状况、分析及监测当地水文地质条件的变化状况,然后提出防治对策。

2. 滑坡防治措施

1)滑坡治理要点

滑坡治理应符合下列要求:

(1)防止地面水浸入滑坡体,宜填塞裂缝和消除坡体积水洼地,并采取排水填沟截水或在滑坡体上设置不透水的排水明沟或暗沟,以及种植蒸腾量大的树木等措施。

(2)对地下水丰富的滑坡体可采取在滑坡体外设截水盲沟和泄水隧洞或在滑坡体内设支撑盲沟和排水仰斜孔、排水隧洞等措施。

(3)当仅考虑滑坡对滑动前方工程的危害或只考虑滑坡的继续发展对工程的影响时,可按滑坡整体稳定极限状态进行设计。当需考虑滑坡体上工程的安全时,除考虑整个滑体的稳定性外,尚应考虑坡体变形或局部位移对滑坡整体稳定性和工程的影响。

(4)对于滑坡的主滑地段可采取挖方卸荷、拆除已有建筑物等减重辅助措施;对抗滑地段可采取堆方加重等辅助措施;对滑坡体有继续向其上方发展的可能时,应采取排水、支撑抗滑措施,并防止滑体松弛后减重失效。

(5)采取支撑盲沟、挡土墙、抗滑桩、抗滑锚杆、抗滑锚索(桩)等措施时,应对滑坡体越过支挡区或自抗滑构筑物基底破坏进行验算。

(6)可采用焙烧法、灌浆法等措施改善滑动带的土质。

2)预防措施

(1)在斜坡地带进行房屋、公路、铁路建设线,必须首先做好工程勘察工作,查明有无滑坡存在,或滑坡的发育阶段。

(2)在斜坡地带进行挖方或填方时,必须事先查明坡体岩土条件、地面水排泄和地下水情况,做好边坡和排水工程设计,避免造成工程滑坡。

(3)施工前应做好施工组织设计,制订挖方的施工顺序,合理安排弃土的堆放场地,做好施工用水的排泄管理等。

(4)做好使用期间的管理和有危险的边坡监测。

(5)对于已查明为大型滑坡,或滑坡群,或近期正在活动的滑坡,一般情况下建设工程宜加以避让。当必须进行建设时,应制订详细的防治对策,经技术经济论证对比后,慎重取舍建设场地。

3)整治方法

(1)清除滑坡体

①对无向上及两侧发展可能的小型滑坡,可考虑将整个滑坡体挖除。

②用某些导滑工程,将滑坡的滑动方向改变,使其不能危害建设工程。

(2)治理地表水

①在滑坡体周围做截水沟,使地表水不能进入滑坡体范围以内。

②在滑坡范围内修筑各种排水沟,使地表水排出滑坡体范围外,但应注意沟渠的防渗,防止沟渠渗漏和溢流于沟外。

③在滑体上的封闭低洼湿地或泉水出露地带,根据具体情况设置引水明沟、槽沟或浅

埋渗沟,以排干疏干该处积水。

④所有排水明沟在通过裂缝处或受拉力地段,宜先采用临时搭叠式排水槽,待滑坡稳定后再改进为永久性建筑。

(3)治理地下水

①治理滑体中的地下水。

a.加强滑坡范围以外的截水沟,切断其补给来源。

b.针对出露的泉水和湿地等做排水沟或渗沟,将水引出滑坡体外。

c.滑坡体前缘,常因破体内的地下水活动而松软、潮湿,引起坡体坍塌滑动,为此可做边坡渗沟疏干,或做小盲沟,兼起支撑和疏干作用。

d.整个坡面植树,加大蒸发量,保证坡面干燥。

②治理滑带附近的水。

a.拦截。要求所设排水构筑物的走向垂直于地下水的流向。根据地下水的埋藏深度、部位和土的密实程度而使用不同的排水构筑物。一般浅层地下水可以使用截水渗沟、盲沟;深层地下水则用盲洞、平孔等。

b.疏干、排除。一般在滑坡前缘附近作支撑盲沟疏导这部分滑动带的水,而在其他部位做排水构筑物,排除滑动面上的地下水,后者通常多为盲洞(也叫泄水隧道)或平洞等。

c.降低地下水位。若滑动带上的水是由下而上承压补给时,多采用将补给水源排走的盲洞或平洞、将补给水源向下漏走的垂直排水等措施,使地下水位降低到滑动面以下。

③排除深层地下水。

a.长水平钻孔。

b.集水井。

(4)减重和反压

①上部减重。对推动式滑坡,在上部主滑地段减重,常起到根治滑坡的效果。对其他性质的滑坡,在主滑地段减重也能起到减小下滑力的作用。减重一般适用于滑坡床为上陡下缓、滑坡后壁及两侧有稳定的岩土体,不致因减重而引起滑坡向上和向两侧发展造成后患的情况。

②下部反压。在滑坡的抗滑段和滑坡体外前缘堆填土石加重,如做成堤、坝等,能增大抗滑力而稳定滑坡。但必须注意,只能在抗滑段加重反压,不能填于主滑地段。而且填方时,必须做好地下排水工程,不能因填土堵塞原有地下水出口,造成后患。

③减重与反压相结合。对于某些滑坡可根据设计计算后,确定需减小的下滑力大小,同时在其上部进行分布减重和在下部反压。减重和反压后,应检算滑坡从残存的滑体滑动部位及反压体地面剪出的可能性。

(5)抗滑工程

①抗滑挡土墙。一般常采用重力式挡土墙,挡土墙一般设置于滑体的前缘。如滑坡为多级滑动,当总推力太大,在坡脚一级支挡工程量太大时,可分级支挡。

②抗滑桩。适用于深层滑坡和各类非塑性流滑坡,对缺乏石料的地区和处理正在滑动的滑坡更为适宜。

③锚杆挡墙。锚杆挡墙属于新型支挡结构,它可节约材料,代替了庞大的圬工挡墙。锚杆挡墙由锚杆、肋柱和挡板三部分组成。滑坡推力作用在挡板上,由挡板将滑坡推力传于肋柱,再由肋柱传至锚杆上,最后通过锚杆传到滑动面以下的稳定地层中,靠锚杆的锚固力来维持整个结构的稳定性。

二、针对崩塌病害的防治措施

1. 崩塌治理的原则

对待每一个具体崩塌工点的防治工作和对策:

(1)首先着重于勘察坡体的结构模式及地应力,据以分析计算各部位的应力分布,找应力集中点。

(2)对各部位的岩土分别取样,试验其抗压、抗拉、抗剪断的破坏强度和裂面间的摩擦值,特别对相对软弱破碎者和受土中水、裂隙水和沟水经常作用部位之岩土取样做试验。

(3)按结构模式中各关键点、面、体对比应力与强度,圈出强度小于应力者而分析出应力产生破坏的部位与力学性质。

(4)对比分析结果与现场实际,找出现场变形与破坏趋势的部位和力学迹象。与分析相符者,可肯定分析正确,否则从新研究(调查与勘测)结构模式中各组裂面的彼此切割关系入手,重新分析应力分布、集中的数值与部位至和现场实际变形与破坏的趋势一致时为止。

(5)必要时做模型试验或模拟试验,验证和研究其变形和破坏机制,此项因受条件限制、时间少而成功率低。

(6)按上述勘察与力学分析并与现场相核对的办法找出强度不足之处,作为防治该崩塌工点的对策和措施的依据。按此进行,除对整体的稳定性采取对策外,更重视对各局部变形体的加固。

2. 崩塌防治措施

崩塌的治理应以根治为原则,当不能清除或根治时,可采取下列综合措施:

(1)边坡或自然坡面比较平整时,宜进行坡面防护,防止零星坠落。

(2)山坡或边坡表面崩塌岩块的体积及数量不大,可采用全部清除并放缓边坡的方法。

(3)易引起崩塌的高边坡,宜采用边坡锚固。对小型崩塌,在危岩的下部修筑支柱、支墙,亦可将易崩塌体用锚索、锚杆与斜坡稳定部分联固。当线路工程或建筑物与坡脚有足够距离时,可在坡脚或半坡设置落石平台、挡石墙或拦石堤等。

(4)当崩塌体较大、发生频繁且距离路线较近而设拦截构造物有困难时,可采用明洞、棚洞等遮挡构造物处理。遮挡构造物应有足够的长度,洞顶应有缓冲层,并应考虑堆积土体荷载和冲击荷载的影响。

(5)设排水工程以拦截疏导斜坡地表水和地下水。

三、针对坍塌病害的防治措施

一般用力学方法检算由较均质的岩土组成一定高度的坡体外侧边坡之稳定坡度,目前常按坡内各点在各个方向的抗剪强度值计算各假定破坏面间抗滑力与下滑力之间的最小比值而定夺,或用极限平衡法或用有限单元法检算。但事实上仅在坡内每点的抗剪强度近似及各向同性、岩土结合的密实度和水文地质条件变化不大等条件下可满足要求,否则由于种种不均匀性和变化不一致性导致计算困难,如:地质成因上在坡体上、下的密实度不同,潮湿分布和变化在坡体各部亦不同而强度各异,侧向卸荷或受震后坡体由内及外的松弛程度的变化不同而变形破坏各异等。还有坡体在较大的压应力作用下,使斜坡岩土体产生不均匀的挤压变形,从而增大坡体上部的松弛度,导致水文地质条件改变而产生坍塌,故目前尚无相适应的计算办法。实践经验采用下述三种措施已取得成效。

(1)用大平台分级,减少坡脚应力。根据边坡的物质组成、松散程度及天然坡度等工程地质特征,设置适宜的边坡坡比,将边坡设计成台阶状,并分级放坡开挖,以增大边坡的稳定性。

对层状均质土边坡的变形破坏还应特别注意:若层状均质土边坡各土层材料参数相差较大时,则边坡形状应采用适合各不同土层稳定性的折线形;或在土层分界处附近设立平台,边坡形状采用台阶形。对于软硬土层的交互层,当交互层次多且薄,或软层厚而硬层薄时,可按软层土体的性质设计为直线形边坡;若软层薄而硬层厚时,可按硬层土体的性质设计为直线形边坡,而对软层予以防护加固。

(2)加强地表排水和疏干坡体的措施(边坡渗沟、垂直坡面的仰斜排水孔等),抑制土中水的作用。

(3)用挡护墙恢复侧向抗力,防止松弛等。仅在不增加开挖高度下采用刷坡放缓坡度的措施。

(4)加强坡面植被及水土保持措施。对于植被破坏严重或放坡开挖不得不破坏植被的地段,应在加固后尽可能恢复坡面植被。

一些坍塌系由于松弛的斜坡体先从中下部蠕动变形而引起坡顶张裂由外而内发展,

此不同于崩塌、滑坡。坍塌是先在坡顶产生密集的、呈外倾状的裂缝带,其分布受体内岩土自身间的综合内摩擦角所控制,并无贯通一致的斜面;所以裂缝带总由堑顶前缘逐步向后缘发展,其最远的一条总在斜坡坍塌的出口按天然休止角划线的范围以内。但是亦有因前缘坍塌而削弱抗滑与承托支顶的能力,而分别引起沿坡体内每一软弱带的滑动,或在失去侧向支撑与减少承压面积下由松弛而产生的错落;以及在失去承托和支顶引起高处岩土体的崩塌。前期坍塌与后期引起的崩、滑等变形现象应分别而论,不宜混淆变形类别与因果关系。此类现象总是在坡顶附近先出现一系列密集的、具坍塌性质和特点的裂缝,随后在远离坡顶的后缘产生具不同类型特点而贯通的裂缝,以区分由坍塌引起的滑坡或崩塌。所以对待坍塌变形,在未研究分析其后果前不应单纯用削坡处理,必须在了解全坡体的组成结构后,全盘考虑削坡后可能产生的不良后果再作出决策。

一般坍塌变形系自上而下、由外及里的塌落,坍塌的岩土堆于斜坡脚,呈锥形堆积体。每次坍塌均产生新的临空面,直至坡脚坍塌体的顶部掩埋并超过上部坍塌出口之后变形可暂时结束。但是亦有因斜坡松弛带不断向里扩展,坍塌逐步扩大现象。所以防治对策只能具体工点具体分析,没有固定、一成不变的有效措施。

第三节 岩质公路边坡病害的防治措施

由于岩质边坡破坏模式复杂,其治理方式又相对比较灵活,所以同一坡体需要多种防治措施配合使用,同一种治理措施又可用于多种不同类型的边坡中。图8-15给出了不同类型边坡的预应力锚杆加固方案,但锚杆的方向和设置深度应视斜坡的结构特征而定。以下将针对岩质边坡的滑坡和崩塌病害给出相应的有效防治措施,为工程实践提供参考依据。

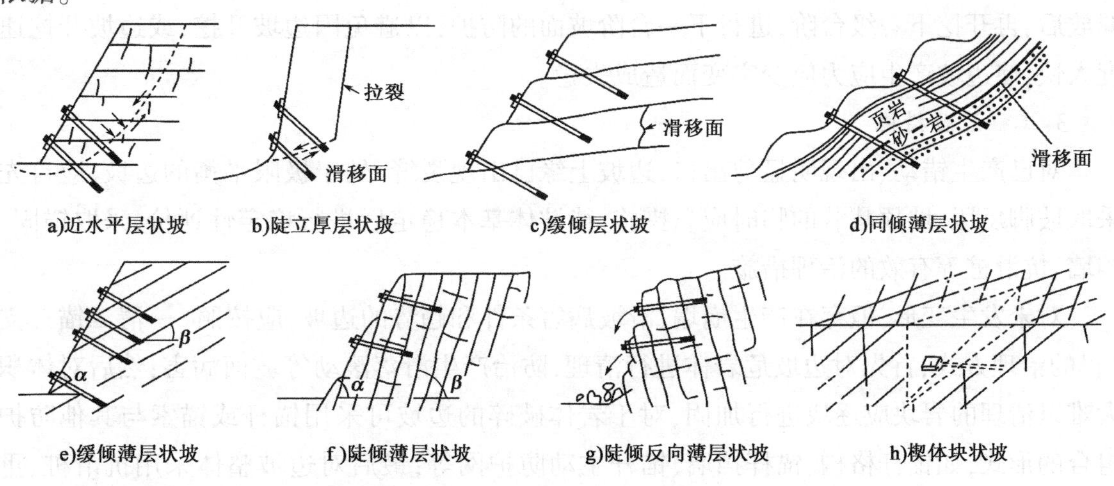

图8-15 不同类型岩质边坡的预应力锚杆加固措施

一、针对滑坡病害的防治措施

滑坡治理应根据滑坡的特点、稳定性情况,采取以防为主,防治结合的方式。对勘察时就探明的设计无法绕避的滑坡,应以防为主,这样可以花较少的资金防止滑坡产生;对已产生错动,现阶段处于极限平衡状态的滑坡,应采取有效的治理措施,确保滑坡不再产生,以避免引发更大规模的滑坡,扩大投资。

1. 防排水

防水工作是防止和治理滑坡的基本工作,“边坡灾害在于水,治理边坡先排水”,这是几十年来公路建设者总结的经验,说明了排水对公路安全的重要性。防止滑坡的治水方式主要有以下几种方式:

(1)修筑边坡环向截水沟。主要是把边坡外的地表水截断,不流入边坡、冲刷及侵蚀边坡。

(2)修筑坡面急流槽及碎落台排水沟。主要是将坡面水集中,通过碎落台边沟排入截水沟,送出边坡外,以减少雨水对边坡的侵蚀。

(3)在坡面有泉眼的地方打疏干孔,以利排出坡面渗水,减小渗水压力。

(4)在边坡脚、路基边缘设盲沟以排出坡面渗流及地下水。

(5)修筑路基边沟,以排出路面积水,不至于路面积水渗入边坡,影响边坡稳定。

2. 工程施工程序控制防护

对于已探明不稳定而路线又无法绕避的滑坡,应根据其稳定性,先治理滑坡,再进行路基开挖,并遵照施工程序进行施工,是防止滑坡的最经济手段。

(1)禁止放大炮作业,避免对滑坡产生不利影响。

(2)分台开挖,逐台防护。开挖一级台阶,防护一级坡面,并经过一段时间使边坡能量释放后,再开挖下一级台阶,进行下一台阶坡面的防护,以避免因边坡开挖,或边坡开挖速度太快,使边坡产生应力应变突变而造成失稳。

3. 工程治理措施

对已产生错动、出现明显剪出口、边坡上缘已出现裂缝、处于极限平衡的边坡,应首先采取坡脚反压、坡顶减载的临时应急措施,待坡体基本稳定后进行稳定性评价,采取锚固、挡墙、抗滑桩等有效的治理措施。

对未发生变形,但存在产生崩塌、滑坡病害条件和趋势的边坡,应按照“一清二锚三支挡”的治理方式,首先对边坡危岩体进行清理,防治产生滑落滚动等坡面病害;然后对体积大难以清理的岩块应逐块进行加固,对于岩体破碎的边坡可采用锚杆或锚索与其他防护组合的形式,如锚杆格构、锚杆挡墙、锚杆主动防护网等;最后对边坡整体采用抗滑桩、重力式挡墙等结构性强的支挡结构进行加固。每个坡体情况不同,可根据实际情况选择治理内容和治理措施，但应注意局部治理和整体治理不可相互替代。

二、针对崩塌病害的防治措施

公路设计时应尽量避免高填深挖并远离崩滑物堆积区。对于崩滑地段，采取遮蔽、拦截、清除、加固等工程措施进行综合治理。

(1)边坡坡面比较平整、岩石表面风化易形成小块石呈零星坠落时，应进行坡面防护，以阻止风化发展，防止零星坠落。

(2)边坡坡面可能崩塌岩块的体积及数量不大，岩石的破碎程度不严重，可采取全部清除开放缓边坡措施。

(3)岩体严重破碎、经常发生落石路段，宜采用柔性防护系统或拦石墙与落石槽等拦截构造物，拦石墙与落石槽宜配合使用，设置位置可根据地形合理布置。落石槽的槽深和底宽通过现场调查或试验确定。拦石墙墙背应设缓冲层，并按公路挡土墙设计，墙背压力应考虑崩塌冲击荷载的影响。

(4)对在边坡上局部悬空的岩石，但岩体仍较完整，有可能成为危岩石，可视具体情况采用钢筋混凝土立柱、浆砌片石支顶或柔性防护系统。

(5)易引起崩塌的高边坡，宜采用边坡锚固。

(6)当崩塌体较大、发生频繁且距离路线较近而设拦截构造物有困难时，可采用明洞、棚洞等遮挡构造物处理。遮挡构造物应有足够的长度，洞顶应有缓冲层，并应考虑堆积石块荷载和冲击荷载的影响。

由于公路边坡病害组合形式多样，加固治理方法众多，并不存在一一对应的效果，每一种防治措施都有自身的优劣，只有通过对全部加固措施深入研究后，方能选取合理的防治措施组合方案，以达到安全、经济最合理状态。

参 考 文 献

[1] 李广信,张丙印,于玉贞. 土力学[M]. 2 版. 北京:清华大学出版社,2013.
[2] 邓卫东,等. 公路边坡稳定技术[M]. 北京:人民交通出版社,2006.
[3] 张倬元,王士天,王兰生. 工程地质分析原理[M]. 北京:地质出版社,2005.
[4] 陈祖煜. 土质边坡稳定分析——原理·方法·程序[M]. 北京:中国水利水电出版社,2003.
[5] 陈祖煜,汪小刚,杨健,等. 岩质边坡稳定分析——原理·方法·程序[M]. 北京:中国水利水电出版社,2005.
[6] 李天斌,王兰生. 岩质工程高边坡稳定性及其控制[M]. 北京:科学出版社,2008.
[7] 李建林. 卸荷岩体力学[M]. 北京:中国水利水电出版社,2003.
[8] 张年学,孙广忠,盛祝平,等. 长江三峡工程库区顺层岸坡研究[M]. 北京:地震出版社,1993.
[9] 王在泉. 复杂边坡工程系统稳定性研究[M]. 江苏:中国矿业大学出版社,1999.
[10] 周维垣,杨强. 岩石力学数值计算方法[M]. 北京:中国电力出版社,2005.
[11] 中国科学院武汉岩体力学研究所. 岩质边坡稳定性的试验研究与计算方法[M]. 北京:科学出版社,1981.
[12] 崔政权,李宁. 边坡工程——理论与实践最新发展[M]. 北京:中国水利水电出版社,1999.
[13] 马惠民,王恭先,周德培. 山区高速公路高边坡病害防治实例[M]. 北京:人民交通出版社,2006.
[14] 王恭先,王应先,马惠民. 滑坡防治 100 例[M]. 北京:人民交通出版社,2008.
[15] 郭希哲,黄学斌,徐开祥,等. 三峡工程库区崩滑地质灾害防治[M]. 北京:中国水利水电出版社,2007.
[16] 祝玉学. 边坡可靠性分析[M]. 北京:冶金工业出版社,1993.
[17] 伍法权,祁生文,宋胜武,等. 复杂岩质高陡边坡变形与稳定性研究——以雅砻江锦屏一级水电站为例[M]. 北京:科学出版社,2008.
[18] 李建林,王乐华,刘杰,等. 岩石边坡工程[M]. 北京:中国水利水电出版社,2006.
[19] 章勇武,马惠民. 山区高速公路滑坡与高边坡病害防治技术实践[M]. 北京:人民交通出版社,2007.
[20] 王树仁,何满潮,武崇福,等. 复杂工程条件下边坡工程稳定性研究[M]. 北京:科学出版社,2007.

[21] 黄志全.边坡工程非线性分析理论及应用[M].河南:黄河水利出版社,2005.
[22] 于青春,薛果夫,陈德基.裂隙岩体一般块体理论[M].北京:中国水利水电出版社,2007.
[23] 李树忱,李术才.断续节理岩体破坏过程的数值方法及工程应用[M].北京:科学出版社,2007.
[24] 郑颖人,陈祖煜,王恭先,等.边坡与滑坡工程治理[M].北京:人民交通出版社,2007.
[25] 鲜学福,谭学术.层状岩体破坏机理[M].重庆:重庆大学出版社,1989.
[26] 阳友奎,周迎庆,姜瑞琪,等.坡面地质灾害柔性防护的理论与实践[M].科学出版社,2005.
[27] 中国水力发电工程(工程地质卷)[M].北京:中国电力出版社,2000.
[28] 邹丽春,王国进,汤献良,等.复杂高边坡整治理论与工程实践[M].北京:中国水利水电出版社,2006.
[29] 马惠民,等.山区高速公路高边坡病害防治实例[M].北京:人民交通出版社,2006.
[30] 章勇武,马惠民.山区高速公路滑坡与高边坡病害防治技术实践[M].北京:人民交通出版社,2007.
[31] 李亮,刘宝琛.边坡极限承载力的下线分析法及可靠度理论[J].岩石力学与工程学报,2001,20(04):508-513.
[32] 谭晓慧.多滑面边坡的可靠性分析[J].岩石力学与工程学报,2001,20(06):822-825.
[33] 杜景灿,陈祖煜,弥宏亮,等.三维条件下应用遗传算法与Monte-Carlo法确定节理岩体的综合抗剪强度[J].岩石力学与工程学报,2004,23(13):2157-2163.
[34] 深挖高填边坡破坏机理与稳定性评价方法的研究[R].重庆:重庆交通科研设计院,2003.
[35] 山区高等级公路高边坡防护方法研究[R].重庆:重庆高等级公路建设指挥部,交通部重庆公路科学研究所,2002.
[36] Bishop AW. The use of slip circle in the stability analysis of slopes[J]. Geotechnique, 1955,5(01):7-17.
[37] Morgenstern N R,Price V E. The analysis of stability of general slip surface[J]. Geotechnique,1965,15(01):79-93.
[38] Janbu N. Slope stability computations[A]. Embankment dam engineering, Casagrand volume[C]. New York:John Wiley & Sons,1973,47-86.
[39] 谷栓成,张士兵.岩石高边坡弯曲破坏的力学分析[J].西安科技学院学报,2003,23

(01):10-14.

[40] 石豫川,王哲,万国荣,等.山区高等级公路边坡岩体分级研究[J].岩石力学与工程学报,2005,24(06):939-944.

[41] 段思文.公路岩质边坡稳定性分级体系—HSMR 法及其应用实践[J].科学技术通讯,2006,1:16-23.

[42] 王哲,石豫川,刘汉超,等.公路边坡岩体分级体系中坡高修正系数的改进[J].工程地质学报,2004,12(2):162-166.

[43] 刘小丽,周德培.有软弱夹层岩体边坡的稳定性评价[J].西南交通大学学报,2002,4:382-386.

[44] 陈新,杨强,周维垣.岩土材料塑性损伤模型及拱坝的变形局部化分析[J].岩土力学,2007,28(5):865-870.

[45] 杨强,陈新,周维垣.岩土材料弹塑性损伤模型及变形局部化分析[J].岩石力学与工程学报,2004,23(21):3577-3583.

[46] 李云鹏,安晓宁,王芝银.考虑不同拉压特性的边坡岩体结构稳定性位移判据[J].西安公路交通大学学报,1999,19(4):15-17.

[47] Wang ZY. Research on displacement criterion of structural deformation and failure for bedding rock slope[J]. Scientia Geological Sinica,1998,7(2):217-224.

[48] 赵尚毅,郑颖人,时卫民,等.用有限元强度折减法求边坡稳定的安全系数[J].岩土工程学报,2002,24(3):343-346.

[49] 周翠英,刘祚秋,董立国,等.边坡变形破坏过程的大变形有限元分析[J].岩土力学,2003,24(4):644-652.

[50] 赵尚毅,郑颖人,邓卫东.用有限元强度折减法进行节理岩质边坡稳定性分析[J].岩石力学与工程学报,2003,22(2):254-260.

[51] 吕庆,孙红月,尚岳全.强度折减有限元法中边坡失稳判据的研究[J].浙江大学学报(工学版),2008,42(1):83-87.

[52] 刘祚秋,周翠英,董立国,等.边坡稳定及加固分析的有限元强度折减法[J].岩土力学,2005,26(4):558-561.

[53] 赵尚毅,郑颖人,时卫民,等.用有限元强度折减法求边坡稳定安全系数[J].岩土工程学报,2002,24(3):343-346.

[54] 连镇营,韩国城,孔宪京.强度折减有限元法研究开挖边坡的稳定性[J].岩土工程学报,2001,23(4):407-411.

[55] 张国新,赵妍,石根华,等.模拟岩石边坡倾倒破坏的数值流形法[J].岩土工程学报,2007,29(6):800-805.

[56] 郑颖人,赵尚毅,邓卫东.岩质边坡破坏机制有限元数值模拟分析[J].岩石力学与工程学报,2003,22(12):1943-1952.

[57] 肖克强,梁远忠.求解边坡安全系数的离散元法[J].武汉大学学报(工学版),2007,40(Sup.):563-565.

[58] Griffiths D V, lane P A. Slope stability analysis by finite elements[J]. Geotechnique, 1999,49(3):387-403.

[59] 李云鹏,杨治林,王芝银.顺层边坡岩体结构稳定性位移理论[J].岩石力学与工程学报,2000, 19(6):747-750.

[60] 杨治林.顺层边坡岩体结构的模态幅值研究[J].岩土力学,2003,24(5):764-770.

[61] 徐干成,郑颖人.岩土工程中屈服准则应用的研究[J].岩土工程学报,1990,12(2):93-99.

[62] 靳晓光,李晓红,刘新荣,等.某含软弱夹层顺层岸坡应力位移特征数值模拟[J].重庆大学学报,2004,27(9):129-132.

[63] 刘钧.顺层边坡弯曲破坏的力学分析[J].工程地质学报,1997,5(4):335-339.

[64] 刘钧.顺层边坡溃层问题的计算方法[J].水文地质与工程地质,1997,6:37-41.

[65] 任青文,余天堂.边坡稳定的块体单元法分析[J].岩石力学与工程学报,2001,20(1):20-24.

[66] 黄润秋,赵建军,巨能攀,等.汤屯高速公路顺层岩质边坡变形机制分析及治理对策研究[J].岩石力学与工程学报,2007,26(2):239-246.

[67] 黄润秋.高边坡整体稳定性评价探讨[J].水文地质与工程地质,1995,6:1-5.

[68] 冯君,周德培,李安洪.顺层岩质边坡开挖模型试验机稳定性影响因素分析[J].工程地质学报,2006,13(3):294-299.

[69] 邓荣贵,周德培,李安洪,等.顺层岩质边坡不稳定岩层临界长度分析[J].岩土工程学报,2002,24(2):178-182.

[70] Haswanto, Wangsa Adinata; Abd-Ghani, Rafek. Kinematic and block theory applications to rock slope stability analysis at Fraser's Hill Pahang Malaysia[J]. Electronic Journal of Geotechnical Engineering, 2008, 13(D).

[71] Li, W. X.; Mei, S. H. Fuzzy system method for the design of a jointed rock slope[J]. International Journal of Rock Mechanics and Mining Sciences, 2004, 41(SUPP. 1):1-6.

[72] Düzgün, H. S. B.; Bhasin, R. K. Affect of shear strength criteria selection in probabilistic rock slope stability analyses: A case study for a jointed rock slope in Norway[J]. Proceedings of the 1st Canada-US Rock Mechanics Symposium - Rock Mechanics Meeting Society's Challenges and Demands, 2007, 2:951-957.

[73] 龚文惠,王平,陈峰. 顺层岩质路堑边坡稳定性的敏感性因素分析[J]. 岩土力学,2007,28(4).

[74] 龚文惠,王平. 顺层岩体路堑边坡稳定性的弹塑性有限元模拟分析[J]. 岩土力学,2006,27(7):1114-1118.

[75] 李亮辉,余飞,王平,等. 顺层岩质路堑边坡稳定性有限元分析[J]. 岩石力学与工程学报,2004,23(Supp. 1):4473-4477.

[76] 程东幸,刘大安,丁恩保,等. 层状反倾岩质边坡影响因素及反倾条件分析[J]. 岩土工程学报,2005,27(11):1362-1366.

[77] 张均锋,丁桦. 边坡稳定性分析的三维极限平衡法及应用[J]. 岩石力学与工程学报,2005,24(3):365-370.

[78] 韩贝传,王思敬. 边坡倾倒变形的形成机制与影响因素分析[J]. 工程地质学报,1999,7:213-217.

[79] 卢增木,陈从新,左保成,等. 对影响逆倾层状边坡稳定性因素的模型试验研究[J]. 岩土力学,2006,27(4):629-632.

[80] ZHANG Fa-ming, WANG Bei-hua, CHEN Zu-yu, et al. Rock bridge slice element method in slope stability analysis based on multi-scale geological structure mapping[J]. Journal of Central South University of Technology, 2008, 15(s2):131-137.

[81] 贾志欣,汪小刚. 包含定位长大裂隙的节理岩体连通率的计算及应用[J]. 岩石力学与工程学报,2001,20(4):457-461.

[82] 徐能雄,武雄,汪小刚,等. 基于三维地质建模的复杂构造岩体六面体网格剖分方法[J]. 岩土工程学报,2006,28(8):957-961.

[83] 杜景灿,汪小刚,陈祖煜. 结构面倾角对节理岩体的连通率和综合抗剪强度指标[J]. 水利学报,2002,(5):41-46.

[84] 王雪涛,汪小刚. 边坡稳定分析的极限分析下限解有限元法[J]. 岩土力学,2004,25(Supp. 2):134-138.

[85] 陈祖煜,弥宏亮,汪小刚. 边坡稳定三维分析的极限平衡方法[J]. 岩土工程学报,2001,23(5):525-529.

[86] ChenZuyu. A generalized solution for tetrahedral rock wedge stability analysis[J]. International Journal of Rock Mechanics & Mining Sciences. 2004, 41:613-628.

[87] 姚家建,王秋明,冯承树. 缓倾角结构面连通系数的研究[J]. 工程地质,1989,13(1):43-51.

[88] 徐光明,邹广电,王年香. 倾斜基岩上的边坡破坏模式和稳定性分析[J]. 岩土力学,2004,25(5):703-708.